EWIG
UND EIN TAG

von

ANTHONY HOROWITZ

Ins Deutsche übertragen von
STEPHANIE PANNEN

Die deutsche Ausgabe von JAMES BOND – EWIG UND EIN TAG
wird herausgegeben von Cruss Cult, Teinacher Straße 72, 71634 Ludwigsburg.
Herausgeber: Andreas Mergenthaler; Übersetzung: Stephanie Pannen;
verantwortlicher Redakteur und Lektorat: Markus Rohde;
Lektorat: Katrin Aust; Korrektorat: Peter Schild ; Satz: Rowan Rüster;
Printausgabe gedruckt von CPI Morvia Books s.r.o., CZ-69123 Pohorelice.
Printed in the Czech Republic.

Titel der Originalausgabe: JAMES BOND – FOREVER AND A DAY
Published in the United Kingdom by Jonathan Cape in 2018

German translation copyright © 2019, by Cross Cult.

Copyright © Ian Fleming Publications Limited and the Ian Fleming Estate 2018
The moral rights of the author have been asserted.
Die Persönlichkeitsrechte des Autors wurden gewahrt.

Material from Russian Roulette, by Ian Fleming,
Copyright © The Ian Fleming Estate 2018

Ian Fleming and the Ian Fleming logo are both trademarks owned by the Ian Fleming
Estate, used under licence by Ian Fleming Publications Ltd.

JAMES BOND and 007 are registered trademarks of Danjaq LLC,
used under license by Ian Fleming Publications Limited. All Rights Reseved.

Print ISBN 978-3-86425-759-9 (Dezember 2019)
E-Book ISBN 978-3-96658-000-7 (Dezember 2019)

WWW.CROSS-CULT.DE · WWW.IANFLEMING.COM · WWW.ANTHONYHOROWITZ.COM

INHALT

1:	Morden nach Zahlen	005
2:	Erdbeermond	017
3:	Der erste Tag	029
4:	Treffen mit M	047
5:	»Keine Bewegung …«	057
6:	Madame 16	075
7:	Russisches Roulette	089
8:	Nicht so Joliette	105
9:	Abrechnung	113
10:	Feuerprobe	125
11:	Shame Lady	139
12:	Le Grand Banditisme	155
13:	Liebe in warmen Gefilden	167
14:	Geheimnisse und Lügen	185
15:	Bis zum bitteren Ende	209
16:	Selbstmördertüren	223
17:	In Teufels Küche	235
18:	Nummer vier	253
19:	Genuss … oder Schmerz?	269
20:	Schlechte Medizin	279
21:	Die tiefblaue See	289
22:	Tod bei Sonnenuntergang	313
	Danksagungen	332
	Ian Fleming	335

… **1**

MORDEN NACH ZAHLEN

»Dann ist 007 also tot?«

»Ja, Sir. Ich befürchte, so ist es.«

M warf einen letzten flüchtigen Blick auf die Fotos, die auf seinem Schreibtisch ausgebreitet lagen und die ihm von General André Anatonin, seinem Gegenstück beim SDECE, dem Service de Documentation Extérieure et de Contre-Espionnage, in Paris, geschickt worden waren. Die Fotos waren aus unterschiedlichen Winkeln aufgenommen, zeigten aber alle das gleiche düstere Bild. Ein toter Mann, der mit dem Gesicht nach unten im dunklen, funkelnden Wasser lag, seine Hände schlaff über den Kopf ausgestreckt, wie in einem letzten, sinnlosen Kapitulationsversuch. Das Blitzlicht der Kameras hatte sich im Wasser reflektiert und die Illusion von Lichtkugeln erzeugt, die auf der Oberfläche zu schweben schienen.

Schließlich hatte die Polizei ihn herausgezogen und ihn auf den Kai gelegt, sodass Nahaufnahmen von seinem Gesicht, seinen Händen und den drei Löchern in seinem Jackett gemacht werden konnten, wo die Kugeln in ihn eingedrungen waren. Er war sehr teuer gekleidet. M erinnerte sich daran, wie der Mann erst vor einem Monat vor ihm in diesem Büro gesessen und dabei genau diesen Anzug getragen hatte, angefertigt von einem Herrenschneider in der Nähe der Savile Row, zu dem er gerne ging. Der Anzug war in Form geblieben, dachte M. Es war der Mann, der dort lag, tropfnass und leblos, der die seine verloren hatte.

»Sind wir sicher, dass er es ist, Stabschef?« Der Beweis schien unbestreitbar, doch M stellte die Frage dennoch. Die Kamera konnte lügen. In seiner Welt tat sie es oft.

»Ich befürchte, so ist es, Sir. Er hatte keine Papiere bei sich – nicht weiter überraschend. Genauso wenig wie seine Waffe. Aber die Franzosen haben seine Fingerabdrücke mit dem Belinografen geschickt und es besteht kein Zweifel. Es ist 007.«

»Und die hier wurden in Marseille aufgenommen?«

»Ja, Sir. Im Hafenbecken von La Joliette.«

Bill Tanner stand M näher als irgendjemand sonst im Gebäude, auch wenn die Distanz zwischen ihnen undefinierbar war. Sie waren noch nie gemeinsam essen gegangen und hatten sich auch noch nie nach dem Privatleben des anderen erkundigt. M verachtete Small Talk ohnehin, aber es wäre keinem von beiden jemals eingefallen, etwas anderes zu diskutieren als aktuelle Einsätze und die Arbeit im Allgemeinen. Dennoch wusste Tanner – ein ehemaliger Colonel des Pionierkorps, der in die weniger formalisierte Welt des Geheimdiensts hineingezogen worden war – ganz genau, was im Kopf des älteren Mannes vor sich ging. Der Tod eines aktiven Agenten war bedauernswert und 007 hatte sich bei mehr als einer Gelegenheit als effektiv erwiesen. Wichtiger noch war es jedoch herauszufinden, was passiert war, und sofortige und bestenfalls dauerhafte Gegenmaßnahmen zu ergreifen.

Dabei ging es nicht nur um Vergeltung. Der Geheimdienst musste demonstrieren, dass der Mord an einem seiner Agenten nicht weniger als eine Kriegshandlung darstellte.

Tatsächlich war er genau hier in diesem Raum bei M gewesen, als die Idee einer Doppelnullabteilung erstmals aufgekommen war. Die Ziffer war so nichtssagend und anonym wie möglich: Es handelte sich um buchstäblich gar nichts. Und doch bedeutete sie der Elitetruppe von Männern, die sie tragen und damit an vorderster Front des Krieges dieses Landes gegen seine vielen Feinde stehen würde, alles. Tanner erinnerte sich noch gut an die Reaktion von Sir Charles Massinger, dem Staatssekretär des Verteidigungsministeriums, als ihm dieser Vorschlag zum ersten Mal unterbreitet worden war. Seine Lippen hatten sich in offensichtlichem Widerwillen verzogen.

»Meinen Sie das etwa ernst? Was Sie hier vorschlagen, kommt einer Lizenz zum Töten gleich.«

Es war die gleiche altmodische Denkweise, die die Bemühungen der Sondereinsatztruppe zu Kriegsbeginn behindert hatte. Zuerst hatte sich die RAF geweigert, Flugzeuge zum Transport ihrer Agenten bereitzustellen, da sie sich nicht die Hände an Churchills »Ministerium für unfeine Kriegsführung« schmutzig machen wollten. Und wie viele dieser Agenten fand man nun, nur fünf Jahre nach dem Sieg der Alliierten in Europa, immer noch in den Gängen und Büros des hohen grauen Gebäudes am Regent's Park? Immer noch unfein. Und, egal was die Öffentlichkeit denken mochte, immer noch im Krieg.

Tanner hatte aufmerksam zugehört, während M dem Beamten den Punkt erklärt hatte, den dieser nicht verstand. Auch wenn es nicht so wirkte, waren die Feindseligkeiten

1945 nicht zu einem Ende gekommen. Es gab viele Parteien, die sich immer noch der totalen Vernichtung des Vereinigten Königreichs und allem, wofür es stand, verschworen hatten. Gegnerische Geheimdienste wie SMERSH in der Sowjetunion und das Komitee für besondere Aktivitäten der Volksbefreiungsarmee in China. Oder abtrünnige Elemente einschließlich einiger Nazis, die einfach nicht glauben wollten, dass es ihr kostbares Drittes Reich nicht ganz auf seine versprochenen tausend Jahre gebracht hatte. Man musste Feuer mit Feuer bekämpfen, was bedeutete, dass dringender Bedarf an Männern und Frauen bestand, die zu töten bereit waren, wenn auch nur in Notwehr. Der Tod war Teil der Arbeit. Und ob es einem gefiel oder nicht, es würde Zeiten geben, in denen der Service zuerst würde zuschlagen müssen, wenn ein staatlich unterstütztes Attentat die einzige Antwort auf eine ungewöhnliche Bedrohung war. M durften nicht die Hände gebunden sein. Er war derjenige, der die Entscheidungen traf, und er musste wissen, dass er straffrei handeln konnte. Die Lizenz galt genauso sehr für ihn wie für die Leute unter seinem Kommando.

Die Doppelnullabteilung war absichtlich klein gehalten worden. Tatsächlich bestand sie nach diesem kürzlichen Verlust nur noch aus zwei Männern – 008 und 0011. M hatte die Vorstellung einer Reihenfolge – 001, 002, 003 und so weiter – stets abgelehnt. Muster in jedweder Form waren der Feind der Spionageabwehr. Tanner fragte sich, wie schnell 007 ersetzt werden würde.

»Was genau ist passiert?« M griff nach seiner Pfeife, die neben dem aus einer dreißig Zentimeter großen Muschel bestehenden Aschenbecher lag, der niemals seinen Schreibtisch verließ.

»Wir haben immer noch nicht alle Einzelheiten, Sir«, erklärte Tanner. »Wie Sie wissen, haben wir 007 vor etwas über drei Wochen nach Südfrankreich geschickt. Er sollte die Aktivitäten der korsischen Unterwelt dort untersuchen. Oder eher den Mangel an Aktivität. Jemand hat einen starken Rückgang der Drogenlieferungen aus Marseille bemerkt, was natürlich zu der Annahme geführt hat, dass sie stattdessen mit etwas anderem beschäftigt sein müssen.

Diese Korsen sind laute und unangenehme Zeitgenossen, wirklich nicht mehr als moderne Gangster mit schicken Namen und einem Hang zur Gewalt – Joseph Renucci, Jean-Paul Scipio, die Guerini-Brüder ... um nur ein paar zu nennen. Bis jetzt hat ihnen die Disziplin der Unione Sicilia oder selbst der Unione Corse gefehlt, doch genau das ist der Knackpunkt. Dieses Schweigen ist besorgniserregend. Wenn es ihnen gelungen ist, sich zu organisieren, könnte sie das nicht nur für den unmittelbaren Bereich, sondern für ganz Europa – und damit letztendlich auch für uns – zu einer Gefahr machen.«

»Ja, ja, ja.« M hatte all diese Informationen in dem riesigen Aktenschrank seines Gedächtnisses verwahrt und hatte diese Erinnerungsauffrischung nicht nötig.

»007 ermittelte dort verdeckt. Wir gaben ihm einen neuen Namen, einen neuen Ausweis und eine Adresse in Nizza. Er war ein Akademiker, der für das University College an einer Geschichte der Gewerkschaften schrieb. Das erlaubte ihm, die richtigen Fragen zu stellen, ohne zu viel Aufsehen zu erregen. Zumindest war das der Plan. Ein Teil des Problems ist, dass die Polizei – und das schließt das SDECE mit ein – von Spitzeln nur so wimmelt. Wir dachten, dass er auf sich allein gestellt bessere Chancen hätte.«

»Hat er denn etwas finden können? Bevor er getötet wurde?«

»Ja, Sir.« Der Stabschef räusperte sich. »Wie es scheint, war eine Frau beteiligt.«

»Ganz was Neues«, brummte M in seinen Pfeifenkopf.

»Es ist nicht ganz so, wie Sie denken, Sir. 007 hat sie in seiner, wie sich herausstellen sollte, letzten Funkübertragung erwähnt. Er bezeichnete sie als Madame 16.«

»Sechzehn? Die Nummer?«

»Ja, Sir. Es handelt sich natürlich nicht um ihren richtigen Namen. Sie kennen sie als Joanne Brochet – französischer Vater, englische Mutter. Sie wurde vor dem Ersten Weltkrieg in Paris geboren und zog dann nach London, wo sie aufwuchs. Sie verbrachte drei Jahre in Bletchley Park und arbeitete in der Katalogisierungsbaracke, bevor sie für den Geheimdienst ausgewählt wurde, der sie ausbildete und unter dem Codenamen Sixtine«, Tanner buchstabierte ihn, »per Fallschirm nach Frankreich schickte. Sie stand bei der F-Abteilung wie beim Deuxiéme Bureau hoch im Kurs und es besteht kein Zweifel daran, dass sie uns im Vorfeld von Operation Overlord mit nützlichen Informationen versorgt hat. Dann wurde sie von den Deutschen gefangen genommen und gefoltert und ist danach verschwunden. Wir nahmen natürlich an, dass sie getötet worden sei. Doch vor ein paar Jahren tauchte sie wieder auf. Sie arbeitete in Europa und hatte in der Zwischenzeit ihre gesamte Vorgeschichte ausgelöscht … Alter, Name, Nationalität und den ganzen Rest. Sie hatte sich unter den Namen Sixtine oder Madame 16 selbstständig gemacht.«

»Sie war die Frau, die uns die Kosovo-Akten verkauft hat.«

Tanner nickte. Beide Männer wussten, wovon er sprach.

Die Kosovo-Akten waren eine Durchführbarkeitsstudie, die von einem niederen Beamten mit zu viel Zeit und, schlimmer noch, einer sehr lebhaften Fantasie zusammengestellt worden war. Sie legte detailliert die Strategie dar, wie in Albanien, das nach dem Krieg zu einem kommunistischen Staat geworden war, ein bewaffneter Aufstand angefacht und unterstützt werden könnte. Es hatte nie eine Chance bestanden, dass der Plan abgesegnet werden würde, doch die Akte ging in minutiöseste Details und hatte alle Agenten vor Ort sowie die Royalisten und Exilanten aufgelistet, die sich der Sache möglicherweise verschrieben hätten. Die Kosovo-Akten hätten sofort geschreddert werden sollen, nachdem man von ihrer Existenz erfahren hatte. Doch stattdessen waren sie fotokopiert und herumgereicht worden, bis eines Tages schließlich ein junger Mann, der als dritter Sekretär in der Prager Botschaft arbeitete, eine Aktentasche mit einer Kopie unter seinem Sitz vergessen hatte, als er aus der Straßenbahn ausgestiegen war.

»Wir haben nie herausgefunden, wie die Akte in Sixtines Hände gekommen ist«, fuhr Tanner fort. »Aber es war nicht besonders überraschend. Inzwischen hat sie sich als Auftragsagentin neu erfunden und handelt mit so ziemlich allem, was ihr Geld einbringt. Sie hat eine recht große Organisation hinter sich und Kontakte in ganz Europa ... tatsächlich sogar auf beiden Seiten des Atlantiks. Genau die Art Person, die man in einer solchen Angelegenheit als Mittlerin nehmen würde. Jedenfalls hat sie uns kontaktiert und angeboten, uns die Papiere für zweitausend Pfund zurückzuverkaufen.«

»Das war schlicht und einfach Erpressung!« M machte keine Anstalten, seine Verärgerung zu verbergen.

»Das mag stimmen, Sir.« Tanner strich sich übers Kinn. Es war immer riskant, M zu widersprechen. »Aber unser Mann in der Finanzabteilung fand, dass es ein bemerkenswert fairer Preis war. Die Russen hätten fünfmal so viel bezahlt und wir hätten wie komplette Idioten dagestanden, wenn die Akte bekannt geworden wäre. Vielleicht hat sie ja so etwas wie Loyalität uns gegenüber verspürt, ein Überbleibsel aus Kriegszeiten. Es ist so, wie ich bereits sagte: Als Agentin war uns Sixtine überaus nützlich.«

»Und 007 hat sie in Marseille getroffen«, sagte M.

»Das wissen wir nicht, Sir. Doch er war definitiv an ihr interessiert. Die bloße Tatsache, dass sie sich in Südfrankreich aufhält, deutet darauf hin, dass sie etwas vorhat. Wir reden hier nicht von der Art Frau, die einfach in Urlaub fährt, und wir wissen mit Sicherheit, dass sie mit den Syndikaten geredet hat. In seiner letzten Übertragung eine Woche vor seinem Tod hat 007 gesagt, dass er einen konkreten Beweis hätte.«

»Was für einen Beweis?«

»Das hat er leider nicht gesagt. Wenn 007 einen Fehler hatte, dann den, dass er sich nur ungern in die Karten schauen ließ. In der gleichen Übertragung erwähnte er, dass er ein Treffen mit jemandem arrangiert hätte, der ihn genau darüber aufklären könnte, was sie vorhat. Doch wieder hat er uns nicht gesagt, um wen es sich handelt.« Tanner seufzte. »Das Treffen fand am Hafenbecken von La Joliette statt und dort wurde er auch umgebracht.«

»Er muss Notizen oder etwas in der Art hinterlassen haben. Waren wir schon in seinem Haus?«

»Er hatte eine Wohnung in der Rue Foncet und die französische Polizei hat sie von oben bis unten durchsucht. Man hat nichts gefunden.«

»Vielleicht ist uns die Gegenseite zuvorgekommen.«

»Das ist möglich, Sir.«

M drückte den Pfeifentabak mit einem Daumen zusammen, der mit den Jahren gegen die Hitze des glimmenden Tabaks unempfindlich geworden war. »Wissen Sie, was mich bei all dem am meisten überrascht, Stabschef? Wie konnte sich 007 mitten in einer belebten Stadt aus nächster Nähe erschießen lassen? An einem Sommerabend um sieben … Da war es ja noch nicht mal dunkel! Und warum war er nicht bewaffnet?«

»Das hat mich auch gewundert«, pflichtete ihm Tanner bei. »Ich kann nur annehmen, dass er jemanden getroffen hat, den er kannte, einen Freund.«

»Vielleicht hat er sich ja doch mit Madame 16 persönlich getroffen? Oder hat sie vielleicht von dem Treffen erfahren und dazwischengefunkt?«

»Beide Gedanken sind mir ebenfalls schon gekommen, Sir. Die CIA hat Leute vor Ort und wir haben versucht, mit ihnen zu reden. Tatsächlich wimmelt die ganze Gegend nur so von Geheimdiensten jeglicher Couleur. Doch bis jetzt … nichts.«

Der schwere, süßliche Geruch von Capstan Navy Flake hing in der Luft. M benutzte die Pfeife, um seine Gedanken zu ordnen. Das uralte Ritual des Anzündens und erneuten Anzündens verschaffte ihm die Gelegenheit, die Entscheidungen abzuwägen, die getroffen werden mussten.

»Wir müssen jemanden hinschicken, um die Sache zu untersuchen«, fuhr er fort. »Diese Angelegenheit mit den Korsen klingt nicht besonders dringend. Wenn aus Frankreich weniger Drogen kommen, ist das doch etwas, wofür wir dankbar sein sollten. Aber ich lasse mir einen meiner besten Agenten nicht wie einen Hund erschießen. Ich will wissen, wer das getan hat und warum, und ich will, dass diese Person von der Bildfläche verschwindet. Und wenn sich herausstellen sollte, dass diese Frau namens Sixtine dafür verantwortlich ist, gilt das auch für sie.«

Tanner verstand ganz genau, was M da sagte. Er wollte Vergeltung. Jemand musste sterben.

»Wen soll ich schicken? Ich befürchte, dass 008 noch nicht wieder einsatzbereit ist.«

»Sie haben mit Sir James gesprochen?«

»Ja, Sir.« Sir James Molony war der Leitende Neurologe des St. Mary's Hospitals in Paddington und einer der wenigen Männer, die M sowohl beruflich wie privat kannten. Im Laufe der Jahre hatte er die Verletzungen einer Reihe von Agenten behandelt, einschließlich Stich- und Schusswunden, stets mit absoluter Nonchalance und Diskretion. »Es wird noch ein paar Wochen dauern.«

»Und 0011?«

»Ist in Miami.«

M legte die Pfeife ab und starrte sie gereizt an. »Nun, dann haben wir keine andere Wahl. Wir werden einfach diesen anderen Kerl vorziehen, den Sie vorbereitet haben. Ich hatte ohnehin vor, die Doppelnullabteilung zu vergrößern. Ihre Arbeit ist zu wichtig und jetzt, wo einer verletzt und ein anderer tot ist … müssen wir vorbereitet sein. Wie macht er sich?«

»Nun, Sir, sein erster Auftrag ist ihm problemlos gelungen. Es war diese Kishida-Angelegenheit. Der japanische Chiffrierexperte.«

»Ja, ja. Ich habe den Bericht gelesen. Er ist auf jeden Fall ein guter Schütze und hat die Nerven behalten. Gleichzeitig beweist ein Schuss in den sechsunddreißigsten Stock eines New Yorker Hochhauses nicht unbedingt etwas. Ich würde gern sehen, wie er sich im Nahkampf schlägt.«

»Das werden wir wohl bald herausfinden«, erwiderte Tanner. »Er befindet sich gerade in Stockholm. Wenn alles gut geht, wird er sich innerhalb der nächsten vierundzwanzig Stunden zurückmelden. Ich habe bereits seine Eignungsbeurteilung sowie sein medizinisches und psychologisches Gutachten. Er wird mit Bravour bestehen und ich persönlich mag ihn.«

»Wenn er Ihre Empfehlung hat, reicht mir das vollkommen, Stabschef.« M runzelte die Stirn. »Sie haben mir noch nicht seinen Namen gesagt.«

»Er heißt Bond, Sir«, erwiderte der Stabschef. »James Bond.«

2

ERDBEERMOND

James Bond saß in einer Ecke des Restaurants Cattelin in der Altstadt von Stockholm, stach auf ein schlechtes Filet Mignon ein, zu dem ein schlechtes Glas Burgunder serviert worden war, und dachte über den Mann nach, den er töten sollte.

Rolf Larsen hatte eindeutig vom Krieg profitiert. Er hatte als attraktiver, mutiger Herausgeber einer heimlichen Gegenpropagandazeitung begonnen, war dann 1942 aus Norwegen geflohen und über Schweden nach England gelangt. Er hatte sich der berühmten Kompani Linge angeschlossen, wo er eine paramilitärische Fallschirmspringerausbildung erhalten hatte, und war in sein Heimatland zurückgekehrt, um eine Schlüsselrolle in der Operation Mardonius zu spielen, einem Sabotageakt auf den Hafen von Oslo mit in Kanus herbeitransportierten Haftminen. Er hatte sich der Sabotagegruppe Oslogjengen angeschlossen und an der Zerstörung des Korstoll-Depots, einer Reparaturwerkstatt, mitgewirkt, bei der mehrere deutsche Kampfflugzeuge vernichtet worden waren. Er war mit einem DSO aus Großbritannien, einem Kriegskreuz mit Schwert von der norwegischen Regierung und der Bewunderung praktisch aller, die ihn kannten, aus dem Krieg hervorgekommen.

Fast sofort danach war er nach Stockholm gezogen, um die Vorteile des außerordentlichen finanziellen und sozialen Aufschwungs zu nutzen, der von den niedrigen Steuern, einem kleinen öffentlichen Sektor und einem größtenteils unregulierten Markt gefördert wurde. Er hatte Millionen mit »grünem Gold« gemacht, indem er Holz und Zellstoff aus Schwedens Pinienwäldern exportiert hatte. Er heiratete Selma Elkman, eine schwedische Erbin, was sein Vermögen auf einen Schlag verdoppelte, und die beiden hatten zwei kleine Kinder. Bond hatte die gut gekleidete, respektable Familie einen Tag zuvor gesehen, als ihr Chauffeur sie an der Östermalms Saluhall abgesetzt hatte, der alten Markthalle mitten in Stockholm. Rolf war inzwischen Mitte vierzig, sein dichtes blondes Haar von Grau durchzogen. Sein rotes Gesicht sowie sein Bierbauch deuteten darauf hin, dass er sein Leben genoss und sich mit seinem Alter arrangiert hatte.

Nur dass das alles eine Lüge war.

Wie sich herausgestellt hatte, war Rolf Larsen ein äußerst erfolgreicher Doppelagent im Dienst der Nazis gewesen, der zwar an kleineren Operationen teilgenommen, gleichzeitig aber seine Meister über das große Ganze informiert gehalten hatte. Er war für den Tod von Dutzenden norwegischer Agenten verantwortlich, einschließlich einiger, die direkt an seiner Seite gekämpft hatten. Doch das war es nicht, was sein Todesurteil besiegelt hatte. 1944 hatten die Briten einen Angriff auf das nördliche Norwegen vorgeschlagen. Truppen sollten auf Fischerbooten die Shetlandinseln verlassen und im Schutz von Dunkelheit und Nebel die Fjorde infiltrieren. Man hatte zwei Männer vorgeschickt, um eine passende

Anlegestelle zu finden, und Larsen hatte beide verraten. Sie waren gefangen genommen, gefoltert und getötet worden. Der Plan wurde fallen gelassen.

Der britische Geheimdienst hatte während des Krieges viele Fehler gemacht, doch was die Deutschen nie verstanden hatten und was ein Mann wie Rolf Larsen nie erwartet hätte, war die Hartnäckigkeit, mit der dieser daran arbeitete, diese Fehler nach Kriegsende auszubügeln. Zwei Männer des Kommandos Nummer 4 waren verschwunden, nachdem sie mit dem Fallschirm über feindlichem Territorium abgesprungen waren. Doch das war erst der Anfang. Noch vor Kriegsende hatten sich die Räder in Bewegung gesetzt. Langsam und unumstößlich war die Wahrheit ans Licht gekommen und die Ermittlung hatte sich auf den jungen Helden konzentriert, der inzwischen ein wohlhabender Familienvater geworden war. Es sollte noch sechs ganze Jahre dauern, bis der endgültige Beweis erbracht wurde, und bis dahin hatte es mehrere Tausend Prozesse und vierzig Hinrichtungen gegeben. Ein neues Jahrzehnt hatte begonnen. Niemand würde etwas davon haben, einen zweifach dekorierten Mann wie Larsen durch ein erschöpftes Gerichtssystem zu zerren. Ein hohes Tier hatte die Entscheidung getroffen. Man würde sich inoffiziell um ihn kümmern.

Während Bond seinen Teller wegschob und sich einen Kaffee bestellte, dachte er darüber nach, was das bedeutete. Niemand in Stockholm wusste, dass er hier war: nicht die Polizei, nicht die Regierung oder die Säpo, der schwedische Geheimdienst. Es musste wie ein einfacher Mord aussehen und genau das war es eigentlich auch. Larsen war allein. Am Nachmittag erst hatte er seine Frau und die Kinder in den Zug nach Uppsala gesetzt, wo sie das Wochenende verbringen würden. Bond hatte zugesehen, wie sie sich an Gleis fünf des Hauptbahnhofs verabschiedet hatten. Larsen wollte am folgenden Tag nachkommen. Jetzt gerade war er in der Oper und sah sich *Tosca* an. Bond hatte Opern immer verabscheut. Die absurd dicken Frauen, das theatralische Getue, der Krach. Die Tatsache, dass Larsen dort seinen letzten Abend verbrachte, war durchaus passend. Er war auf dem Weg von einer Hölle in die nächste.

Schusswaffen waren tabu. Kugeln brachten eine Vorgeschichte mit sich, die Stichwunden fehlte. Bond fragte sich, ob ihm dieser Auftrag bewusst zugeteilt worden war. Sein erster Auftragsmord war aus der sicheren Entfernung eines Zielfernrohrs geschehen. Er war etwa fünfundvierzig Meter von Kishida entfernt gewesen, als dieser gestorben war. Er hatte es kaum mit eigenen Augen gesehen. Tatsächlich hätte der japanische Chiffrierexperte sogar noch am Leben sein können, als sein Attentäter den Aufzug ins Erdgeschoss genommen hatte – auch wenn das zugegebenermaßen eher unwahrscheinlich war, nachdem eine Kugel seinen Hals durchschlagen hatte.

Dieses Mal würde es aus nächster Nähe geschehen. Larsens Zuhause erstreckte sich über zwei Etagen in einem Gebäude gleich um die Ecke. Ein Zimmer in der oberen Etage wurde von einem Diener namens Otto bewohnt, der früher bei der Säpo gearbeitet hatte und über die Statur und das wachsame Auge eines professionellen Leibwächters verfügte. Otto war Schwede ohne Vorstrafen, und Bond wusste, dass er unangetastet bleiben musste. Das ganze Haus war alarmgesichert und mit einer nur zwei Blocks entfernten Polizeiwache verbunden. Der Auftrag musste schnell, effizient und vor allem lautlos ausgeführt werden.

Und was dann? Zwei kleine Mädchen, fünf und drei, würden sich ohne Vater wiederfinden. Eine dralle, glückliche Ehefrau würde zur Witwe werden. Die Zeitungen würden das Leben eines Kriegshelden feiern und Maßnahmen gegen die steigende Kriminalitätsrate in Stockholm fordern. Und sollte alles gut gehen, würde Bond seine Doppelnull bekommen. Er würde sich seine Lizenz zum Töten verdient haben.

Das war etwas, das er mehr wollte als alles andere auf der Welt – und er hatte es von dem Moment an gewollt, als er beim Geheimdienst angefangen hatte. Warum? War es ein Überbleibsel aus dem Krieg, all dieser Jahre im RNVR, wo das Töten des Feindes selbstverständlich gewesen war und Gerede über Moral oder Verhältnismäßigkeit allenfalls als irrelevant, aber wahrscheinlich eher als Zeichen von Schwäche betrachtet worden wäre? Oder war es der gleiche Impuls, der ihn in den Aiguilles Rouges klettern und am Fettes College hatte boxen lassen? Der einfache Wunsch, in allem, was er tat, der Beste zu sein? Darauf lief es hinaus. Es spielte keine Rolle, ob er seinem Land oder seinen eigenen Interessen diente. Im ganzen Gebäude gab es nur drei Doppelnullagenten und sie wurden respektiert wie niemand sonst. Er würde der vierte werden.

Das Steak lag immer noch enttäuschend am Rand seines Tellers. Er gab dem Kellner ein Zeichen, es abzuräumen, dann zog er eine Zigarette, eine Du Maurier, aus ihrer typisch roten Packung und genoss das vertraute Klicken seines alten Ronson-Feuerzeugs. Es war falsch von ihm gewesen, die Schuld für sein misslungenes Abendessen dem Restaurant zu geben. Die Wahrheit war, dass der Auftrag, der vor ihm lag, ihm den Appetit verdorben hatte. Er sah auf seine Uhr. Fünf nach zehn. Die dicke Frau würde sich vergiften, von einem

Turm werfen oder was immer sie sonst im letzten Akt von Puccinis Meisterwerk tat und schon bald würde das Publikum auf dem Heimweg sein.

Und dann ...

Bond rauchte in Ruhe seine Zigarette. Er trank noch ein Glas Wein, ließ aber die Flasche halb voll, da er nicht wollte, dass ihm der Alkohol die Sinne trübte. Schließlich bat er um die Rechnung, bezahlte und ging.

Er fand sich in einer schmalen Gasse wieder. Vor ihm ragte die große Domkirche Stockholms auf. Bond hatte das Gefühl, gefangen zu sein, doch das war das Problem an dieser Stadt: So hübsch sie auch war, sie erstreckte sich über vierzehn verschiedene Inseln, auf denen sich alles zusammendrängte, sodass sie für einen Übeltäter nichts anderes war als eine Reihe von Fallen, besonders in einer solchen Nacht. Er blickte zum Himmel auf und sah den Vollmond, der den wolkenlosen Himmel in ein tiefes Rot tauchte. Ein Erdbeermond. Es war ein Name aus seiner Kindheit, der Erinnerungen an ein längst vergangenes Leben weckte. Nun kam ihm der Mond wie ein einzelnes Auge vor, das ihn dabei beobachtete, wie er die düstere, verlassene Straße entlangging, irgendwie mitschuldig an dem, was er gleich tun würde.

Eine halbe Stunde später, kurz nach dreiundzwanzig Uhr, ging im sechsten Stock des verschnörkelten Gebäudes, in dem die Larsens wohnten, ein Licht aus. Bond wusste, dass sein Moment gekommen war. Er trat aus dem Schatten, sah sich auf der leeren Straße um und zog ein winziges Stück Plastik aus seiner Jacketttasche. Die Haustür mit dem Yale-Schloss leistete keinen Widerstand. Bond ging am Aufzug vorbei und stieg die sechs Treppen hinauf, bis er in einer quadratischen, schwarz-weiß gefliesten Empfangshalle landete. Dort befand sich eine weitere Tür, ihr Schloss so wirkungslos wie das erste. Während Bond es mit Leichtigkeit knackte, begann die blaue Metallkiste mit dem Logo von Rely-a-Bell Sicherheitssysteme zu blinken, gab aber kein Geräusch von sich. Die Alarmanlage war aus London importiert worden und erst einen Tag zuvor waren zwei angeblich vom Hauptsitz in der Wilson Street geschickte Männer vorbeigekommen, um das System gründlich zu überholen. Sie hatten die notwendigen Ausweispapiere bei sich gehabt und schienen zu wissen, was sie taten. Niemand hatte weiter darüber nachgedacht und nun ruhte der Alarm friedlich, ohne etwas von der Gestalt zu bemerken, die unter ihr vorbeischlich.

Bond fand sich in einer kostspielig und altmodisch eingerichteten Wohnung wieder. Der Stil wirkte eher deutsch als skandinavisch, mit massiven dunklen Möbeln, Teppichen und Kronleuchtern. Er hatte eine Taschenlampe mitgebracht, brauchte sie aber nicht. Die Vorhänge waren zurückgezogen und rosa Licht drang durch die Panoramafenster. Völlig geräuschlos ging er die Treppe hinauf, vorbei an Ölgemälden in überladenen Goldrahmen. Er hatte die Baupläne des Gebäudes studiert und wusste genau, wohin er gehen musste. Er bog um eine Ecke und schlich einen Flur entlang, an dessen Ende sich ein antiker Spiegel befand. Von der Decke hingen weitere Kronleuchter und die Glasperlen formten spinnwebenartige Schatten. Die dritte Tür führte ins Elternschlafzimmer. Bonds Hand schloss sich um den unnötig verschnörkelten Messingtürgriff. Ganz langsam drückte er ihn herunter.

Der Moment war gekommen. Er hatte sein Ziel erreicht.

Rolf Larsen schlief in einem extragroßen Bett aus dem neunzehnten Jahrhundert mit geschnitztem Kopfteil, Füßen und Aufbau, alles in Weiß. Ohne seine Frau an seiner Seite wirkte der Platz, den er einnahm, fast obszön. Er war eine kleine Gestalt, deren Hinterkopf auf einem von fünf Kissen ruhte, die um ihn herum gruppiert waren, als ob sie ihm im Schlaf etwas zuflüstern würden. Es war eine warme Nacht. Er hatte die Decke weggestrampelt und war nur von einem weißen Musselinlaken bedeckt, das sich unendlich auszubreiten schien, wie ein geisterhaftes Meer. Bond konnte seine silbrigen Haare sehen sowie das Heben und Senken seiner Brust. Er war sich bewusst, dass sein eigenes Herz schneller schlug, und er hatte einen metallischen Geschmack im Mund. Beim Mord an Kishida hatte er sich unbeteiligter gefühlt. Seine einzige Sorge hatte darin bestanden, dass er nicht vorbeischießen durfte. Doch das hier war anders. Er konnte Larsen riechen. In der alles einhüllenden Stille des Raums konnte er den Klang seines eigenen Atems mühelos heraushören.

Bond griff in den linken Ärmel seines Jacketts und zog ein Messer heraus – achtzehn Zentimeter lang, mit einem Gummigriff von Dunlop. Während seines Abendessens im Cattelin hatte das Messer die ganze Zeit in seinem Lederholster – wegen der Art, wie sich die Riemen am Arm kreuzten, X-Holster genannt – geruht. Es war eine altmodische Waffe und eine, die er das letzte Mal hinter feindlichen Linien benutzt hatte. Bond hatte es teilweise deshalb gewählt, weil es ihm angemessen vorkam, aber hauptsächlich deswegen, weil es unauffindbar war, bis es zum Einsatz kam und der Schnellauslöser des Verschlusses es genau in seine Hand beförderte, wie er es gerade getan hatte. Einen Moment lang spürte er das Gewicht in seiner Hand. Rolf Larsen rührte sich im Schlaf. Irgendein Urinstinkt schien ihn anzuschreien, endlich aufzuwachen. Der Zeitpunkt war gekommen. Bond handelte.

Mit der Handkante seiner Waffenhand schaltete er die Nachttischlampe ein. Dann lehnte er sich vor und presste seine andere Hand auf Larsens Mund, bevor er nach Hilfe rufen konnte. Larsen riss die Augen auf und sein Blick füllte sich fast augenblicklich mit Überraschung, Verstehen und Schrecken. Er sah einen Mann um die Dreißig, glattrasiert, mit schwarzen Strähnen, die ihm ins Gesicht fielen, und sehr geraden Gesichtszügen. Nase, Mund und Augen wirkten in ihrer Präzision fast mathematisch.

Nur eine zweieinhalb Zentimeter lange Narbe auf der rechten Wange zerstörte die Symmetrie. Der Mann trug einen dunklen Anzug, ein weißes Hemd und eine Strickkrawatte. Seine Hand drückte mit ungewöhnlicher Kraft auf Larsens Mund, was ihm das Atmen fast unmöglich machte.

»Larsen?« Der Mann hatte nur ein einziges Wort gesagt, aber irgendwie wusste Larsen augenblicklich, dass er Brite war.

Larsen nickte. Sein Kopf grub sich in das weiche Kissen. Die Hand des Mannes bewegte sich mit ihm, ohne ihm auch nur die kleinste Fluchtmöglichkeit zu lassen.

»Ich bin wegen Bourne und Calder hier.«

Bourne und Calder. Die beiden Männer, die an die Nordküste Norwegens geschickt worden waren. Die beiden Männer, die Larsen verraten hatte. Es gehörte nicht zu Bonds Auftrag, dem Verräter Informationen zu entlocken, doch das musste er für sein eigenes Seelenheil wissen.

»Verstehen Sie?«, fragte er.

Larsen zögerte, dann nickte er sehr langsam. Er musste sich nicht bewegen. Bond hatte das, was er wissen wollte, bereits in den Augen des anderen Mannes gesehen: das Eingeständnis von Schuld. Das war genug. Ohne zu zögern, stieß er zu und trieb das Messer in den Halsmuskel und auf Larsens Hirn zu.

Bond lehnte sich zurück. Er hatte erwartet, dass der Tod sofort eintrat, doch im Schein der Nachttischlampe sah er, dass Larsen noch ausgesprochen lebendig war. Er starrte Bond an, als wüsste er nicht genau, was gerade passiert war. Sein Mund öffnete und schloss sich, Blut befleckte bereits seine Lippen. Er konnte nicht sprechen. Das Messer musste seine Luftröhre durchtrennt haben. Außerdem hatte es die Halsschlagader getroffen. Während Bond auf der Bettkante saß, bot sich ihm ein außergewöhnlicher Anblick. Blut breitete sich unter dem Laken aus. Es war ein perfekter Kreis, der immer größer wurde. Er erinnerte Bond an den Erdbeermond, den er draußen gesehen hatte und der sich nun hinter einer weißen Wolke hervorschob. Und er wuchs beständig. Larsen starrte darauf, vollkommen starr, und starb Stück für Stück. Als der Augenblick des Todes schließlich kam, war es recht antiklimaktisch. Seine Lippen bewegten sich weiter, jedoch langsamer. Dann hörten sie auf. Seine Augen starrten weiter. Das Blut kroch noch etwas weiter und hatte Bond fast erreicht. Plötzlich gab es nur noch eine Person im Raum, die atmete.

Bond zog die Klinge heraus, wischte sie ab und steckte sie ins Holster zurück. Dann sah er sich um, nahm Larsens goldene Manschettenknöpfe, seine Rolex Speedking und eine Geldbörse, die dreihundert schwedische Kronen enthielt. Es war kaum ein angemessenes Motiv für ein solches Gewaltverbrechen, aber es würde reichen müssen. Er warf einen letzten Blick auf den reglosen Fleischhaufen, der einst ein Mensch gewesen war, dann knipste er die Lampe aus und ging. Er nahm die Treppe, stieg die sechs Stockwerke hinunter und stahl sich auf die Straße. Dann überquerte er die Strömbron-Brücke an der nördlichen Ecke der Insel und warf die Gegenstände, die er mitgenommen hatte, ins Wasser.

Zuerst kam die Geldbörse, dann die Manschettenknöpfe und schließlich die schwere silberne Uhr. Sie traf auf die Wasseroberfläche und Bond sah die Wellen, eine Reihe von Kreisen – Nullen vielleicht – die sich ausbreiteten und schließlich verschwanden, während der Beweis dessen, was geschehen war, in der Tiefe versank.

3

DER ERSTE TAG

Frühstück war für James Bond die eine Mahlzeit des Tages, auf die er nicht verzichten konnte. Das Mittagessen war ein Vergnügen, das Abendessen häufig ein Fest, doch das Frühstück hatte die Ernsthaftigkeit und Feierlichkeit eines Rituals, während dessen er sich zurücklehnen und über den vor ihm liegenden Tag nachsinnen konnte. Es war einer der Gründe, warum er so anspruchsvoll war, was die Zutaten anging: die spezielle Konfitürenmarke, die ungesalzene Butter, die Eier von französischen Marans-Hühnern, die für die genau richtige Dauer gekocht worden waren. Es war keine bloße Launenhaftigkeit. Er brachte der Mahlzeit die Achtung entgegen, die sie verdiente.

Auch wenn sich Bond in der Küche gut anstellte, hatte er es sich zum Prinzip gemacht, niemals selbst für sich zu kochen. Er genoss es, sich um genau halb acht an den Tisch zu setzen. Manchmal las er die Zeitung, zog es aber vor, nicht zu sprechen, und er hörte niemals Radio dabei. Welches Grauen die nächsten sieben, acht Stunden auch bringen mochten, dies war eine Zeit der Stille. Etwas, das sich, wie ihm manchmal auffiel, sein ganzes Leben lang nicht verändert hatte.

Am Tag nach seiner Rückkehr aus Stockholm setzte er sich an den Esstisch in seinem Zuhause in Chelsea und sah zu, wie seine betagte Haushälterin May mit einem voll beladenen Tablett hereinrauschte. Es war etwas über ein Jahr her, seit sie bei ihm angefangen hatte. Er hatte für die Position Bewerbungsgespräche mit drei Frauen geführt und erklärt, dass er ein Beamter sei, der für eine obskure Abteilung innerhalb des Fremdenverkehrsamts arbeite und dass dies viele Reisen beinhalte. Die anderen beiden hatten dieses Märchen geschluckt, doch May hatte ihn mit einem Funkeln in den Augen angesehen und verkündet: »Aber natürlich! Halten Sie mich für eine Idiotin, Mr Bond? Ich werde keine Fragen stellen, aber dann erzählen Sie mir auch keine Lügen!« Ihre Antwort hatte Bond so sehr amüsiert, dass er sie sofort eingestellt hatte.

»Guten Morgen«, brummte sie jetzt auf ihre typisch schottische Art. »Hatten Sie eine gute Reise?«

»Ja. Alles lief bestens, vielen Dank, May.«

Sie fuhr damit fort, die Teller auf dem Tisch zu verteilen. »Ich habe wirklich nicht die geringste Ahnung, was sie sich bei dieser Sache mit den Koreanern denken«, grummelte May, während sie Bond die Morgenausgabe der *Times* reichte. Die Schlagzeilen waren voll mit dem amerikanischen Angriff auf Chinju. »Man würde doch meinen, die Welt hätte fürs Erste genug vom Krieg.« Sie seufzte. »Das ist alles die Schuld dieser dämlichen Kommunisten. Ich hab schon immer gesagt, dass sie diesem Joe Stalin niemals hätten trauen dürfen. Der Kerl hat ein Gesicht zum Reintreten. Aber nun ja, es kommt, wie es kommt, nehme ich an …«

Sie verließ den Raum und in der darauffolgenden Stille ließ sich Bond Mays Rühreier schmecken, die er als die besten auf der Welt betrachtete. Dazu gab es gebutterten Toast mit Heidehonig von Fortnum & Mason sowie ein paar Tassen besonders starken Kaffee. Er rauchte zwei Zigaretten und las die Nachrichten und erst als er das Haus verließ, wurde ihm klar, dass er jede Erinnerung an Stockholm und Rolf Larsen (den sich immer wieder öffnenden Mund, die starrenden Augen) absichtlich aus seinen Gedanken verbannt hatte.

Bond fuhr mit einem mitternachtsblauen Jaguar XK 120 zur Arbeit, den er auf der Londoner Autoausstellung gesehen und unbedingt hatte haben müssen, auch wenn er den Kauf fast sofort bereut hatte. Es war das schnellste Serienauto der Welt und konnte leicht die hundertzwanzig Meilen pro Stunde erreichen, die der Name bereits andeutete. Doch die Steuerung hatte etwas Träges an sich und Bond hatte sich schnell an dem wütenden Fauchen sattgehört, das jedes Mal erklang, wenn er an einer Ampel beschleunigte. Er hatte immer noch das zerbeulte Wrack eines stahlgrauen Mark II Continental Bentley in einer Lagerhalle in Ost-London. Wenn er nur die Zeit finden könnte, ihn auszubeulen und komplett zu überholen, wäre er ein würdiger Ersatz.

Bond war sich bewusst, dass sein derzeitiges Gehalt diese Luxusausgaben niemals zulassen würde: den Wagen, das Regency-Haus nahe der King's Road, die Haushälterin in Vollzeit. Seine Eltern waren gestorben, als er erst elf Jahre alt gewesen war, und hatten ihm einen Treuhandfonds hinterlassen, den er geerbt hatte, als er achtzehn geworden war. Manchmal fragte er sich, ob sein Leben anders verlaufen wäre, wenn sie den Kletterunfall überlebt hätten, der sie ihm genommen hatte. Keine Eltern zu haben, auf diese Nähe der engsten Familie verzichten zu müssen, aus dieser Leere zu kommen – hatte ihn all das zu dem Mann gemacht, der er schließlich geworden war?

Mit diesen Gedanken im Kopf hielt Bond am Rand des Regent's Park und ging die letzten zehn Minuten zum Büro zu Fuß. Der Portier nickte ihm zu, als ob er ihn kaum bemerkt hätte, obwohl er in Wirklichkeit über ein fotografisches Gedächtnis verfügte und nicht nur die Namen und Büronummern von allen kannte, die im Gebäude arbeiteten, sondern auch ohne Hilfe von Aufzeichnungen genau sagen konnte, wer wann gekommen oder gegangen war.

Bond bog um eine Ecke und betrat den Aufzug. Der Fahrstuhlführer sah ihn an.

»Welcher Stock, Sir?«

»Der fünfte, bitte.«

Da. Er hatte es gesagt und es dadurch zur Realität gemacht.

Der Fahrstuhlführer drückte den Knopf und ließ dann ohne weiteren Kommentar seinen Armstumpf auf dem Kontrollhebel ruhen.

Normalerweise fuhr Bond in den dritten Stock, reserviert für »Kommunikations- und Elektronische Entwicklung«, ein Name, der für eine Vielzahl von geheimen Aktivitäten stand. Dort teilte er sich ein Büro mit drei Männern und zwei Frauen, getrennt durch Acrylscheiben, die sie von der Welt der anderen abschnitten. Bond hatte die vergangenen Wochen damit verbracht, eine illegale Grenzüberschreitung nach Ostdeutschland vorzubereiten, bis Stockholm dazwischengekommen war. Dieser Auftrag würde nun an jemand anders gehen.

Er stand schweigend da, als sich die Türen schlossen. Er kannte den Fahrstuhlführer – einen ehemaligen Gunny, der bei Tobruk verwundet worden war – ziemlich gut. Schließlich hatten sie in diesem kleinen Raum schon mehr als hundertmal beisammengestanden. Doch heute war alles anders. Konnte der andere Mann irgendwie von seiner Beförderung erfahren haben? Das war das Problem in diesem verdammten Haus. Jeder hatte seine Geheimnisse, doch niemandes Geheimnisse gehörten wirklich nur ihm. Bond verspürte eine gewisse Nervosität in der Magengrube, vielleicht durch den Aufstieg noch verstärkt. Alles am Gebäude wirkte anders. Selbst die Farben – Grau, Beige, Cremeweiß und dieses furchtbare Grün, das Regierungsdienststellen so liebten – wirkten leuchtender, irgendwie aufregender als in der Woche davor. Doch natürlich war er es, der sich verändert hatte. Es war kaum vierundzwanzig Stunden her, seit er ein zweites Leben genommen hatte. Damit hatte er sich seine Lizenz zum Töten verdient und schloss sich einer Elitetruppe an. Es gab nur vier von ihnen in der gesamten Organisation.

Drei von ihnen. Bond hatte von dem Toten in Südfrankreich gehört. Er war ein Ersatz, keine Ergänzung.

Die Aufzugtüren öffneten sich und er trat in einen Gang, der dem, den er kannte, sehr ähnlich war. Eine Gruppe plaudernder junger Frauen kam an ihm vorbei. Bildete er sich das nur ein oder wichen sie seinem Blick aus? Er kannte die Nummer des Büros, nach dem er suchte, fand sie, klopfte an und betrat es nach einem knappen »Herein!«.

Die einzige Person darin arbeitete still und effizient in einer leeren weißen Box mit dem Porträt der Königin an einer Wand und dem des Premierministers an der anderen. Die Bilder waren wahrscheinlich vom Ministerium für öffentliche Arbeiten oder vielleicht der Kunstsammlung der Regierung gestellt worden und Bond wäre nicht weiter überrascht gewesen, wenn sie in einer vorgeschriebenen Höhe gehangen hätten. In einer Ecke stand ein Aktenschrank aus Metall mit einer Topfpflanze darauf. Vielleicht war auch dies Vorschrift.

»Commander Bond?« Der Mann hinter dem Schreibtisch sah desinteressiert auf.

»Das ist richtig.«

»Bitte kommen Sie herein. Nehmen Sie Platz.« Es gab nur einen anderen Stuhl. Bond setzte sich ihm gegenüber.

Der Mann lächelte schwach. »Herzlichen Glückwunsch zu Ihrer Beförderung und willkommen zu Ihrem ersten Tag in der Doppelnullabteilung. Wir müssen nur ein paar Formalitäten durchgehen. Wird nicht lange dauern.«

Der Zahlmeister, Captain Troop, Offizier der Royal Navy im Ruhestand, war Leiter der Verwaltungsabteilung und als absoluter Bürohengst berüchtigt. Er wurde seinem Ruf gerecht, indem er einen Stift auf die Holzoberfläche vor sich legte, als würde ihm das die Macht verleihen, ungestört zu reden, was er die nächsten zehn Minuten auch tat, während denen er Bonds neue Aufgaben auf trockenste Art und Weise beschrieb. Er gab Bond keine Gelegenheit, Fragen zu stellen. Er erwartete keine und Bond hatte auf keinen Fall vor, sich die Blöße zu geben, welche zu stellen. Am Ende seiner Rede zog Troop mehrere Blätter Papier aus einer Schublade und tippte mit einem gebieterischen Finger darauf. »Wenn Sie dann bitte hier unterschreiben würden, Commander Bond? Und hier?«

Bond tat, wie ihm geheißen wurde. Seine Unterschrift war zwangsläufig recht schmucklos. Sein Name bestand nur aus neun Buchstaben und nicht einer von ihnen gab Gelegenheit für einen Schnörkel. Das erste Dokument war eine Vertraulichkeitsvereinbarung, die ihm wie ein unnötiger Zusatz zu dem Vertrag vorkam, den er bereits bei seinem Eintritt in den Geheimdienst unterschrieben hatte. Bei dem zweiten handelte es sich um eine gesetzlich vorgeschriebene

Lebensversicherung. Das dritte war kürzer und brutaler, denn es verlieh seinem Arbeitgeber eine Allgemeinvollmacht über all seine Angelegenheiten (und wahrscheinlich auch die Versicherungssumme), falls er im Einsatz getötet werden sollte. Troop wartete, bis er fertig war, dann nahm er die Papiere mit einem zufriedenen Nicken zurück.

»Vielen Dank, Commander Bond. Da ist nur noch eine letzte Kleinigkeit zu erwähnen, nämlich dass Ihr Gehalt auf tausendfünfhundert Pfund im Jahr erhöht wurde. Das ist die gleiche Gehaltsstufe wie ein Generalkonsul im öffentlichen Dienst. Die neue Summe wird mit sofortiger Wirkung in Ihren Bankauszügen auftauchen.« Es gab eine vierte Seite, die er unterschreiben musste und in der es um seine Zustimmung der finanziellen Bedingungen ging. Dann nahm Troop den Stift zurück, steckte die Kappe auf und ließ ihn in seine Tasche gleiten. »Ich zeige Ihnen jetzt Ihr neues Büro. Ab da übernimmt Ihre Sekretärin.«

Troop war kein unangenehmer Zeitgenosse, auch wenn ihn fast niemand im Gebäude leiden konnte. Bond kam der Gedanke, dass dies wohl Teil seines Jobs war. Jede Firma brauchte einen Blitzableiter und Troop – klein, ordentlich, langweilig, präzise – erfüllte diese Rolle vortrefflich. Er schwieg, während Bond und er den Aufzug in den achten Stock nahmen, und dann an einer Reihe von Türen vorbeigingen (die keine Nummern hatten, wie Bond bemerkte). An der letzten Tür rechts blieben sie stehen.

»Hier verlasse ich Sie nun«, sagte Troop. »Viel Glück.« Das war alles. Kein Handschlag. Er drehte sich einfach um und ging den Weg zurück, den er gekommen war.

Bond klopfte an die Tür. Sie wurde fast sofort von einer Frau geöffnet, die vielleicht ein, zwei Jahre älter war als er, aber mit Sicherheit ein paar Zentimeter größer. Sie war schlank, dunkelhaarig und strahlte die Art Schönheit aus, die umso verlockender war, weil sie so offensichtlich tabu war. Bereits jetzt, bei ihrer ersten Begegnung, war ihr Auftreten reserviert und ihre Augen schienen ihn herauszufordern. Doch er sah in ihrem Blick auch einen Funken Humor, der ihm sagte, dass sie gut miteinander auskommen würden.

»Mr Bond?«, fragte sie.

»James.«

Sie schien kurz über den Namen nachzudenken, dann akzeptierte sie ihn lächelnd. »Ich bin Loelia Ponsonby. Ich zeige Ihnen jetzt Ihren Schreibtisch.«

Sie drehte sich um und er folgte ihr in einen kleinen Vorraum. Dabei genoss er die perfekte Form ihrer Schultern und das Schwingen ihrer Hüften. Sie trug eine cremeweiße Bluse mit Kimonoärmeln und einen sehr seriösen dunkelblauen Rock. Bond suchte nach einem Ehering, wusste jedoch irgendwie instinktiv, dass er keinen finden würde. Sie ging durch eine zweite Tür. Diese führte in einen größeren Raum, sehr quadratisch, mit drei Schreibtischen und einem Fenster mit Blick auf den Regent's Park.

»Loelia«, murmelte Bond. »So kann ich Sie auf keinen Fall nennen. Macht es Ihnen etwas aus, wenn ich Sie Lil nenne?«

Sie wirbelte herum und bedachte ihn mit einem kühlen Blick. »Das macht es in der Tat.«

»Tja, ich werde Sie nicht Miss Ponsonby nennen«, erwiderte er. »Das klingt irgendwie nach einer Schullehrerin und außerdem hatte ich eine Tante, die mich immer in ein Dorf mitgenommen hat, das so hieß. Ponsonby in Cumbria. Sie stammen nicht zufällig von dort?«

»Meine Familie kommt aus Kent.«

»Dann haben wir ja bereits etwas gemeinsam. Dort bin ich aufgewachsen. In einem Ort namens Pett Bottom in der Nähe von Canterbury.«

Der Name ließ sie die Stirn runzeln und sie schien sich zu fragen, ob er ihn sich gerade ausgedacht hatte. »Ich kann nicht behaupten, davon gehört zu haben.«

»Gleich südlich von Nackingham.« Kein guter Start. Würde ihre gesamte Beziehung aus vager Flirterei basierend auf obskuren Ortsnamen beruhen? Er ging zum Fenster und blickte hinaus. »Wie läuft das jetzt?«, fragte er in einem sachlicheren Tonfall. »Ich nehme an, ich habe das Büro nicht für mich allein?«

»Nein. Es gibt drei von ihnen.« Sie deutete auf einen der leeren Schreibtische. »Der gehört Bill.« Sie stockte. »008, meine ich. Er ist erst letzte Woche ins Land zurückgekommen und … ruht sich aus.« Der letzte Teil war wohlüberlegt und Bond erkannte den Euphemismus. »0011 sitzt hier«, fuhr sie schnell fort. »Aber er ist gerade unterwegs. Sie werden sich wahrscheinlich nicht oft über den Weg laufen. So läuft das hier in dieser Abteilung.«

Sie ging zum dritten Schreibtisch. Bond fiel ein Stapel brauner Ordner auf, die ordentlich für ihn ausgelegt worden waren. Einige trugen den roten Stern, der sie als streng geheim kennzeichnete. Er drehte einen von ihnen um und schlug ihn auf. Darin befand sich ein Schwarz-Weiß-Foto eines Toten, der auf einem Kai ausgebreitet lag. Er wusste sofort, dass es sich um seinen Vorgänger handelte, dass dieser Mann an dem Schreibtisch gesessen hatte, der nun seiner war. Kommentarlos klappte er den Ordner wieder zu.

Loelia Ponsonby stand an der Tür. »Wir sind von der Nachricht alle erschüttert«, sagte sie. »Es kamen schon die ganze Woche Berichte rein. Ich habe sie auf Ihrem Schreibtisch nach Dringlichkeit sortiert. Sie fangen besser gleich damit an. M wird Sie heute Vormittag noch sehen wollen und dafür müssen Sie vollständig informiert sein.«

Bond setzte sich auf den ledergepolsterten Bürostuhl. Plötzlich wollte er diese Einführung so schnell wie möglich hinter sich haben. »Also gut«, sagte er. »Ich werde Kaffee brauchen. Schwarz, ohne Zucker. Ich trinke übrigens niemals Tee, also bitte bieten Sie mir keinen an.« Flüchtig überflog er die Schreibtischoberfläche. »Und ich hätte gern einen Aschenbecher.«

»Natürlich.« Sie wandte sich zum Gehen.

»Ich werde herausfinden, wer ihn umgebracht hat«, schob Bond etwas sanfter hinterher. Sie blieb stehen und blickte zurück. »Sie beide haben sich bestimmt gut gekannt und es tut mir leid, dass es so dazu gekommen ist … zu meiner Beförderung, meine ich. Ich weiß, dass es nicht leicht sein wird, seinen Platz einzunehmen, aber ich werde mein Bestes geben.«

»Danke.« Bei diesem letzten Blick sah Bond die Einladung in ihren Augen. Sie wollte sich mit ihm anfreunden. Er öffnete die erste Akte. Sie verließ den Raum.

Schnell ging Bond die Einzelheiten des Todesfalls im Hafenbecken von La Joliette durch, das zur Hafenstadt Marseille gehörte. Er untersuchte die Fotos: eins von der Leiche, die auf der Wasseroberfläche trieb, und eins aus einem etwas weiteren Blickwinkel, auf dem Polizeiautos und ein Krankenwagen vor einer verfallenen Mauer parkten. Auf den Steinen konnte er einen Teil eines politischen Slogans erkennen: …ARITÈ AUX MINEURS. Es hatte eine Autopsie gegeben. Drei Schüsse aus nächster Nähe in Bauch und Brust. Sofortiger

Tod. Die Leiche war durch die Wucht der 9-mm-Munition ins Wasser geschleudert worden. Bond machte sich auf einem zusätzlichen Blatt Papier ein paar Notizen und fügte ein Fragezeichen in einem Kreis hinzu. Auf dem Deckblatt waren am Ende einer langen Liste, die mit M und SC begann, seine Initialen hinzugefügt. Er hakte sie ordentlich ab, dann ging er zur nächsten Akte über.

Diese enthielt ein längeres, mit der Schreibmaschine getipptes Memorandum. Der Titel lautete: »Eine neue Richtung der Kriminalität in Marseille?« Er begann zu lesen.

HINTERGRUND

Trotz der Schönheit seiner Strände und Boulevards bleibt der als Riviera bekannte französische Küstenstreifen ein Brennpunkt von Korruption und Verbrechen, dessen Beute sich zwischen den korsischen Syndikaten und der sizilianischen Mafia aufteilt. Folter und Mord sind in der Unterwelt an der Tagesordnung. Gewalt kann jederzeit ausbrechen und Kleinkriege finden oft mitten auf der Straße statt. Überraschend ist, dass die örtliche Bevölkerung diese »grand banditisme« – wie sie genannt wird – nicht nur akzeptiert, sondern sogar zu bewundern scheint. Zum Beispiel bezeichnet man hier einen Syndikatsboss oft auch als »un vrai monsieur«, während Kriminelle wie Paul Carbone und François Spirito einen fast mythischen Status um sich herum erschaffen haben.

Natürlich gibt es entlang dieser Küste ein historisches Volksgedächtnis der Piraterie, was kombiniert mit einer starken antiautoritären Neigung zur Schaffung unwahrscheinlicher Helden führt. Es ist außerdem festzuhalten, dass viele dieser Kriminellen während des Krieges eng mit der Résistance zusammengearbeitet haben (oder zumindest behaupten sie das). Auch wenn es Beweise dafür gibt, dass es den französischen Behörden gelungen ist, diese kriminelle Vereinigung einigermaßen zu zügeln, bekommt sie leider weiterhin Schutz von gewissen Mitgliedern der Polizei und der Regierung, die regelmäßig ihre Bars besuchen und ihre Gönnerschaft genießen.

Marseille wird als das französische Chicago bezeichnet und es ist wahr, dass hier ein Großteil des Drogenhandels, der Prostitution, des Glückspiels, der Geldwäsche und der Schutzgelderpressungen seinen Anfang nimmt. Das hat sich jedoch inzwischen rasch über die Küste entlang ausgebreitet. Es ist zu vermerken, dass die Riviera-Kriminalität so opportunistisch wie amoralisch ist – während des spanischen Bürgerkriegs gab es zum Beispiel einen starken Anstieg von illegalem Waffenhandel und zu dieser Zeit erlangte Jean-Paul Scipio (siehe Anhang) eine gewisse Berühmtheit.

Rauschgift ist bis vor Kurzem die größte Einkommensquelle der kriminellen Unterwelt und die größte Sicherheitsbedrohung der westlichen Welt gewesen.

Marseille ist dabei der Zugangspunkt. Nachschub kommt aus der Türkei und Indochina und wird von geschickten korsischen Chemikern zu Heroin Nummer 4, der besten Qualität, verarbeitet. Anders als die Mafia tendieren korsische Drogenlabore dazu, klein, weniger hierarchisch organisiert und familienbasiert zu sein. Die Labore liegen in Marseille selbst sowie in den Vororten und umliegenden Dörfern. Sie sind häufig extrem rudimentär eingerichtet und befinden sich in Kellern, nicht genutzten Küchen und Gartenhäusern. Sie sind höchst mobil und können innerhalb weniger Stunden abgebaut und an einen anderen Standort gebracht werden.

Für den Prozess werden mindestens drei Personen mit Gasmasken benötigt und die Arbeitsbedingungen sind äußerst gefährlich. Wenn die Morphinmischung über 110 Grad Celsius erhitzt wird, besteht Explosionsgefahr. Dennoch setzt sich die Produktion ungestört fort, und bis zum Ende letzten Jahres haben lokale Banden einen Durchschnitt von etwa 272 kg Heroin in die Vereinigten Staaten geschmuggelt und damit den Bedarf von geschätzten 60.000 aktiven Konsumenten gedeckt.

Doch in den vergangenen 18 Monaten haben Offiziere der CRS (der Compagnies Républicaines de Sécurité, führend im Kampf gegen Mafia und Syndikate) die Sicherheitskräfte auf eine seltsame Anomalie aufmerksam gemacht. Es gab einen massiven Rückgang der Heroinproduktion, sowohl auf lokaler wie auf internationaler Ebene. Die unmittelbare Wirkung war ein Ausbruch sporadischer Gewalt und Morde, weil die Dealer/Konsumenten um Marseille ohne Nachschub dastanden. Es kam auch zu vielen Krankenhauseinweisungen und Todesfällen, da das verbliebene Produkt mit Mehl, Kreide, Talkum und Milchpulver gestreckt wurde. Dies hat sich auf den Straßen von New York und London wiederholt.

Es gibt keinen nachvollziehbaren Grund, warum die Syndikate ihr erfolgreichstes Geschäft einschränken sollten. Es gab jedenfalls keine signifikanten Fortschritte von Seiten der CRS, des SDECE und anderer Regierungsbehörden, die sie dazu hätten bringen können, sich zurückzuziehen. Und in letzter Zeit gab es auch keine größeren Vendettas oder interne Kriege. Dies führt zu dem Schluss, dass die derzeitige Stilllegung freiwilliger Natur sein muss, und es gibt Spekulationen, dass die Syndikate ihre Aufmerksamkeit einer anderen, lukrativeren Aktivität zugewandt haben. Außerdem besteht die Sorge, dass eine Unterbrechung des Drogenflusses die politische Situation in Frankreich sowie im sogenannten Goldenen Dreieck von Burma, Thailand und Laos destabilisieren könnte. Dies wiederum könnte ernsthafte Auswirkungen auf die Geheimdienste in den USA sowie Großbritannien haben.

FUSSNOTE

(Kommentar von C. C.) Es ist unmöglich, den Drogenhandel in Südfrankreich zu untersuchen, ohne die Beteiligung der CIA zu berücksichtigen – laut diesem Autor ein großer Beurteilungsfehler.

Es ist seit Langem die amerikanische Strategie, Kriegsherren in Burma und anderen Gebieten nahe der chinesischen Grenze zu unterstützten, da diese Stammestruppen als nützliche Verbündete im Kampf gegen den weltweiten Kommunismus gesehen werden. Doch es gibt die bedauerliche Schlussfolgerung, dass die gleichen Kriegsherren die Freigiebigkeit der USA ausnutzen, um ihre Aktivitäten auf den Anbau und Handel von Heroin auszuweiten.

Es ist bedauerlich, dass die CIA außerdem entschieden hat, die südfranzösischen Verbrechersyndikate mit genau der gleichen Begründung stillschweigend zu unterstützen. Hier ist es die französische Kommunistenpartei, die als Feind gesehen wird, und der Preis ist die Kontrolle über die französischen Häfen. Es besteht kaum ein Zweifel daran, dass die letzten beiden Hafenstreiks in Marseille durch die CIA gebrochen wurden, die dafür mit der korsischen Unterwelt zusammengearbeitet hat.

Dies mag den Amerikanern helfen, den glatten Ablauf von Import und Export in Bezug auf den Marshallplan zu sichern, doch es hat in dieser Gegend auch das Gefühl von Gesetzlosigkeit enorm verstärkt. Schlimmer noch, der illegale Drogenhandel findet dadurch vollkommen ungestraft statt. 1945 bestand die realistische Möglichkeit, die Heroinsucht in den Vereinigten Staaten komplett auszurotten. Diese Gelegenheit wurde für das Erreichen kurzfristiger Ziele schlicht und einfach ignoriert.

Loelia Ponsonby kehrte mit einer Tasse Kaffee und einem schweren Glasaschenbecher ins Büro zurück. Sie stellte beides auf dem Schreibtisch ab und ging ohne ein weiteres Wort. Bond trank einen Schluck Kaffee und verzog sein Gesicht. Das war eine Sache, die sich mit dem Stockwerkwechsel nicht geändert hatte. Jede Abteilung im Gebäude bekam das gleiche widerwärtige Schmutzwasser serviert. Er nahm sich vor, eine Tüte Jamaica-Blue-Mountain-Kaffee mitzubringen, den er von einem Geschäft am schicken Ende der New Oxford Street bezog. Er nahm eine weitere Zigarette aus der Packung, zündete sie an und wandte sich dann der nächsten Seite zu.

JEAN-PAUL SCIPIO

Momentan ist Jean-Paul Scipio einer der einflussreichsten Anführer der korsischen Unterwelt und mit Sicherheit der gefürchtetste. Man bezeichnet ihn oft als »Friedensstifter«, auch wenn dies ein allgemeiner Ausdruck für hochrangige Kriminelle ist. Er ist besser bekannt als »Le Boudin«, ein Begriff der französischen Umgangssprache, den man als »der fette Mann« übersetzen könnte. Ein üblicher Spitzname, auch wenn er in diesem Fall äußerst zutreffend ist, denn sein Leibesumfang ist so groß, dass er in kein herkömmliches Auto passt und in Restaurants auf einem speziell verstärkten Stuhl sitzen muss.

Sein Gewicht lässt sich direkt auf eine Vendetta zurückführen, die 1915, zehn Jahre nach seiner Geburt, stattfand. Die Vendetta ist natürlich eine eigene Lebensart in ganz Korsika. Um die Jahrhundertwende wurden etwa 900 Personen pro Jahr ermordet, oftmals aus den banalsten Gründen – und dies bei einer Bevölkerung von nur 100.000. Es heißt, dass sich Scipios Vater, ein Olivenbauer aus der südkorsischen Region Alta Rocca, wegen einer Grundstücksfrage mit seinem Nachbarn zerstritten hatte, und dass darauf die ganze Familie angegriffen und viele von ihnen getötet wurden. Dem zehnjährigen Jean-Paul wurde die Kehle durchgeschnitten (es war üblich, die Söhne zu töten, damit sie nicht Rache für ihre toten Väter nehmen konnten) und es ist ein Wunder, dass er überlebt hat. Doch seine Lymphgefäße wurden zerstört und das führte zu seiner starken Gewichtszunahme.

Freunde der Familie schmuggelten ihn aus Korsika heraus und er wuchs in Paris auf, wo er zu einem frühen Mitglied der Bande des Trois Canards wurde, einer brutalen Bande von Halsabschneidern, die von einem Nachtclub in der Rue de la Rouchefoucauld aus agierten. Er wurde durch die extreme Brutalität seiner Methoden bekannt. Man sagte, dass er nur gelegentlich bewaffnet war, weil er es vorzog, seine Gegner mit seinem Gewicht und seiner Körpermasse zu pulverisieren.

Am Ende des Krieges zog er nach Marseille und wurde dort schon bald zu einem Hauptakteur im Drogengeschäft. Inzwischen kontrolliert er 80 Prozent der Drogen, die im Hafen ankommen. Auch wenn er einem ausschweifenden Lebensstil frönt und einen erstaunlichen Appetit für Essen und Alkohol hat, ist er unverheiratet und scheint kein Interesse an Frauen zu haben, was zu Spekulationen geführt hat, er sei homosexuell.

Erstaunlicherweise hat Scipio nie Englisch oder Französisch gelernt und betreibt seine Geschäfte im korsischen Dialekt Pumuntincu. Da dieser im südlichen Teil der Insel gesprochen wird – dem Corse-du-Sud –, scheint das seine Herkunft zu bestätigen. Er wird immer von einem Dolmetscher begleitet.

Dem Memorandum war ein Foto von einem Mann beigefügt, der so breit war, dass er kaum in den Bildausschnitt passte. Zuerst konnte Bond gar nicht glauben, was er da sah – Jean-Paul Scipio hatte genug Fleisch und Muskeln für zwei oder vielleicht sogar drei ganze Menschen. Er trug einen dunklen dreiteiligen Anzug – viele Meter Stoff – und eine Krawatte, die unter der vierten Falte seines wogenden Doppelkinns kaum noch zu sehen war. Seine Augen waren klein und wirkten wie Gefangene seines Gesichts. Seine Haare waren schwarz und im Stil Napoleons geschnitten, hatten jedoch etwas von einer schlecht sitzenden Perücke. Er hielt eine Champagnerflöte in der Hand. Das Glas sah in den an Partyluftballons erinnernden Fingern irgendwie lächerlich aus.

Bond schob es beiseite und öffnete eine dritte Akte, auf der »Joanne Brochet, alias Sixtine, alias Madame 16« stand. Die Aufzählung der Namen ließ ihn lächeln, dann wandte er seine Aufmerksamkeit dem Foto zu, das ebenfalls beigefügt war. Dieses war weniger nützlich. Madame Brochet oder Sixtine oder 16 mochte es eindeutig nicht, fotografiert zu werden. Sie trug eine dunkle Sonnenbrille, die einen Großteil ihres Gesichts bedeckte, ein Edit-Piaf-Barett und einen dunklen Regenmantel. Vor dem Krieg hatte es unzählige Bilder von ihr gegeben, doch es war praktisch unmöglich herauszufinden, wie sie jetzt aussah.

Bond begann zu lesen und hatte gerade den letzten Abschnitt erreicht, als das Telefon auf seinem Schreibtisch klingelte und sich damit zum ersten Mal bemerkbar machte. Er sah es einen Moment an – als könnte er noch nicht ganz glauben, dass es tatsächlich ihm gehörte. Dann nahm er ab.

»James?« Die Stimme am anderen Ende gehörte Bill Tanner, Ms Stabschef und ein Mann, den Bond gut kannte. »Ich hoffe, Sie haben sich gut eingelebt.«

»Ich denke, ich finde mich so langsam zurecht«, erwiderte Bond.

»Schön, das zu hören.« Es entstand eine kurze Pause, gefolgt von den Worten, die Bond zum ersten Mal hörte und die er in den kommenden Jahren noch viele Male hören sollte. »Könnten Sie vielleicht hochkommen? M würde gerne mit Ihnen sprechen.«

4

TREFFEN MIT M

Bill Tanner wartete auf Bond vor dem Aufzug im neunten Stock. Die beiden Männer kannten einander gut. Ihre Freundschaft hatte in den letzten Jahren des Krieges mit einer Zufallsbegegnung in den Ardennen begonnen, hatte sich dann aber am Tag nach Bonds Rekrutierung für den Secret Service über Seezunge Müllerinart und einem erstklassigen Chablis im Scott's schnell gefestigt. Es war notwendig, aber nicht schwierig, ihre Rangunterschiede zu ignorieren. Als Bond bei »Universal Exports« angefangen hatte, war Tanner bereits Ms Stabschef gewesen.

»Herzlichen Glückwunsch.« Das waren Tanners erste Worte, als Bond den dicken Teppichboden betrat, der wahrscheinlich bewusst verlegt worden war, um jegliches Geräusch in diesem Teil des Gebäudes zu schlucken.

»Danke, Bill. Ich bin sicher, dass Sie ein gutes Wort für mich eingelegt haben.«

»Keineswegs. Sie waren an der Reihe für eine Beförderung. Ich bedaure nur, dass es unter diesen Umständen geschehen ist. Wie war Stockholm?«

»Blutig.«

»Ja. Ich habe den Bericht gelesen. M hat ihn auch.« Lag da ein Hauch einer Warnung in Tanners Stimme? »Jedenfalls ist etwas Wichtiges dazwischengekommen. Und es wird nicht so unkompliziert wie Stockholm – oder New York. Aber es wird Ihnen die Möglichkeit geben, sozusagen flügge zu werden. Ich begleite Sie hinein. Wir können ja später vielleicht zusammen essen gehen.«

Während des Gesprächs waren sie den Flur entlanggegangen und nun blieb Tanner vor einer grünen Tür stehen, öffnete sie und ging hindurch. Bond zögerte einen Moment, bevor er folgte. Er genoss den Augenblick. Er hatte M schon viele Male beim Betreten oder Verlassen des Gebäudes gesehen. Gelegentlich hatten sie sich auch den Aufzug geteilt und sie hatten sich kurz zugenickt und vielleicht sogar eine Bemerkung über das Wetter gemacht. Bond hatte an ein paar allgemeinen Besprechungen im Konferenzraum im siebten Stock teilgenommen. Doch das hier war etwas ganz anderes. Er betrat das innere Heiligtum. Zum ersten Mal würde er M im Einzelgespräch gegenübersitzen.

Und was wusste Bond über den Mann, der über jeden Aspekt des britischen Geheimdiensts herrschte und nur ranghohen Regierungsministern Rechenschaft abzulegen hatte, die aber dennoch auf ihn hörten? Jedenfalls nicht seinen Namen, auch wenn es hieß, seine Initialen lauteten M. M. Er kam aus der Marine. So viel war offensichtlich von seiner Pfeife, seinem allgemeinen Auftreten und der Sprache, die er benutzte. Er war um die sechzig und trug meistens einen altmodischen Dreireiher, außer es war ungewöhnlich heiß. Er war kurz angebunden, aber nie unhöflich. Und es gab keine einzige Person im Gebäude, die ihm nicht ihre unerschütterliche Loyalität geschworen hätte, auch um den Preis ihres eigenen Lebens.

Er betrat das kleine Vorzimmer, das seinem ähnelte. Eine Frau saß an einer Schreibmaschine, doch ihre Finger schwebten wartend über den Tasten. Bond kannte Miss Moneypenny vom Sehen und Hören. Er sah sie oft in der Kantine, wo sie in dem Salat herumstocherte, den sie meistens bestellte. Sie war die unangefochtene Anführerin der Clique junger Frauen, die auf höchster Ebene des Geheimdiensts arbeiteten. Er war froh, dass sie Ms Sekretärin war und nicht seine. Sie war einfach zu begehrenswert und er hätte nicht gewollt, dass das seiner Arbeit in die Quere kam.

»Ich bin James Bond«, sagte er.

»Ja. Ich weiß, wer Sie sind.« Sie klang streng, doch ihre Augen musterten ihn interessiert und er fragte sich, wie viel sie wusste. So nah an der Höhle des Löwen musste sie jedes Knurren hören, das herausdrang, und sie musste die Erste sein, die die streng geheimen Dokumente zu sehen bekam, die über ihren Schreibtisch gingen. Ihm kam der Gedanke, dass Bettgeflüster mit ihr bestimmt faszinierend war – auch wenn er sich gleichzeitig fragte, was für eine Sorte Mann mutig genug wäre, das Bett mit ihr zu teilen. »Wir werden uns bestimmt noch besser kennenlernen«, fuhr sie fort. »Doch leider nicht jetzt. M wartet.«

»Dann ein anderes Mal.«

»Man weiß nie.«

»Ich freue mich schon darauf.« Er ging auf die Doppeltür auf der anderen Seite des Raums zu.

»Viel Glück«, sagte Miss Moneypenny leise und ging wieder an die Arbeit.

»Danke.« Bond fragte sich, ob er es brauchen würde.

Tanner war bereits in Ms Büro gegangen und als Bond ihm folgte, ging ein grünes Licht über der Tür an, um zu signalisieren, dass sie nicht gestört werden durften.

M saß an seinem Schreibtisch, einen Bericht vor sich. Seine Pfeife war ausgegangen, doch es hing noch genug Rauch in der Luft, um die Sonnenstrahlen, die an diesem Augusttag über den Regent's Park hinweg in den Raum fielen, sichtbar zu machen. Er musterte den Neuankömmling mit grauen Augen, denen nichts entging. Bond fielen sofort Ms Autorität und stummes Selbstvertrauen auf. In diesem Raum wurden Entscheidungen getroffen, die die Welt verändern konnten. Leben wurden ohne Bedenken ausgelöscht. Sowohl der Japaner Kishida als auch Rolf Larsen mussten hier zum Tode verurteilt worden sein. Und wahrscheinlich auf höchst englische Art – mit einer Pfeife, einer Tasse Tee und einem Füllfederhalter, der über der gepunkteten Linie übers Papier kratzte.

»Kommen Sie herein, Bond«, sagte M. »Setzen Sie sich.«

Tanner blieb an der Seite stehen. Bond setzte sich dem Mann gegenüber, der von jetzt an sein Schicksal lenken würde.

»Wie lief es in Stockholm?«, fragte M.

»Ziemlich glatt, würde ich sagen, Sir«, erwiderte Bond.

»Nun, die Statspolisen behandelt es wie einen Einbruch, was genau das ist, was ich wollte. Ich kann nicht sagen, dass ich besonders gern mit den Schweden zu tun habe. Man weiß einfach nicht, wo man steht. Sie waren im Krieg angeblich neutral, aber das hat sie nicht davon abgehalten, die Deutschen mit Eisenerz zu versorgen. Ihr Schienennetz haben sie der Wehrmacht ebenfalls zur Verfügung gestellt, die darauf Haubitzen, Panzer, Munition und den ganzen Rest durch Finnland transportiert hat. Andererseits teilen sie ihre

Geheimdienstinformationen mit uns und wir konnten '44 ihre Luftwaffenstützpunkte nutzen. Vielleicht meinen sie das mit Neutralität. Beiden Seiten entgegenzukommen.«

Er tippte auf den Bericht.

»Hier steht, Sie haben mit Larsen gesprochen?«

Bond nickte. Er war nach seiner Rückkehr eingehend befragt worden und hatte genau geschildert, was passiert war. »Ja, Sir.«

»Er war wach, als Sie den Raum betreten haben?«

»Nein, Sir. Ich habe ihn aufgeweckt.«

»Es überrascht mich, dass Sie dachten, es bestehe Anlass dazu. Was genau haben Sie zu ihm gesagt?«

»Ich erwähnte die Namen Bourne und Calder.«

»Und warum das?«

»Ich nehme an, ich wollte ein Schuldeingeständnis, Sir. Ich wollte absolut sicher sein, dass ich den Richtigen töte.«

Genau das hatte M erwartet. Als er wieder sprach, war sein Tonfall unwirsch und in seinen Augen lag eine Spur Verärgerung. »Denken Sie, ich würde Sie losschicken, um den Falschen zu töten? Wenn Sie in der Doppelnullabteilung arbeiten wollen, Bond, könnte es nicht schaden, etwas mehr Vertrauen in diese Organisation zu haben. Larsen war schuldig. Daran bestand kein Zweifel. Er war für den Tod von mindestens einem Dutzend Leuten verantwortlich und es war meine Entscheidung, einen Henker zu schicken. Keinen Anwalt.«

Bond akzeptierte die Rüge schweigend. M mochte recht haben, aber als der Mond am Himmel stand und der Moment gekommen war, war nicht er es gewesen, der sich mit dem Messer im Schlafzimmer befunden hatte. Er schaute zu Tanner, doch dieser blickte starr zu Boden.

»Nichtsdestotrotz haben Sie gute Arbeit geleistet«, fuhr M in freundlicherem Tonfall fort. »Und Sie haben sich Ihre Beförderung redlich verdient. Mein Stabschef spricht in den höchsten Tönen von Ihnen und ich habe überhaupt keinen Zweifel an Ihren Fähigkeiten.« Er klappte die Akte zu. »Nun habe ich einen neuen Auftrag für Sie. Er hat mit dem Mann zu tun, den Sie ersetzen. Ich will wissen, was mit 007 passiert ist und was genau in Südfrankreich vor sich geht, besonders in Bezug auf die korsischen Syndikate und die Heroinlieferungen. Man könnte meinen, es sei eine gute Neuigkeit, dass sie die Produktion dieses Teufelszeugs eingestellt haben, doch 007 war da eindeutig an etwas Großem dran – das hat er zumindest bei seiner letzten Übertragung angedeutet – und was immer es war, hat zu seinem Tod geführt.

Und dann wäre da noch diese Frau, Joanne Brochet oder wie sie sich jetzt nennen mag, die untersucht werden muss. Wir wissen nicht genau, was sie mit der Angelegenheit zu tun hat, aber sie ist eindeutig kein Freund dieses Landes, ganz egal was unser Mann aus der Finanzabteilung denken mag.« An dieser Stelle warf er einen vielsagenden Blick in Tanners Richtung. »Sie ist gefährlich, skrupellos und könnte für seinen Tod direkt oder indirekt verantwortlich sein. Sie ist mit Sicherheit aus einem bestimmten Grund in Frankreich und wir wissen, dass sie in Kontakt zu den Syndikaten steht. Darüber hinaus hat unser Mann Nachforschungen über sie angestellt, als er umgebracht wurde. Er ging zu einem Treffen, um Informationen zu erhalten, und bekam stattdessen drei Kugeln in die Brust. Und dann sind da schließlich noch die Umstände seines Todes. Es geschah am helllichten Tag an einem öffentlichen Ort und er war unbewaffnet.

»Ja, darüber habe ich auch schon nachgedacht«, sagte Bond. »Das deutet darauf hin, dass er sich mit jemandem treffen wollte, den er gut kannte. Die Schüsse wurden aus nächster Nähe abgegeben.« Er machte eine Pause. »Es könnte sich um eine Kontaktperson gehandelt haben.«

»Ganz genau.«

»Haben wir wirklich überhaupt keine Ahnung, warum sie in Südfrankreich ist?«

»Nein«, antwortete Tanner. »Sie hat sich auf einen amerikanischen Geschäftsmann eingelassen, einen Multimillionär namens Irwin Wolfe. Sie haben vielleicht schon von ihm oder seiner Firma gehört – Wolfe America.«

»Sie stellt Film her«, sagte Bond.

»Das ist richtig. Er begann mit der Produktion von orthochromatischen Negativen für die Filmindustrie und war einer der ersten Hersteller, die zu Farbfilmen übergegangen sind. Inzwischen ist er nach Eastman und Kodak der drittgrößte Hersteller und hat an der italienischen Grenze eine europäische Fabrik eröffnet. Außerdem hat er sein Geschäft auf Luxusreisen ausgeweitet. Er besitzt ein brandneues Kreuzfahrtschiff, das er demnächst auf seine Jungfernfahrt nach Amerika schicken wird.«

»Könnte er mit all dem zu tun haben?«

»Das bezweifle ich sehr. Wolfe ist so etwas wie ein Nationalheld. Vor dem Krieg war er Isolationist. Er hat sich gegen Amerikas Beteiligung am Kampf gegen die Nazis ausgesprochen. Er war der Meinung, dass sie das nichts angehen würde. Doch er hatte zwei Söhne, die zu den Marines gingen. Er hat beide am Omaha Beach verloren. Ihr Tod lag nur wenige Minuten auseinander. Die Amerikaner lieben solche Geschichten. Der Verlust zweier Söhne. Sein

Vaterland vor seine persönliche Überzeugung stellen. Er ist seitdem Dauergast im Weißen Haus. Ein Berater von Roosevelt und Truman. Er kommt wohl ziemlich herum. Er muss inzwischen weit über siebzig sein und es gibt Gerüchte, dass es ihm nicht gut geht.«

»Hat 007 ihn erwähnt?«

Tanner schüttelte den Kopf. »Mit keinem Wort.«

»Ich will, dass Sie sofort abreisen«, unterbrach M. »Miss Moneypenny wird Ihr Flugticket nach Nizza organisieren. Von dort aus hat 007 ermittelt und ich schlage vor, dass Sie ebenfalls dort anfangen.«

»Wir haben 007 unter einem falschen Namen hingeschickt«, sagte Tanner. »Aber es scheint keinen Sinn zu haben, das auch bei Ihnen zu machen. Schließlich hat es ihm eindeutig nichts genützt. Er hat sich Richard Blakeney genannt und angeblich für das University College gearbeitet. Er hatte eine Wohnung, Nummer zwölf in der Rue Foncet. Die französische Polizei war zwar schon drin, aber es könnte eine gute Idee sein, sich dort umzusehen.«

»Station F wird Sie mit allem Nötigen versorgen«, sagte M. »Aber ich will nicht, dass Sie den SDECE oder eine andere französische Behörde kontaktieren, und ich habe ihnen auch nicht gesagt, dass Sie auf dem Weg sind. Ich sage das zwar nicht gern über unsere Freunde und Verbündeten, aber wir können uns nicht sicher sein, dass man ihnen vertrauen kann, und bis wir mehr darüber wissen, was vor sich geht, ist es sicherer für Sie, wenn Sie sozusagen als unabhängiger Agent handeln.«

»Ich stimme zu, Sir.«

M griff nach seiner Pfeife, auch wenn er sie nicht anzündete. »Eine Sache noch. Sie brauchen eine Nummer. Sie werden mit 008 und 0011 arbeiten. Ich weiß nicht warum, aber mir kam 009 in den Sinn. Was denken Sie?«

Bond war bereits aufgestanden, setzte sich nun aber wieder hin. »Wenn Sie nichts dagegen haben, Sir, würde ich gern die Nummer 007 übernehmen.«

M zog eine Augenbraue in die Höhe. »Wirklich? Warum?«

»Da gibt es wohl zwei Gründe. Erstens kannte ich ███████« Bond nannte den Mann, der gestorben war. »Ich würde sogar so weit gehen zu sagen, dass wir Freunde waren, und ich würde gern die Erinnerung an ihn am Leben erhalten. Sozusagen die Flagge hochhalten.«

»Und der zweite Grund?«

»Ich denke, es sendet eine Botschaft. Ihr könnt einen von uns ausschalten, aber das ändert nichts. Wir kommen unverändert und genauso stark wieder.«

M sah zu seinem Stabschef, dann nickte er. »Tja, für mich macht es keinen Unterschied. Solange Sie nicht abergläubisch sind. Passen Sie einfach auf sich auf. Viel Glück.«

Am darauffolgenden Tag brach James Bond, 007, nach Frankreich auf.

5

»KEINE BEWEGUNG ...«

Die Sonne ist immer schon ein bisschen in den Süden Frankreichs verliebt gewesen. Sie brennt vom Himmel herab und macht damit das Meer blauer, die Palmen grüner und die Strände einladender, als sie sein dürften. Bond schlenderte über die Promenade des Anglais, die sich um den Strand von Nizza schmiegte, und stellte fest, dass es ihm praktisch unmöglich war, sich diesen Ort mit Wolken oder Regen vorzustellen. Was würde aus den Sonnenanbetern werden, die sich auf dem Sand ausstreckten oder im seichten Wasser posierten? Oder aus den Reichen und Schönen, die in den Boutiquen bummelten und unter Markisen ihren *grand café créme* tranken? Diese ganze Stadt war ein Spielplatz und ihre Kinder brauchten das Licht.

Er war am Morgen angekommen und hatte im Hotel Negresco eingecheckt. Die Pracht des Gebäudes mit seiner rosa Kuppel und der extravaganten Einrichtung hatte ihn amüsiert – genau wie die Tatsache, dass ihm nun ein Budget zur Verfügung stand, mit dem er sich so etwas leisten konnte. Eine Lizenz zum Töten kam anscheinend zusammen mit einer fast unbegrenzten Lizenz zum Geldausgeben. Er hatte schnell ausgepackt und unterschied sich nun in seinem dunkelblauen Baumwollhemd von Sea Island und der weißen Freizeithose nicht von den anderen Touristen, die über die berühmte Promenade spazierten.

Nur die .25 Beretta in seiner Gesäßtasche erzählte eine andere Geschichte. Dies war die Waffe, die Bond bevorzugte, und er hatte sie genau auf seine Bedürfnisse angepasst. Unter anderem hatte er die Griffleiste entfernt und das Korn über dem Schlitten abgefeilt. Wenn man ihn fragen würde, warum er diese Änderungen vorgenommen hatte, würde er vor der Antwort zögern. Der Hauptgrund bestand darin, dass es die Waffe auf kurze Distanz effektiver machte, doch die Wahrheit lautete, dass er es so einfach lieber mochte. Das Gewicht an seiner Hüfte zu spüren erinnerte Bond daran, warum er hier war, und es unterschied ihn von der Masse. Dieses Gefühl der Isolation war seltsam. Als würde die Sonne auf alle außer ihm scheinen.

Er bog ab und ließ das funkelnde Meer hinter sich. Die Rue Foncet war zehn Minuten entfernt, eine lange, schmale Gasse, die an einem unbekannten Punkt begann und irgendwo endete. Die friedliche Stille der Strandpromenade wurde hier von zwei schwitzenden Arbeitern unterbrochen, die die Straße mit einem Presslufthammer aufbrachen. Sie hatten nichts von den Vergnügungen der *belle saison*. Bond ging um sie herum und kam an einem altmodischen Maßschneider und einem Blumenladen vorbei. Hier waren weniger Menschen unterwegs und es herrschte fast kein Verkehr.

Die Wohnung, die Bill Tanner erwähnt hatte – von einem Universitätsdozenten namens Richard Blakeney gemietet –, lag in der Mitte der Gasse und gegenüber einem Bestatter, was Bond unangenehm prophetisch vorkam. Der Haupteingang des Gebäudes war offen. Bond ging hinein und nickte einer großmütterlichen Concierge zu, die in ihrem Kämmerchen saß und strickte. Sie lächelte ihn zahnlos an. Eine Betontreppe führte nach oben. Bond stieg bis in den fünften – und damit obersten – Stock.

Hier gab es zwei Wohnungen, die zu beiden Seiten eines Flurs abgingen, der schon bessere Zeiten gesehen hatte. Die Farbe blätterte ab und auf dem Marmorboden lagen Staub und Schutt. Schnell untersuchte Bond die Tür von Nummer zwölf, die mit einem einfachen Hebelzylinderschloss gesichert war. Er zog ein schmales, silbernes Werkzeug aus seiner Tasche – einen Dietrich – und nachdem er an der Tür gelauscht hatte, um sicherzugehen, dass niemand in der Wohnung war, knackte er das Schloss.

Er öffnete die Tür und fand sich in einer Zweizimmerwohnung mit hohen Decken, Fensterläden und einer verblichenen gelben Rosentapete wieder. Im vorderen Raum bedeckte ein verschlissener Teppich einen kleinen Bereich des ansonsten nackten Holzfußbodens. Die zusammengewürfelten Möbel sahen aus, als kämen sie vom Trödelmarkt oder sollten auf dem Weg dorthin sein. Er warf einen Blick durch eine zweite Tür und entdeckte ein Messingbett. Es war ungemacht und die Matratze hatte immer noch eine Vertiefung in Form des Mannes, der hier einst geschlafen hatte. An der Wand hingen Bilder – von Bergen und Weingärten und Blumenvasen – und alte, fleckige Spiegel. Bond konnte ein Radio hören und der Geruch gebratener Zwiebeln stieg von irgendwo unter ihm herauf. Er wusste, dass dies nur eine vorübergehende Adresse war, doch er fragte sich, warum hier jemand freiwillig wohnen sollte. Er persönlich bevorzugte das Negresco.

Das SDECE hatte die persönliche Habe des Toten zurückgeschickt, doch es war nicht viel gewesen: seine Geldbörse, silberne Manschettenknöpfe, ein Cartier-Feuerzeug, eine vergoldete Dennison-Omega-Uhr. Und doch war er etwas auf der Spur gewesen. Er hatte sich einer internationalen Kriminellen genähert, der Frau, die sich Madame 16 nannte, und behauptet, er hätte Beweise, dass sie mit der lokalen Unterwelt unter einer Decke steckte. Was für Beweise? Fotos? Briefe? Und wenn die französische Polizei die Wohnung bereits durchsucht und nichts gefunden hatte, warum sollte es Bond dann anders ergehen? Egal ...

Er begann im Schlafzimmer. An der Wand hingen ein paar Kleidungsstücke: ein einreihiges Jackett, Hemden von Hardy Amies, Kammgarnhosen, drei Paar Schuhe. Es haftete etwas Trostloses an ihnen, da sie nie wieder von ihrem Besitzer getragen werden würden. Bond klopfte die Taschen ab und erwartete, dass sie leer sein würden. Das waren sie. Dann untersuchte er die Rückseite der Garderobe, doch es handelte sich um solides Holz ohne Lücken. Er ging ins Wohnzimmer, überprüfte die Schränke und fühlte unter den Regalbrettern nach. In einer Ecke des Zimmers befand sich eine Standuhr, ein hässliches Ding. Er öffnete sie und durchsuchte das Innenleben. Er ging jeden Zentimeter des Bodens ab und überprüfte, ob eine der Dielen vielleicht lose war. Er entfernte den Deckel der Toilettenspülung und die Seitenabdeckung der Badewanne. Eine halbe Stunde später hatte er sich davon überzeugt, dass die Räume abgesehen von Staub und allgemeinem Verfall nichts zu verbergen hatten.

Was blieb noch? Ein Schließfach in der örtlichen Bank? Nein. Wenn er etwas gehabt hatte, hätte er es in seiner Nähe behalten wollen.

Bond ging zurück auf den Flur und suchte nach einem Sicherungskasten, einem Wandschrank oder sogar einer losen Fußleiste. Er dachte an die alte Dame im Erdgeschoss. Vielleicht hatte ihr netter englischer Mieter sie dazu überredet, ein Paket für ihn aufzubewahren? Wenn alles andere scheiterte, würde er es später bei ihr versuchen.

Er kehrte in die Wohnung zurück und zündete sich eine Zigarette an. Dann trat er an eine deckenhohe Glastür zu einem kleinen Balkon mit Blick auf die Straße. Auf der anderen Seite hatte gerade ein Motorrad gehalten, eine Airone Turismo des italienischen Herstellers Moto Guzzi. Die Maschine war feuerrot lackiert und Bond betrachtete bewundernd das glänzende Aluminium und die fünfzig Zentimeter großen Reifen. Er stellte sich vor, wie der luftgekühlte Viertaktmotor den Fahrer mit hundertzehn Stundenkilometern die französische Küste entlangtrieb. Das würde er jetzt lieber tun, als in den Schatten dieses Todeshauses herumzuschlurfen.

Er sah nach unten und bemerkte auf dem Holzboden vor sich einen dunklen Fußabdruck. Jemand war in schwarzen Asphalt oder Teer getreten, was einen leichten Abdruck der Schuhsohle hinterlassen hatte. Aber irgendetwas stimmte nicht damit. Der Fußabdruck zeigte in Richtung Wohnung, nicht davon weg. Umgekehrt wäre es kein Rätsel gewesen. Man kommt von der Straße herein, geht zur Balkontür und öffnet sie. Man hinterlässt einen Abdruck.

Doch das war nicht, was hier geschehen war.

Bond zog die Glastür auf und trat auf den Balkon. Hier stand ein kleiner Tisch mit zwei Stühlen. Der Boden bestand aus einem Metallgitter und konnte den Fußabdruck nicht erklären. Er sah zu der Zierbalustrade auf, die direkt über seinem Kopf ums ganze Gebäude lief. Er hatte eine Idee. Es war gerade niemand auf der Straße, also stieg er schnell auf den Tisch und kletterte über die Balustrade aufs Dach.

Mit einem Mal fand sich Bond in etwas wieder, das dem Zentrum eines Labyrinths glich. Bei den Wohngebäuden in diesem Teil von Nizza handelte es sich um unregelmäßig geformte Häuserblocks mit Innenhöfen. Sie alle hatten Terracotta-Dachschindeln. Am Ende der Straße sah er die beiden Männer mit dem Presslufthammer und dahinter einen Park. Die Bäume waren so gleichmäßig geformt, dass sie künstlich wirkten. In der Ferne war das tiefblaue Meer zu sehen. Der Straßenverkehr war so dicht wie immer, während sich Autos, Busse, Fahrräder und Pferdekutschen an der Küste entlangdrängten. Die Restaurants am Straßenrand waren voll, ihre Tische breiteten sich bis auf den Gehweg aus und die Kellner tanzten um sie herum.

Und seine unmittelbare Umgebung? Er befand sich in einer seltsamen Landschaft aus Schornsteinen, Dachfenstern, Wäscheleinen und hervorstehenden Gauben. Vor sich bemerkte er ein weiß getünchtes, kastenähnliches Gebäude, das etwa so groß wie ein Gartenschuppen war und auf die gleiche willkürliche Weise erbaut war. Es war mit einem Vorhängeschloss gesichert und Bond untersuchte es mit wachsendem Interesse. Auch wenn die Farbe alt war und abblätterte, war das Schloss brandneu. Er drehte es in der Hand hin und her. Es war ein Yale-Schloss und zu schmal für seinen Dietrich. Was nun? Bond zog seine Beretta heraus und wartete, dass der Presslufthammer wieder anfing. Als der Lärm durch die Straße hallte, schoss er einmal. Das Schloss zerbrach. Bond öffnete die Tür.

Der Boden der Hütte bestand aus schwarzem Asphalt. Darin befand sich ein Teil der Anlage, die für die Beleuchtung und den Aufzug des Gebäudes verantwortlich war. Es standen ein paar alte Farbeimer herum, von Handwerkern zurückgelassene Werkzeuge, eine einzelne Fahrradfelge. Bond stöberte im Halbdunkeln herum, ohne etwas zu finden, dann bemerkte er ein Regal hoch über seinem Kopf. Er stellte sich auf die Zehenspitzen und ließ seine Hand das Regalbrett entlangwandern. Zuerst ertastete er nur Staub. Doch dann berührten seine Finger etwas Weiches aus Papier. Er griff danach und holte es herunter: ein dicker Umschlag, schwer, unversiegelt, sauber. Er lag noch nicht lange hier.

Zurück im Tageslicht zog er den Inhalt heraus und untersuchte ihn auf dem Boden vor sich: eine Waffe, ein Bündel Zehntausend-Franc-Scheine (insgesamt zweihunderttausend Franc), zwei Reisepässe, einer davon auf den Namen Richard Blakeney, irgendeine Art Rechnung, ausgedruckt auf dünnem Papier, eine Postkarte mit Meeresmotiv und ein paar Fotos. Bond sah sie durch und wusste sofort, dass er einen Volltreffer gelandet hatte. Sehr mit sich zufrieden steckte er alles zurück in den Umschlag. Die Straße war immer noch leer, das Motorrad gegenüber geparkt. Er schwang sich wieder zurück auf den Balkon und kehrte durch die offene Tür in die Wohnung zurück.

Er hatte zwei Schritte hinein gemacht, als ihm etwas Kaltes und zweifellos Tödliches in den Nacken gepresst wurde und eine Stimme sagte: »Keine Bewegung.«

Bond erstarrte. Aus dem Augenwinkel konnte er einen Mann mit Motorradjacke sehen, der eine Schusswaffe auf ihn richtete, ein klobiges, silbernes, phosphatiertes Modell. Innerlich verfluchte sich Bond. Er hatte gesehen, wie das Motorrad auf der anderen Straßenseite gehalten hatte, doch es wäre ihm nie in den Sinn gekommen, dass der Fahrer auf dem Weg zu ihm sein könnte.

»Den nehme ich, wenn es Ihnen nichts ausmacht«, sagte der Mann mit tiefer Stimme und einem starken amerikanischen Akzent.

Bond hielt den Umschlag, den er gefunden hatte, in der rechten Hand. »Und was, wenn es mir doch etwas ausmacht?«, fragte er freundlich.

»Geben Sie ihn einfach her.«

»Natürlich.« Bond drehte sich um, ganz so als wollte er den Umschlag übergeben, doch stattdessen rammte er ihn gegen die Hand, in der der Mann die Waffe hielt, während er sich gleichzeitig duckte. Ein Schuss ging los, jedoch in eine andere Richtung, und schlug in die Standuhr ein. Bond legte sofort nach und schlug dem Mann gegen die Kehle. Der Schlag war so stark, dass er ihn gegen die Wand schleuderte. Einen Moment lang stand er da, umrahmt von gelben Rosen. Dann sank er zu Boden.

Bond blieb, wo er war. Der Umschlag befand sich immer noch in seiner Hand. Er hörte den unmissverständlichen Klang eines Todesröchelns – aber es kam nicht vom Mann, der ihn angegriffen hatte, sondern vom Innenleben der Standuhr. Das war wohl die eine gute Sache an dieser Begegnung. Bond nahm die Waffe – eine M1911, die von der amerikanischen Regierung bevorzugte Pistole. Er leerte sie und legte sie auf den Tisch, dann durchsuchte er den bewusstlosen Mann. Er fand Münzen, Schlüssel, eine Packung Kaugummis mit Kirschgeschmack und einen Ausweis, ausgestellt von der 2430 East Street in Washington, die Reade Griffith als Mitglied der Central Intelligence Agency identifizierte und die nützlichen Informationen mitlieferte, dass er einen Meter dreiundachtzig groß war, siebenundsiebzig Kilogramm wog und blaue Augen sowie braune Haare hatte. Bond hätte hinzugefügt, dass er glatt rasiert, wie ein Quarterback gebaut und offensichtlich gut in Form war.

Der Agent schlug die Augen auf. »Das hat wehgetan!«, sagte er.

»Sie hätten mich nicht mit einer Waffe bedrohen sollen«, erwiderte Bond sanft.

»Daran werde ich das nächste Mal denken. Sie können mir nicht zufällig ein Glas Wasser besorgen? Meine Kehle ist nach dem Schlag ziemlich trocken.«

»Natürlich.« Bond ging zur Spüle und füllte ein Glas, das er dem Agenten reichte.

»Sie haben meinen Ausweis gesehen.« Bond hatte ihn neben dem Kaugummi liegen lassen. »Wussten Sie, dass es eine schwere Straftat ist, einen CIA-Agenten im Dienst anzugreifen?«

»Es ist auch ein Kapitalverbrechen, ein Mitglied des britischen Geheimdiensts in Ausübung seiner Pflicht mit einer Waffe zu bedrohen.«

»Britischer Geheimdienst? Hab ich mir bei dem Akzent fast gedacht.« Griffith trank ein paar Schlucke Wasser, setzte sich unsicher auf und streckte eine Hand aus. »Reade Griffith«, sagte er.

»James Bond.«

»Freut mich, James Bond. Und bitte entschuldigen Sie diese Sache gerade. Das Problem an dieser Stadt ist, dass man nie weiß, wem man begegnet – und angesichts des letzten Bewohners dieser Wohnung dachte ich, es wäre besser, auf Nummer sicher zu gehen.« Griffith rieb sich den Hals. Ein Bluterguss begann sich auszubreiten. »Wann sind Sie in Nizza angekommen?«

»Heute Morgen.«

»Na, da haben Sie ja nicht lange gefackelt.« Er schaute auf den Umschlag. »Wo haben Sie den gefunden?«

»Auf dem Dach steht so eine Art Wartungshütte.«

»Ziemlich schlau. Schlau von ihm, ihn dort zu verstecken, und schlau von Ihnen, ihn dort zu finden. Sind Sie dann jetzt hier fertig?«

»Ich denke schon. Ja.«

»Was würden Sie dazu sagen, wenn wir beide dann von hier verschwinden und uns was zu trinken besorgen?«

Bond lächelte und gab dem CIA-Mann seine Waffe zurück.

Zehn Minuten später saßen sie draußen vor einer Bar mit Sonnenschirmen, schmiedeeisernen Tischen und arrogant wirkenden Kellnern in weißen Schürzen – ein Ort, der so nur in Südfrankreich existieren konnte. Bevor er sich gesetzt hatte, hatte Griffith noch einen Anruf getätigt, um Bond überprüfen zu lassen. In der Zwischenzeit hatte Bond Getränke bestellt: für sich selbst einen Campari und für Griffith ein kaltes Bier.

»Okay. Wir hatten einen schlechten Start, aber wie es aussieht, sind wir auf der gleichen Seite«, sagte Griffith. »Willkommen in Südfrankreich. Ich schätze, man hat Sie geschickt, um herauszufinden, was mit Ihrem Freund passiert ist.«

»Kannten Sie ihn?«, fragte Bond.

Er nahm seine Zigaretten heraus und bot Griffith eine an. Dieser schüttelte den Kopf. »Ich hab ihn ein paarmal getroffen. Er gab vor, eine Art Autor zu sein, doch ich fand schnell heraus, wer er war und warum er hier war … aus dem gleichen Grund wie ich. Es wäre besser gelaufen, wenn wir zusammengearbeitet hätten, doch er wollte die Sache lieber im Alleingang regeln. Pech für ihn.«

»Und weswegen sind Sie hier?«

»Grob gesagt besteht mein Job darin, ein Auge auf alles zu haben. Ich muss Ihnen wohl nicht sagen, wie wichtig die französischen Häfen für unsere Interessen sind – der Marshallplan und das alles. Sie sind unser Zugang zu Europa und wir müssen dafür sorgen, dass alles glattläuft. Wenn hier etwas aus dem Ruder gerät, schadet es uns in den Staaten. Sie können mich als amerikanischen Außenposten sehen, James, der für das Gute kämpft.«

»Wie lange sind Sie schon hier?«

»Etwa achtzehn Monate. Ich habe mich der CIA kurz nach dem Krieg angeschlossen. Eigentlich habe ich mich gar nicht angeschlossen. Die sind an mich herangetreten. Ich war beim Marinekorps … Tarawa, Saipan, Iwojima. Hab dort für den Nachrichtendienst gearbeitet, weil ich Japanisch und auch ein bisschen Französisch spreche. Ich scheine die Sprachen von den Mädchen aufzuschnappen, mit denen ich ausgehe. Als der Krieg zu Ende war, bin ich zurück nach Harvard gegangen, um Jura zu studieren, doch man hatte andere Pläne für mich. Jemand klopfte an die Tür und bevor ich wusste, wie mir geschah, war ich plötzlich hier an der Côte d'Azur. Übrigens ziemlich hübsch hier, wenn man auf sich aufpasst.«

Bond fiel der Bericht wieder ein, den er gelesen hatte, und besonders die Bemerkung (von »C. C.«), dass die CIA die Verbrechersyndikate unterstützte. »Auf sich aufpassen. Beinhaltet das die Kooperation mit korsischen Verbrechern?«

Griffith lachte. »Das war vor zwei Jahren die offizielle Vorgehensweise, doch uns wurde schnell klar, dass es nicht funktioniert. Diese Leute sind wie wilde Tiere. Montags sind sie noch deine besten Freunde. Dienstags trauen sie dir nicht mehr. Mittwochs jagen sie dir ohne Reue eine Kugel in den

Kopf. So läuft das. In gewisser Hinsicht wünsche ich mir, ich könnte näher an sie heran, weil ich keine Ahnung habe, was sie gerade treiben. Was ich weiß, ist, dass der Heroinnachschub versiegt ist, und das ergibt überhaupt keinen Sinn. Ich meine, das war in den letzten zwanzig Jahren ihre Haupteinkommensquelle. Ich habe herauszufinden versucht, was vor sich geht, und als Ihr Junge tot aufgefunden wurde, nahm ich an, dass er über etwas gestolpert sein musste. Darum bin ich zu seiner Wohnung gefahren. Ich hatte nicht erwartet, jemanden dort vorzufinden, und als Sie aufgetaucht sind, habe ich automatisch angenommen, dass Sie nichts Gutes im Sinn haben.«

Es war ein Muster, das Bond wiedererkannte und das er amüsant gefunden hätte, wenn es nicht so gefährlich gewesen wäre. Zwei Geheimdienste aus verschiedenen Teilen der Welt waren in einer schäbigen Wohnung an der Riviera aneinandergeraten. Das war das Problem mit Geheimdiensten. Sie trauten nicht einmal ihren eigenen Verbündeten.

»Ist das Ihr Motorrad?«, fragte er. »Die Tourismo?«

»Na klar«, sagte Griffith. »Es war nicht leicht, die Agency davon zu überzeugen, aber ich habe denen gesagt, dass der Verkehr hier furchtbar ist. Jedenfalls liebe ich sie. Zu Hause fahre ich einen Pontiac.« Er trank einen Schluck Bier, dann stellte er das Glas ab. »Im Geiste transatlantischer Kooperation frage ich Sie nun also, ob Sie mir zeigen würden, was sich in diesem Umschlag befindet?«

Der Umschlag lag zwischen ihnen auf dem Tisch. Bond hatte den Inhalt nur überflogen und war sich immer noch nicht sicher, ob er ihn teilen wollte. Gleichzeitig hatte er an Reade Griffith irgendwie Gefallen gefunden. Der CIA-Mann war ausmanövriert und ziemlich verletzt worden, doch beides hatte er mit Humor und Anstand hingenommen. Es war ein ungewöhnlicher Beginn einer Freundschaft, aber Bond hatte das Gefühl, eine verwandte Seele gefunden zu haben. Als Erstes zog er die Fotos heraus und breitete sie auf dem Tisch aus.

Auf ihnen waren drei Personen zu sehen, eine Frau und zwei Männer, die sich eine Flasche Wein teilten. Sie saßen dicht beisammen auf der vollen Terrasse einer Bar, hinter ihnen der alte Hafen von Marseille und in der Ferne eine Kirche auf einem Hügel. Bond erkannte die Wallfahrtskirche Notre-Dame de la Garde, die den Krieg unbeschadet überstanden hatte. Auf der Markise prangte der Name der Bar: LA CARAVELLE.

Griffith studierte das Foto und stieß einen Pfiff aus. »Tja, damit sind Sie auf jeden Fall an etwas dran. Das ist Jean-Paul Scipio. Der ist nicht zu übersehen. Der Mann bei ihm ist sein Dolmetscher.«

Der korsische Gangster war sofort zu erkennen. Er war so fett, dass sich seine Schultern und sein Kopf in einiger Entfernung zum Tisch befanden und er eine fast unmögliche Distanz überwinden musste, um sein Glas zu erreichen. Er trug einen dreireihigen weißen Leinenanzug – jedes Teil so groß wie ein kleines Segel – und rauchte eine Zigarette. Seine Perücke wirkte vollkommen unpassend und lenkte lediglich Aufmerksamkeit auf die Tatsache, dass ihr Träger keine eigenen Haare hatte. Der Dolmetscher, der neben ihm saß, hatte sich die Mühe gleich gespart. Er war vollkommen glatzköpfig. Sein Schädel sah aus wie eine polierte Kugel und er trug einen schwarzen Anzug und eine Sonnenbrille mit runden Gläsern. Die Frau, die ihnen gegenübersaß, lehnte sich zurück und hielt ein Weinglas in der Hand.

Bond studierte die langen dunklen Haare, den schlanken Körper, die übereinandergeschlagenen Beine. Es war schwer, dieses Foto mit dem abzugleichen, das er in London gesehen hatte, er war sich jedoch fast sicher, dass darauf die gleiche Person zu sehen war. »Sixtine«, sagte er.

»Ja, das ist sie.«

»Haben Sie sie getroffen?«

»Nein, ich kann nicht behaupten, das Vergnügen gehabt zu haben, aber ich habe die Akten gesehen und eins kann ich Ihnen sagen – die ist vielleicht 'ne Nummer! Das letzte Mal, als ich nachgesehen habe, stand sie auf Platz drei der CIA-Fahndungsliste, auch wenn wir sie nicht verhaften, weil es fast unmöglich ist, sie persönlich wegen irgendwas festzunageln. Dafür ist sie zu klug. Sie ist eine Vermittlerin, sie kauft und verkauft, schafft es aber immer, ihre Hände sauber zu halten. Gleichzeitig könnte ich ihnen von einem Dutzend Leuten erzählen, die durch sie alles verloren haben.«

Er machte eine Pause, dann sprach er weiter. »Haben Sie schon mal von Ralph Izzard gehört? Ein demokratisches Mitglied des Repräsentantenhauses und außerdem im Komitee des Militärwesens? Er ist letztes Jahr zurückgetreten, nachdem er Informationen über unsere neuesten U-Boote hatte durchsickern lassen, die irgendwie bei den Sowjets gelandet sind. Oder »Big« Bob Harling? Er hat Basketball für das City College in New York gespielt, bis er in einen Wettmanipulationsskandal der Mafia verwickelt wurde. Jetzt sitzt er im Gefängnis. Vielleicht teilt er sich ja eine Zelle mit Conrad O' Brien, der eines Tages um die Mittagszeit sein Büro bei IMB verlassen hat und dabei streng geheime Baupläne für die neueste Elektronenröhrentechnik rausgeschmuggelt hat. Was haben sie alle gemeinsam? Sie waren Kunden von Madame 16 und dachten, dass sie etwas für sie übrighätte, obwohl sie die Männer in Wirklichkeit nur ausgesaugt hat! Und lassen Sie mich Ihnen eins sagen, James, das sind nur die ersten drei, die mir einfallen. Es gab noch viele andere.«

Griffith drehte das Foto herum. »Diesem kleinen Tête-à-tête in Marseille nach zu urteilen, steht wohl fest, dass Madame 16 mit den Drogensyndikaten zusammenarbeitet. Das ist interessant. Ich hätte nicht gedacht, dass das ihr Stil ist, aber sie geht dorthin, wo das Geld ist, und Scipio hat ziemlich tiefe Taschen. Sehen Sie sich nur mal die Größe seines Anzugs an! Was haben Sie sonst noch?«

Es gab noch ein halbes Dutzend Fotos, alle im La Caravelle aufgenommen. Diese Sequenz zeigte Sixtine dabei, wie sie ihren Wein austrank und ging. Scipio und sein Dolmetscher blieben sitzen, bestellten eine zweite Flasche Wein und ein paar Gerichte. Der Dolmetscher aß nichts.

Nun zog Bond die Rechnung aus dem Umschlag, die ihm zuvor aufgefallen war. Oben auf der Seite prangte ein Briefkopf und der Name einer Firma – FERRIX CHIMIQUES – mit einer Adresse in Marseille. In der rechten oberen Ecke, ebenfalls gedruckt, stand das Wort RECHNUNG und eine Nummer: 82032150. Dies war der dritte, wenn nicht sogar vierte Durchschlag, vielleicht unten aus dem Stapel heraus gestohlen. Die Schrift war sehr schwach und auch wenn Bond ein paar Buchstaben erkennen konnte, war der Rest unleserlich.

»Ferrix Chimiques«, sagte Bond. »Sagt Ihnen das was?«

Griffith schüttelte den Kopf. »Noch nie von gehört. Chimiques ist Französisch für Chemikalien, und wie es aussieht, hat jemand für das, was er gekauft hat, ziemlich viel

Kohle bezahlt.« Er deutete auf die Zahl am unteren Ende des Blatts. »Das sind mindestens fünf Nullen. Das sind hunderttausend Franc.«

»Das Original haben sie wahrscheinlich behalten. Wir sollten denen mal einen Besuch abstatten. Aber lassen Sie uns unauffällig vorgehen.« Bond nahm die Rechnung und faltete sie sorgfältig zusammen. »Es muss einen Grund dafür geben, warum das hier versteckt war.«

»Natürlich. Ich werde sie von meinen Leuten überprüfen lassen. Mal sehen, was sich finden lässt.«

Schließlich nahm Bond die Postkarte heraus. Die Vorderseite zeigte die französische Küste, wahrscheinlich Cannes. Er drehte sie um. Auf der Rückseite stand eine Telefonnummer und ein Name: Monique. Er zeigte sie Griffith, der mit den Schultern zuckte. »Warum versuchen Sie es nicht einfach mal?«, fragte er.

Bond ging in die Bar und wählte die Nummer. Eine Minute später kehrte er an den Tisch zurück. »Es ging niemand dran.«

»Und was haben Sie jetzt als Nächstes vor?«

»Keine Ahnung. Es ist wohl an der Zeit, mal mit Sixtine zu sprechen.«

Griffith trank sein Bier aus und bat um die Rechnung. »Wenn Sie gern gefährlich leben, ist das wahrscheinlich eine gute Idee. *Cherchez la femme*, wie der Franzose sagt.«

»Eine Idee, wo ich sie finden könnte?«

»Ja, natürlich. Sie müssen nur ins Casino von Monte Carlo. Da ist sie abends häufig zu finden, meistens allein. Sie spielt ein paar Runden Blackjack und verschwindet dann.«

»Monte Carlo?« Bond musste grinsen. Er war vor nicht einmal einem Jahr dort gewesen. Ohne ihn läge das Casino inzwischen in Trümmern. »Dann werde ich mir das nachher mal ansehen.«

»Es macht Ihnen hoffentlich nichts aus, wenn ich mich nicht anschließe.« Griffith legte seine Hand an den Hals. »Ich werde heute wohl früh zu Bett gehen. Ich habe Halsschmerzen.«

»Hoffentlich nichts Ansteckendes«, sagte Bond.

6

MADAME 16

Bond hatte sich im Casino von Monte Carlo noch nie besonders wohlgefühlt, selbst wenn es das berühmteste der Welt war. Natürlich hatte es sein eigenes Lied, »The Man who Broke the Bank at Monte Carlo«, was zu einer Art Hymne aller Spieler geworden war. Es hatte die berühmte Glückssträhne von 1913 gegeben, als am Roulettetisch sechsundzwanzigmal hintereinander die Farbe Schwarz gekommen war. Irgendwo im Gebäude gab es einen als »Leichenhalle« bekannten Raum, wo diejenigen Spieler landeten, die sich nach einem Totalverlust am Spieltisch erschossen hatten. All dies trug zum romantischen und aufregenden Ruf des Casinos bei.

Das Gebäude beeindruckte Besucher immer noch mit seiner altmodischen Opulenz, doch die Architektur ließ Bond eher an einen großen Bahnhof denken. Und wo war die Romantik? Er hatte den Eindruck, dass die reichsten Spieler – die Italiener, die Griechen und die Südamerikaner – richtiggehend grimmig wirkten, während sie ihren Platz am grünen Schlachtfeld einnahmen und nichts anderes im Sinn hatten als steuerfreie Großgewinne. Und dann hatte das Dekor, das sie umgab, noch etwas unverhohlen Vulgäres an sich … die scharlachroten Teppiche, die übertrieben theatralischen Vorhänge, die unumgänglichen Kronleuchter. Die an die Decke des *Salon Vert* gemalten Najaden rauchten allen Ernstes Zigarren! Es war nur ein kleines Detail, aber ein Vielsagendes. Für Bond waren die Casinos in Beaulieu und Le Touquet weniger prahlerisch und wirkten einladender. Dort fühlte er sich wohl. In Monte Carlo hatte er immer das Gefühl, für ein Stück vorzusprechen, das er sich niemals selbst ansehen wollen würde.

Doch während er in Dinnerjackett und schwarzer Krawatte die Stufen zum Haupteingang hinaufschritt, verspürte er die vertraute Wärme und Aufregung, die jeder Spieler der Welt kannte, das Gefühl, dass dieser Abend sein Abend werden würde und dass er sich – mithilfe der Glücksgöttin an seiner Seite – den Weg zum Sieg erkämpfen würde, auch wenn die Chancen gegen ihn standen. Und dann war da noch die Angelegenheit von vor einem Jahr: der russische Kapitän und die Verwüstung, die hätte folgen können, wenn Bond nicht vor Ort gewesen wäre. Es amüsierte ihn, darüber nachzudenken, dass es immer noch ein Gebäude gab, das er betreten konnte.

Er hatte nicht vor, heute Abend ernsthaft zu spielen, doch es ging gegen seine Natur, nur als Beobachter herzukommen. Direkt nach seiner Ankunft tauschte er die zweihunderttausend Franc, die er in der Rue Foncet gefunden hatte, in Jetons zu je fünfzigtausend um. Er hatte keine Bedenken, mit dem Geld eines Toten zu spielen. Im Gegenteil, er sah es als Gedenken an einen alten Freund. Wenn er verlor, würden sie gemeinsam verlieren. Wenn er gewann, würde er den Erlös einer der vom Service bevorzugten Wohltätigkeitsorganisationen spenden ... vielleicht dem Roten Kreuz. Als er sich an den Roulettetisch setzte, atmete er das Geflüster des Raums ein, das Gemurmel der Menge, das Geräusch von umgedrehten Karten, das Klackern von Jetons, die vom Filz genommen wurden, die gemurmelten Anweisungen der Croupiers. »*Finale quatre par cinq Louis.*« »*A cheval!*« »*Carré!*« Bond liebte die Sprache des Casinos, vorgetragen mit der Feierlichkeit und Autorität eines Hohepriesters, der sich an seine Gemeinde wandte, aber mit mehr Macht, Leben zu verändern.

Er streckte die Hand aus und der *chef de partie*, der genau wusste, was er wollte, reichte ihm die Karte, auf der der bisherige Spielverlauf festgehalten war. Er wusste, dass dies überhaupt keinen Hinweis darauf gab, was als Nächstes passieren würde. Das Rad traf mit jeder Drehung seine eigenen Entscheidungen. Es interessierte sich nicht für die Wetten oder die Spieler, weder jene, die sich ihr Glück verdient hatten, noch die Verzweifelten. Doch es gab eine Angewohnheit, die sich Bond mit den Jahren angeeignet hatte und die ihm immer gute Dienste geleistet hatte: Er suchte nach einem Muster, nach Eigenarten der Zahlen, die getroffen worden waren, und passte sein Spiel daran an. Ihm fiel zum Beispiel auf, dass die Null ihr hässliches Haupt in der letzten Stunde gleich zweimal gezeigt hatte. Es war unvorstellbar, dass ein Casino von Weltruf wie das von Monte Carlo Magnete oder andere Manipulationen einsetzte, und Bond kalkulierte, dass ein drittes Erscheinen praktisch ausgeschlossen war. Zwei Runden später kam die Null ein drittes Mal und Bond war vierzigtausend Franc ärmer. Er akzeptierte diesen Schlag ins Gesicht und machte weiter. Nach einem Dutzend weiterer *coups* hatte er seinen ursprünglichen Einsatz exakt verdoppelt und verließ den Tisch zufrieden und mit der Gewissheit, dass der Rest des Abends ebenfalls in seinem Sinne verlaufen würde.

Langsam, als wäre er sich noch unsicher, was er als Nächstes tun sollte, ging er zu den Blackjack-Tischen.

Blackjack – *vingt-et-un* in Frankreich, Pontoon in Australien – ist eins der beliebtesten Casinospiele der Welt. Es heißt, dass kein anderes Kartenspiel so viel Geld einbringt … den Casinos selbstverständlich. Und das war das Problem für Bond. Auch wenn es Spieler gab, die es ihr ganzes Leben lang studiert hatten, hatte er nicht die Geduld, sich durch die komplizierten Strategien zu arbeiten, die die Chancen angeblich wieder zu seinen Gunsten ausgleichen würden.

Die Grundlagen waren ihm klar: das Austeilen von zwei Karten, das Setzen, der Versuch der Spieler, so nah wie möglich an einundzwanzig heranzukommen (ohne diese Punktzahl zu überschreiten), und damit hoffentlich den Croupier zu schlagen. Er wusste auch, dass es die Casinos absichtlich so schwer wie möglich machten, viel Geld zu gewinnen. Der maximale Einsatz war einfach nicht hoch genug und die einzige Antwort darauf bestand darin, um spezielle Bonusse zu spielen, die man erreichen konnte, indem man sein Blatt teilte, den Einsatz verdoppelte oder ein Blackjack erzielte, wodurch der Gewinn drei zu zwei ausgezahlt wurde. Er bevorzugte das viel simplere Drama des Rouletterads, wo die Kugel jemanden zum Millionär machen konnte, einfach, indem sie in das richtige Fach fiel.

Er entdeckte Sixtine fast sofort.

Sie saß mit vier weiteren Spielern am Ende des am weitesten entfernten Tischs und war eindeutig am gewinnen … vor ihr türmten sich Jetons auf. Nein. Sitzen war nicht das richtige

Wort. Sie posierte regelrecht, ihre langen, schlanken Beine sittsam unter sich. Ein Ellbogen war auf den Tisch gestützt, wodurch ihr Arm und ihre Hand wie ein Schwanenhals aussahen. Insgesamt wirkte ihr Anblick, als wäre sie das Modell einer Zigarettenwerbung. Ihre Haare waren tiefschwarz und umrahmten ein Gesicht, das sehr ernst und geschäftsmäßig wirkte. Sie hatte sehr gerade Augenbrauen und einen Mund, der zum Rest so perfekt proportioniert war, dass er das Werk eines klassischen Künstlers hätte sein können. Ihre Augen waren dunkelbraun und auch wenn sie vorgaben, entspannt zu sein, waren sie doch so intensiv auf das Spiel konzentriert, dass sie nichts anderes mehr wahrnahm. Bond konnte ihr die eiserne Entschlossenheit, nicht zu verlieren, ansehen und er stellte sich vor, dass sie auch ihre geschäftlichen Angelegenheiten mit der gleichen Zielstrebigkeit anging. Sie trug Christian Dior – ein Kleid aus schwarzer Shantungseide mit einem eng sitzenden Oberteil und einem weiten Rock. Es handelte sich um klassische Haute Couture, die ihr wahrscheinlich auf den Leib geschneidert worden war. Ein aus Gold und Diamanten bestehendes *Collier cravate* mit dazu passenden Ohrringen vervollständigte das Bild. Bis auf Lippenstift trug sie kein Make-up. Das brauchte sie auch nicht.

Sie war etwa zehn Jahre älter als Bond und das machte sie für ihn mindestens fünfzehn Jahre zu alt, um wirklich begehrenswert zu sein … und doch musste er zugeben, dass sie immer noch eine wunderschöne Frau war. Um die Augen machten sich die ersten Fältchen bemerkbar und die milchkaffeefarbene Haut um ihr Kinn sowie an ihrem eleganten Hals begann zu erschlaffen. Doch sie glich den Verlust der Perfektion der Jugend durch die Sorglosigkeit und das Selbstbewusstsein des Alters aus. Sie war eine unabhängige Frau, die sich nicht darum scherte, was die Welt von ihr hielt. Hier bin ich, schien sie zu sagen. Ob du mich willst oder nicht, macht keinen Unterschied für mich. Ich bin diejenige, die entscheidet.

Schnell musterte Bond die anderen Spieler. Es waren genau die Art Besucher, die er in einem Casino wie diesem erwartet hatte, und er erkannte, wie sehr sie sich von Madame 16 unterschieden und wie entsetzt sie gewesen wären, hätten sie gewusst, was für eine Frau hier mit ihnen spielte. Neben ihr saß ein jungenhaft wirkender Mann Anfang dreißig, mit ordentlicher Frisur, dicken Brillengläser und einem leicht zögerlichen Auftreten. Vielleicht ein Lehrer oder Buchhalter. Für ihn musste es ein großes Abenteuer sein, in Südfrankreich Karten zu spielen, auch wenn er dagegen ankämpfen müssen würde, sein persönliches Limit nicht zu überschreiten.

Als Nächstes kam ein beleibter, zornig wirkender Geschäftsmann, der beim Spielen an seinem goldenen Siegelring kaute. Er war wütend, weil er keine guten Karten bekam, obwohl er es sonst gewohnt war, seinen Willen zu bekommen. Neben ihm saß seine Frau, zögerlich und ein bisschen gelangweilt. Sie war mehr an seinen Karten interessiert als an ihren eigenen, auch wenn sie ihm später die Schuld für die Geldsumme geben würde, die sie zusammen verloren hatten. Zu ihrer Rechten – zwischen ihr und Madame 16 – saß ein Mann, der nach reichem Erbe stank. Er war unrasiert, hatte lockiges Haar und trug einen weißen Smoking, während alle um ihn herum schwarz gekleidet waren. Wenn er seinen Einsatz machte, schob er die Jetons herum, als würde er die Niederlage bereits erwarten, aber es wäre ihm egal.

Es gab einen freien Platz, doch Bond setzte sich nicht. Er bevorzugte es, sein Ziel aus der Entfernung zu beobachten.

Er schaute ein halbes Dutzend Runden zu und ihm fiel sofort auf, dass die Hole Cards, die die Spieler ausgeteilt bekamen, in dieser Version des Spiels offen lagen. Dies war natürlich ein Vorteil für die Spieler, denn es verschaffte ihnen einen Überblick über die im Deck verbleibenden Karten. Sixtine war eine stille, selbstbewusste Spielerin, die öfter gewann als verlor. Sie ignorierte alle anderen am Tisch und hielt ihren Blick starr auf die Karten gerichtet. Spielte sie nach einem System? Die Hinweise waren alle da. Sie trank Eiswasser. Die meisten professionellen Kartenspieler, die Bond kannte, mieden Alkohol. Sie sprach nie und ignorierte alle um sie herum. Wenn sie eine weitere Karte wollte, tippte sie ungeduldig mit dem Finger, als warte sie nur darauf, bestätigt zu werden. Sie spielte ein Glücksspiel, machte aber den Eindruck, diejenige zu sein, die alles unter Kontrolle hatte.

In der siebten Runde begriff er, was vor sich ging.

Sixtine hatte eine Zehn unter ihrer Down Card, die verdeckt lag. Sie hob eine Ecke an, spähte darunter und deckte sie dann auf. Es waren beides Zehnen und sie hatte entschieden, sie aufzuteilen und ihren Einsatz auf fünfzehntausend Franc zu erhöhen. Es war ein seltsamer Zug. Bond wusste genug über die Regeln von *vingt-et-un*, um zu wissen, dass man Zehnen niemals aufteilte. Warum einen hohen Wert von zwanzig mit zwei Werten riskieren, die mit hoher Wahrscheinlichkeit niedriger ausfallen würden? Sie verhielt sich gerade wie eine Anfängerin und tatsächlich bestraften die Karten sie dafür. Der Croupier teilte ihr eine Sieben für eine ihrer Zehnen aus und eine fünf für die andere. Siebzehn und fünfzehn: Zwei mittelmäßige Hände hatten eine gute ersetzt. Bond wartete darauf, dass sie verlor.

Der Croupier hatte eine Königin. Er deckte eine Karte auf. Bond kniff die Augen zusammen. Es war eine Sechs. Mit einem Wert von sechzehn zwangen ihn die Regeln, erneut zu ziehen. Die nächste Karte war eine weitere Sechs. Zweiundzwanzig! Er hatte verloren.

Bond sah, wie Sixtine lächelte, als wäre genau das passiert, was sie erwartet hatte. Sie hatte gewusst, dass es so kommen würde. Daran bestand kein Zweifel. Aber wie? War es ihr irgendwie gelungen, markierte Karten ins Casino zu schmuggeln? Nein. Das war ebenso unmöglich wie ein manipuliertes Rouletterad. Machte sie mit dem Croupier gemeinsame Sache? Das war ebenfalls unwahrscheinlich und wäre das Risiko kaum wert. Doch sie hatte die Zehnen bewusst aufgeteilt, da sie gewusst hatte, dass der Croupier über einundzwanzig kommen würde. Es musste eine andere Antwort geben und mit einem aufgeregten Kribbeln wurde Bond klar, wie sie lautete.

Vingt-et-un war insofern das genaue Gegenteil von Roulette, weil es die eine Casinoaktivität war, bei der jede Runde die nächste beeinflusste. Die Roulettekugel hatte keine Erinnerung, die Karten aber schon.

Das Deck wurde erst neu gemischt, wenn alle Karten aufgebraucht waren. Dadurch war es dem Spieler möglich, basierend auf dem, was bereits geschehen war, Vermutungen anzustellen. Wenn also, als einfaches Beispiel, alle vier Asse bereits erschienen waren, bestand keine Chance mehr auf eine »Soft Hand« – bei der das Ass eins oder elf zählte – oder ein Blackjack. Bond hatte außerdem bemerkt, dass der Croupier ein einzelnes Kartendeck benutzte, was versierten Spielern ebenfalls einen Vorteil verschaffte. Immer mehr Casinos – besonders in Amerika – setzten inzwischen zwei oder sogar drei Kartendecks ein, um die Chancen wieder in Richtung Bank zu verschieben. Vielleicht hatte Sixtine deshalb entschieden, hier zu spielen.

Aber es bedeutete auch, dass ein Spieler mit außergewöhnlich guter Konzentration in der Lage war, sich das ganze Deck zu merken. Der gleiche Spieler wäre dadurch in der Lage, genau zu berechnen, wie viele Karten noch im Spiel waren, indem er einfach die Höhe des Stapels sowie die Anzahl der Karten in der Hand des Croupiers studierte. Bond hatte diesen Trick ebenfalls schon versucht, jedoch nie besonders erfolgreich.

Sixtine hatte diese Technik perfektioniert. Davon war er überzeugt. Gleichzeitig kam ihm der Verdacht, dass sie ihre Position am Rand des Tischs ganz bewusst gewählt hatte. Sie war die Letzte, die ihre Hand ausgeteilt bekam, was es ihr ermöglichte, die Karten der anderen in ihre Berechnungen miteinzubeziehen.

Beim Aufteilen der Zehnen hatte sie mit ziemlicher Sicherheit gewusst, welche Karten sich noch im Stapel befanden. Gleichzeitig hatte sie ausgerechnet, wie hoch die Chancen standen, dass der Croupier selbst über einundzwanzig kam. Sie hatte entschieden, das Risiko einzugehen, und so dreißigtausend Franc gewonnen. Dennoch fragte sich Bond, wozu sie sich die Mühe machte. Diese Frau verdiente ein Vermögen damit, Geheimnisse zu stehlen und weiterzuverkaufen. Verglichen mit den Summen, mit denen sie es sonst zu tun hatte, waren die Beträge, die sie hier mitnahm, kaum mehr als Kleingeld.

Der Croupier hatte das Ende des Kartenstapels erreicht, mischte gründlich und begann erneut. Mit einer gewissen Faszination beobachtete Bond die nächsten paar Runden.

Dabei stand er in einigem Abstand zu Sixtine, sodass sie ihn nicht sehen konnte. Sie sprach nicht und hob nicht einmal ihren Kopf. Sie gewann ein paar Runden. Sie verlor ein paar. Und die ganze Zeit über blieb ihr Blick fest auf die Karten gerichtet. Sie prägte sich alles ein, was ausgeteilt wurde, schätzte ab, wie viele Karten verblieben, berechnete stets die Wahrscheinlichkeiten und wartete auf den richtigen Augenblick zum Zuschlagen.

Bond sah es, als es endlich so weit war. Der Croupier hatte die letzten zehn, elf Karten erreicht. Plötzlich funkelte etwas in Sixtines Augen auf und bevor der Croupier Gelegenheit hatte, die Karten einzusammeln und den Stapel für die nächste Runde zu heben, nickte sie leicht. Es war eine winzige Bewegung, kaum wahrnehmbar … tatsächlich hätte Bond sie nicht bemerkt, wenn sie nicht bis dahin so regungslos dagesessen hätte.

Die anderen Spieler verließen den Tisch. Keiner von ihnen sah sie an. Sie schienen sie nicht zu kennen und jeder verhielt sich anders, während sie sich zurückzogen. Der Lehrer wischte seine Jetons vom Tisch, als ob er verkünden wollte, dass er aufhörte, solange er noch vorne lag. Die Frau des beleibten Geschäftsmanns murmelte ihm etwas zu und mit einem Seufzen und einem Schulterzucken stand er auf und ging mit ihr davon. Der Mann mit dem Lockenkopf entschied ebenfalls ganz plötzlich, dass er einen Drink brauchte, und schlenderte mit einem Gähnen in Richtung Bar davon.

Was ging hier vor? Der Croupier war genauso überrascht wie Bond, doch da jetzt nur noch eine Person im Spiel war, hatte er mehr als genug Karten, um weiterzumachen. Er sah die Dame vor sich fragend an. Sie lächelte. Sie war für die nächste Hand bereit.

Die fünf Spieler steckten unter einer Decke! Bond war sich ganz sicher. Der Croupier hatte es vielleicht nicht bemerkt, doch die Gruppe arbeitete zusammen und hatte ihren Aufbruch vom Tisch sorgfältig einstudiert. Die Idee bestand darin, Sixtine in einem bestimmten Moment allein zu lassen. Und dafür konnte es nur einen einzigen Grund geben. Sie kannte den Wert der verbliebenen Karten im Stapel und hatte sich genau überlegt, wann es zu ihrem Vorteil sein würde, allein gegen den Croupier zu spielen. Jetzt gerade musste es gut für sie aussehen und sie bereitete sich darauf vor, eine letzte Höchsteinsatzwette zu machen.

Doch bevor der Croupier mit dem Austeilen beginnen konnte, hatte Bond drei schnelle Schritte gemacht und sich auf den leeren Platz am anderen Ende des Tischs gesetzt. Er wusste, dass seine Anwesenheit alle Wahrscheinlichkeiten, die sie berechnet hatte, über den Haufen werfen würde, und es amüsierte ihn zu sehen, dass sie ein wenig die Augen zusammenkniff und ihre Wangen ein wenig dunkler wurden. Bond legte einen Jeton für fünfzigtausend Franc auf den grünen Filz, den Höchsteinsatz. Sixtine runzelte die Stirn und warf ihm einen kurzen Blick zu. Dann tat sie das Gleiche.

Die Karten waren ausgeteilt. Bond hatte eine Herz Acht. Sixtine hatte eine Kreuz Sieben. Der Croupier hatte ebenfalls eine Sieben – die Pik Sieben. Bonds verdeckte Karte war eine weitere Acht, nämlich die Karo Acht. Süße sechzehn! Es schien passend. All diese Karten mit ähnlichem Wert überraschten ihn überhaupt nicht. Sixtine musste gewusst haben, dass sich am Ende des Kartenstapels die Siebenen und Achten häufen würden, und ihre Strategie entsprechend angepasst. Was also würde sie nun an seiner Stelle tun? Bond zeigte seine beiden Karten, teilte sie auf und legte einen weiteren Jeton für fünfzigtausend Franc auf den Tisch. Der Croupier gab ihm zwei weitere Karten. Sie waren nicht gut: eine Kreuz Neun und Kreuz Fünf. Nun hatte Bond in der einen Hand siebzehn, in der anderen dreizehn. Sollte er dabei bleiben oder versuchen, den niedrigeren Wert zu verbessern? Er schaute zu Sixtine. Sie hatte diese Situation bewusst arrangiert. Sie kannte den Wert der verbliebenen Karten. Sie hatte alles so hingebogen, dass sie gewinnen würde. Ja, natürlich. Bond winkte ab. Er würde bei seinen Karten bleiben.

Nun war Sixtine dran. Was immer sie hatte, es war kein Pärchen. Sie warf einen letzten Blick auf ihre verdeckte Karte und warf einen weiteren Fünfzigtausend-Franc-Jeton auf den Tisch, um ihren Einsatz zu verdoppeln. Damit bekam sie nur eine weitere Karte. Der Croupier drehte sie um. Es war die Kreuzkönigin. Bond wusste sofort, dass dies nichts Gutes war. Mit finsterer Miene drehte Sixtine ihre verdeckte Karte auf. Es war die Herz Fünf. Mit der Königin und ihrer ursprünglichen Sieben hatte sie nun zweiundzwanzig. Sie hatte verloren.

Und was war mit dem Croupier? Er ließ seine Pik Sieben auf dem Tisch liegen und deckte ihre hässliche Schwester auf, die Pik Acht. Das war die für ihn denkbar schlechteste Kombination. Er hatte fünfzehn und laut den Regeln musste er erneut ziehen. Das tat er. Ein Ass! Es reichte immer noch nicht. Er zog erneut, einen schmählichen Kreuzbuben, der ihn verlieren ließ. Bond hatte vier Karten in zwei mittelmäßige Hände aufgeteilt und dennoch war es ihm gelungen, hunderttausend Franc zu gewinnen.

Das Minidrama war vorüber. Die Karten lagen auf dem Tisch, bedeutungslos nach ihrem Moment des Ruhms. Dann drehte Sixtine ihren Stuhl herum wie einen Korken, der aus einer Weinflasche gezogen wurde, und rauschte ohne ein weiteres Wort davon. Bond, der die Trümmer betrachtete, die sie zurückgelassen hatte, wusste, warum sie wütend war. Wenn er sich nicht ins Spiel gedrängt hätte, wäre die Verteilung der Karten ganz anders verlaufen. Sixtine hätte das passende Paar bekommen – die Karo Acht und die Pik Acht. Dann hätte der Croupier ihr als Nächstes die beiden Siebenen zugeteilt, was ihr in jeder Hand eine Fünfzehn gegeben hätte. Bond hatte keinen Zweifel daran, dass sie an diesem Punkt gepasst hätte. Der Croupier hätte die Herz Fünf als verdeckte Karte gehabt und die Herz Acht wäre dazugekommen. Ein Wert von insgesamt dreizehn. Er wäre gezwungen gewesen, eine weitere Karte zu ziehen, und hätte Bonds Kreuz Neun erhalten, womit er verloren hätte.

Bonds Gewinn von hunderttausend Franc hätte Sixtine gehört. Er sammelte seine Jetons ein, nickte dem Croupier dankend zu und folgte ihr aus dem Raum.

⑦

RUSSISCHES ROULETTE

Sie hatte noch nichts bestellt. Bond fand sie in der Bar Salle Blanche, die mit ihren Palmen, Spiegelwänden, den schillernden Türkis- und Goldmosaiken und Kronleuchtern Reichtum und Extravaganz auf eine Ebene hob, die sie selbst niemals zu erreichen erwartet hätten. Sixtine wartete auf den Barkeeper, als sich Bond zu ihr gesellte.

»Ich glaube, ich schulde Ihnen einen Drink«, sagte er.

Sie drehte sich um und ihre dunklen Augen richteten sich auf eine Art und Weise auf Bond, die er gleichzeitig herausfordernd und verführerisch fand. Sie musterte ihn kurz, als hätte sie ihn nie zuvor gesehen. »Sie schulden mir gar nichts«, erwiderte sie.

»Ich habe Ihnen Pech gebracht.«

»Ich glaube nicht an Pech.«

»Dann schlechtes Timing.«

»Das mag stimmen.« Sie dachte darüber nach. »Mir fällt kein Grund ein, warum ich mich weigern sollte, an Ihrem Gewinn teilzuhaben. Was schlagen Sie vor?«

»Vielleicht ein Glas Champagner? Ich kann den Taittinger Blanc de Blancs Brut '43 empfehlen.«

»Ich bin nicht in der Stimmung für Champagner.«

»Dann einen trockenen Martini.« Sie nickte und Bond wandte sich an den Barkeeper. »Zwei Martinis, bitte«, sagte er. »Drei Teile Gordon's, ein Teil Wodka, ein halber Teil Kina Lillet. Sie müssen eiskalt mit einem Stück Zitronenschale serviert werden. Verstanden?«

»Natürlich, Monsieur.« Der Barkeeper lächelte und nickte.

»Einen Moment.« Sixtine hatte ihn aufgehalten, bevor er sich umgedreht hatte. »Ich hätte meinen gern geschüttelt, nicht gerührt«, sagte sie.

Der Barkeeper wollte widersprechen, dann blinzelte er jedoch nur und sagte: »Was immer Madame wünschen.«

Während er davoneilte, sah Bond sie fragend an. »Macht das wirklich einen Unterschied?«

»Oh ja.« Sie war vollkommen ernst. »Mein verstorbener Gatte hat immer gesagt, dass der Alkohol beim Schütteln eintrübt. Außerdem schmilzt mehr Eis. Gerührt, nicht geschüttelt war eins seiner Mantras. In diesen Dingen war er sehr speziell.« Sie zog eine Zigarette heraus und gestattete Bond, ihr Feuer zu geben. »Seit seinem Tod habe ich es mir zum Prinzip gemacht, stets das Gegenteil dessen zu tun, was er mir gesagt hat.« Sie warf einen Blick auf die Zigarette in ihrer Hand. »Es gefiel ihm übrigens auch nicht, wenn ich rauchte.«

»Wann ist er gestorben?«, fragte Bond.

»Nicht früh genug.« Sie nahm ihre Handtasche und ging zu einem Tisch. Bond folgte ihr amüsiert. Selbst während dieser kurzen Begegnung hatte er entschieden, dass sie anders war als alle Frauen, denen er bisher begegnet war. Zum einen war sie unmöglich zu deuten. Es schien ihr vollkommen egal zu sein, ob er blieb oder ging.

Er setzte sich neben sie. »Spielen Sie oft hier?«, fragte er.

»Ich bevorzuge das Casino Estoril in Portugal. Es ist majestätischer. Und wenn ich in London bin, spiele ich immer im Crockford's.«

»Immer allein?«

»Wie kommen Sie auf die Idee, dass ich allein bin?«

War das ein stilles Eingeständnis, dass sie mit der Truppe, die neben ihr gespielt hatte, unter einer Decke steckte? Bond fragte sich, wohin die drei Männer und die Frau verschwunden waren. Beobachteten sie Sixtine jetzt vielleicht? Und wie war sie überhaupt auf diese Leute gekommen? »Sie kannten jede Karte im Deck.«

»Nein. Aber je mehr Karten ausgespielt werden, desto einfach ist es, sich seine Chancen auszurechnen. Darum genieße ich *vingt-et-un* so sehr. Ich habe gesehen, dass Sie vorher Roulette gespielt haben. Das scheint mir komplette Zeitverschwendung zu sein. Warum sollte man einer Aktivität nachgehen, über die man keine Kontrolle hat?«

»Warum dann überhaupt spielen?«, fragte Bond.

»Mein Mann war Spieler. Er hat alles verloren. Ich habe es mir zur persönlichen Aufgabe gemacht, mir ein bisschen was zurückzuholen.«

Die Getränke kamen am Tisch an und mit ihnen ein kleiner, glatzköpfiger Mann im Anzug, der vor Aufregung fast zu platzen schien. Frustriert erkannte Bond Émile Tournier, den Geschäftsführer des Casinos. Die beiden kannten sich und der kleinere Mann konnte vor Begeisterung kaum an sich halten. »Monsieur Bond! Was für eine Freude, Sie wiederzusehen!«, verkündete er mit starkem französischem Akzent. »Sie hätten uns Bescheid sagen sollen, dass Sie kommen. Die Getränke gehen natürlich aufs Haus. Und wenn Madame und

Sie etwas essen möchten, steht Ihnen das Restaurant natürlich ebenfalls zur freien Verfügung.«

»Vielen Dank.« Bond lächelte schwach. Unter anderen Umständen wäre die bloße Erwähnung seines Namens ein Todesurteil gewesen. Doch auch so war die Störung mehr als ärgerlich.

»Es ist mir ein Vergnügen. Es ist dem Casino von Monte Carlo ein Vergnügen. Wenn ich daran denke, was ohne Sie hätte passieren können. *Formidable!* Bitte lassen Sie mich wissen, wenn es irgendetwas gibt, das ich für Sie tun kann. Ich wünsche Ihnen beiden einen höchst angenehmen Abend.«

Er verbeugte sich und zog sich zurück. Bond und Sixtine blieben mit den Getränken zurück. »Dann kennen Sie nun also meinen Namen«, sagte Bond.

»Oh, den kannte ich bereits«, erwiderte Sixtine mit einem gleichgültigen Schulterzucken. »Sie sind James Bond vom britischen Geheimdienst. Sie wurden vor Kurzem in die Doppelnullabteilung befördert, was bedeutet, dass Sie eine Lizenz zum Töten haben. Das zieht die Frage nach sich, wer in diesem Gebäude sich zu Ihrer Zielperson gemacht hat. Ich vielleicht? Ich hoffe doch nicht. Ich genieße mein Leben und denke nicht, dass ich in letzter Zeit etwas getan habe, das mich auf Ihre Abschussliste setzen würde.«

Also hatte sie von Anfang an gewusst, wer er war. Wie war das möglich? Es gab nur eine Handvoll Leute, die von der Doppelnullabteilung wussten, ganz zu schweigen von seiner Beförderung. Bond war beeindruckt. Sixtine musste unglaublich gut informiert sein. Ihre Verbindungen könnten sich sogar bis in das Gebäude am Regent's Park erstrecken. Er musste daran denken, Bill Tanner nach seiner Rückkehr zu raten, die Sicherheitsprotokolle gründlich zu überarbeiten.

»In diesem Fall müssen Sie doch auch wissen, warum ich hier bin«, sagte er.

»Nein. Warum verraten Sie es mir nicht einfach?« Sie war sehr direkt und blickte ihm die Augen, als könne sie lesen, was sich dahinter verbarg. Ihr Englisch war perfekt, auch wenn Bond den Hauch eines französischen Akzents hören konnte, der aber nur zu ihrer Kultiviertheit beitrug.

Er hob sein Glas. Die Flüssigkeit darin war leicht getrübt, das Resultat der Behandlung, die sie erhalten hatte, doch als er davon trank, konnte er keinen geschmacklichen Unterschied feststellen. »Ein Freund ist ums Leben gekommen«, sagte er. »Sie haben ihn vielleicht als Richard Blakeney gekannt.«

»Ich habe ihn überhaupt nicht gekannt.« Sie klang gelangweilt. »War es ein Unfall?«

»Man hat ihm aus nächster Nähe dreimal in die Brust geschossen.«

»Dann war er unvorsichtig.«

»Sie sagen, dass Sie ihn nicht kannten, doch er kannte sie mit Sicherheit.«

»Eine Menge Leute behaupten, mich zu kennen.« Sie sah sich nach einem Aschenbecher um. Bond schob ihr einen zu. »Ich habe weder Richard Blakeney noch sonst jemanden vom britischen Geheimdienst gekannt«, fuhr sie fort. »Ich nehme an, dass er ein Kollege von Ihnen war? Wie läuft es denn eigentlich im Regent's Park? Es ist eine Weile her, seit ich mit Ihren Leuten zu tun hatte. Wirklich eine Schande. Sie sind so viel höflicher als SMERSCH.«

»Ich würde gern wissen, was Sie hier in Südfrankreich machen.«

»Das glaube ich gern. Aber ich kann mir nicht vorstellen, wie Sie auf die Idee kommen, ich würde es Ihnen sagen.«

Bond lächelte. »Kann ich zumindest fragen, ob es zum Vergnügen oder beruflich ist?«

»Mein Beruf *ist* mein Vergnügen. Wenn nicht, würde ich ihn an den Nagel hängen.« Sie sah ihn an. »Macht es Ihnen Spaß, Menschen umzubringen?«

Die Frage brachte Bond völlig aus dem Konzept. Er konnte sich absolut nicht vorstellen, warum Sixtine sie gestellt hatte. Er ignorierte sie. »Warum haben Sie sich mit Jean-Paul Scipio getroffen?«

Sie schüttelte den Kopf. »So funktioniert das nicht, James. Sie wissen, wer ich bin. Sie wissen, womit ich mein Geld verdiene. Jede Information, die ich habe, wird verkauft oder getauscht. Nichts ist umsonst. Ich bin daran interessiert, wie es sich anfühlt, ein junger Mann mit so viel Macht zu sein. Wer sonst kann schon ohne Angst vor Vergeltung über Leben und Tod entscheiden? Nur ein Geheimagent oder ein Psychopath.«

Ihm fiel auf, dass sie ihn mit Vornamen angesprochen hatte, als würde sie ihn auf gewisse Weise bereits besitzen.

»Ich fühle mich auf jeden Fall nicht wie ein Psychopath«, sagte er. »Und ich habe weniger Macht, als Sie denken. Ich führe nur aus, was mir aufgetragen wird. Wir haben beide einen Krieg durchgemacht. Es gibt Helden und es gibt Schurken. Man muss sich entscheiden, auf welcher Seite man steht, und dann dorthin gehen, wo es einen hinführt.«

Das war genug – für den Moment. »Ich habe überhaupt kein Interesse an Jean-Paul Scipio«, erklärte sie. »Er ist Drogenhändler. Sein Geschäft und meins haben nichts gemeinsam.« Sie zuckte mit den Schultern. »Warum sollte ich ihn treffen wollen?«

»Das ist es ja, was ich Sie frage.« Bond zog eins der Fotos aus seiner Tasche und legte es auf den Tisch. Die dunklen

Augen blickten kurz darauf, dann schauten sie weg. »Das wurde im La Caravelle in Marseille aufgenommen«, sagte er. »Was sollen die Spielchen? Es wäre wirklich einfacher, Sie würden mir die Wahrheit sagen.«

»Ich habe nicht bestritten, ihn getroffen zu haben. Ich habe gesagt, dass ich es nicht will – und das ist absolut wahr. Erstens ist er widerlich fett. Und er hat keine Manieren.«

»Wann wurde das aufgenommen?«

»Wie viele Leute haben Sie getötet?«

Bond zögerte. »Zwei.«

»In Frankreich?«

»Einen in New York. Einen in Schweden.«

»Ich war vor etwas über einer Woche im La Caravelle. Es war ein Dienstag, glaube ich. Scipio hatte mich eingeladen und es schien mir vernünftig, die Einladung anzunehmen.«

»Was wollte er?«

»Ich bin dran, James. Woher wussten Sie, dass ich heute Abend hier sein würde?«

»Ich wusste es nicht. Aber ich habe gehört, dass Sie manchmal herkommen, und hatte gehofft, Sie hier zu treffen.«

Sie sah ihn kühl an. »Sie hätten bis zum Ende des Spiels warten können, um sich vorzustellen.«

»Im Gegenteil, es hat mir gefallen, mit Ihnen Karten zu spielen. Es war ein ganz eigenes Erlebnis, Sie dabei zu beobachten. Es muss eine große Hilfe sein, von Freunden umgeben zu sein.«

Sie stritt den Vorwurf nicht ab. »Was meinte dieser Mann vorhin? Der Kleine mit dem Schnurrbart? Was wäre denn ohne Sie passiert?«

Bond winkte ab. »Das war nichts.«

»Warum lassen Sie mich das nicht selbst entscheiden?« Nun war sie es, die lächelte. »Wie es scheint, haben wir gemeinsame Interessen. Sie sind hier in Südfrankreich, weil Sie wissen wollen, was Scipio treibt. Und was Scipio treibt, könnte eventuell Auswirkungen darauf haben, weshalb ich hier bin. Ich könnte jetzt aufstehen, weggehen und Sie würden mich niemals wiedersehen. Oder wir reden weiter und sehen, wohin uns das führt. Aber wenn Sie meine Gesellschaft als langweilig empfinden sollten …«

Sie saß entspannt, ihr Ellbogen ruhte auf der Rückenlehne der Banquette. Bond gefiel, wie sie aussah – ihre nackten Arme, die Wölbung ihres Halses und das glitzernde Goldkettchen mit dem Solitärdiamanten, der auf ihrem Dekolleté ruhte. Die schwarze Seide schmiegte sich fließend um ihre Hüften und Brüste. Sie trug klassische Stilettos aus schwarzem Satin mit Strasssteinen. Er war verwirrt. Sie hatte von Anfang an in diesem Gespräch die Oberhand gehabt. Er entschied, ihr zu sagen, was sie wissen wollte. Warum auch nicht? Sie wusste bereits, wer er war. Sie hatte keine Möglichkeit, die Information zu nutzen. Und vielleicht würde er ja dadurch ihr Vertrauen gewinnen.

»Ich finde Sie keineswegs langweilig«, erwiderte Bond. »Ganz im Gegenteil. Ich dachte nur, dass Sie diese Geschichte nicht interessieren würde. Aber wenn Sie sie hören möchten, lassen Sie mich noch ein paar Cocktails bestellen … geschüttelt, nicht gerührt. Sie kann eine Weile dauern.«

Er winkte dem Kellner zu, dann begann er.

»Es geschah letztes Jahr und betraf ein Schiff, einen sowjetischen Kreuzer namens *Alexander Koltschak*, das auf einer Propagandafahrt durchs Mittelmeer war, um die Fahne zu präsentieren. Sein erster Zwischenhalt war hier in Monte

Carlo und ich wurde hergeschickt, um einen genaueren Blick darauf zu werfen.«

»Einen Blick, mehr nicht?«

Bond zündete sich selbst eine Zigarette an. »Na ja, eigentlich haben wir versucht, die Signale abzufangen, die es nach Kronstadt sendete, aber es gelang uns nicht, weil wir die Wellenlängen und Funkzeiten nicht kannten. Bis dahin hatten wir nicht eine einzige Nachricht abfangen können und ich war dort, um zu sehen, ob ich irgendetwas daran ändern könnte.

Schnell wurde klar, dass es nicht viel gab, was ich tun konnte. Die *Alexander Koltschak* war einen knappen Kilometer vor der Küste vor Anker gegangen. Es handelte sich um einen Kreuzer der Tschapajew-Klasse, ein hundertachtzig Meter langes Ungetüm mit doppelten Dampfturbinen und dem üblichen Waffenarsenal. Sie lag eingedeckt mit Flaggen vor Anker und das hatte in der Stadt zu viel Interesse und positiven Kommentaren geführt. Sie sah wirklich prächtig aus. Die sowjetischen Seeleute machten ebenfalls einen guten Eindruck ... sie wussten sich alle ausnehmend gut zu benehmen.

Das Problem war nur, dass keine Besucher erlaubt waren, und selbst ein kleiner nächtlicher Tauchausflug schien reine Zeitverschwendung zu sein. Ich schnüffelte ein bisschen herum und versuchte, mit jemandem von der Mannschaft ins Gespräch zu kommen, aber alle waren gewarnt worden, mit niemandem zu reden. Gerade als ich zu glauben begann, dass ich in Schwierigkeiten steckte, kam mir ein Glücksfall zu Hilfe. Eines Abends sah ich zufällig einen etwa fünfzig Jahre alten, grauhaarigen Mann, offensichtlich ein Russe, der mit einem ziemlich attraktiven französischen Flittchen das Casino betrat. Es war klar, dass sie ihn dazu überredet hatte, sie zu begleiten. Und die Sache ist die, dass ich sofort wusste, wer er war – niemand anders als Nikolai Stolypin, der Kapitän der *Koltschak*.

Ich folgte ihnen hinein. Natürlich war der Kapitän vollkommen hin und weg vom Casino. So was kannte er bestimmt nicht aus Moskau oder Odessa oder wo auch immer er herkam. Schon bald hatte er seine erste Flasche Champagner geöffnet und als er nach ein paar Gläsern etwas entspannter war, führte ihn das Mädchen zum Roulettetisch und zeigte ihm, wie das Spiel funktionierte. Er war sofort in seinem Element, spielte zuerst auf Rot oder Schwarz, probierte jedoch bald interessantere Kombinationen aus. Russen sind im Herzen alle Glücksspieler und es dauerte nicht lange, bevor Stolypin Wetten abgab wie ein alter Hase. Und er gewann auch. Er geriet immer mehr in Feierlaune, bestellte mehr Champagner, hatte eine wunderbare Zeit. Tatsächlich lief alles hervorragend, bis sich das Blatt mit einem Mal wendete. Ziemlich plötzlich begann er zu verlieren. Es war ihm gelungen, einen ordentlichen Jetonstapel anzusammeln, doch in den nächsten Stunden sah ich diesen Stapel immer kleiner werden, bis er schließlich verschwunden war. Er war pleite. Daran bestand kein Zweifel. Gleichzeitig wusste ich, dass ihn das nicht davon abhalten würde zurückzukommen.«

»Sie haben mit den Russen absolut recht. Sie sind im Grunde wie Kinder. Keine Selbstbeherrschung. Das kommt davon, dass man ihnen immer sagt, was sie zu tun haben.«

»Hatten Sie schon viel mit ihnen zu tun?«

»Wechseln Sie nicht das Thema. Ich will mehr hören.« Sixtine war offensichtlich ganz in seiner Geschichte versunken. Sie konnte es praktisch vor sich sehen: der Ausländer, vollkommen überfordert, hineingezogen in eine Welt, die er niemals in ihrer Gänze verstehen würde, die Hitze des Gefechts, der in Strömen fließende Champagner.

Die zweite Runde Getränke wurde serviert. Bond blieb stumm, bis der Kellner wieder gegangen war.

»Stolypin kam am nächsten Abend zurück«, fuhr er fort. »Und den Abend darauf ebenfalls. Ich stellte sicher, dass ich nichts verpasste. Die *Koltschak* sollte in einer Woche auslaufen und er schien entschlossen zu sein, die verbleibende Zeit so gut wie möglich zu nutzen. Irgendwie überraschte es mich nicht, dass er immer weiter verlor. So ist das oft beim Roulette. Es ist fast so, als könne das Rad Schwäche riechen und es mache ihm regelrecht Spaß, sich gegen einen zu wenden. Jedenfalls spielte er jeden Abend, bis seine Taschen leer waren, doch am folgenden Abend war er wieder zurück. Das Mädchen sah ich nicht wieder. Er hatte kein Interesse mehr an ihr. Am Ende der Woche war er ganz offensichtlich ein verzweifelter Mann, seine Augen starr auf das Rad gerichtet. Er kämpfte wild und zunehmend verzweifelt. Die anderen Spieler beobachteten ihn mit angehaltenem Atem. Ich würde sagen, sie fürchteten sich regelrecht vor ihm.

Das letzte Mal spielte er bis fünf Uhr morgens. Mir fiel auf, dass er immer wieder auf seine Uhr schaute. Und genau um fünf Uhr schob er seinen Stuhl zurück und stand auf. Ich wusste, dass dies der kritische Moment war. Sein ganzes Geld war fort. Er rief nach dem Geschäftsführer – der Mann, der uns eben angesprochen hat – und die beiden gingen mitsamt einer Gruppe nervöser Casino-Angestellter in sein Büro. Zufällig hatte ich Monsieur Tournier bereits kennengelernt und er wusste, dass ich eine Art Polizist bin. Er ließ mich mitkommen und so wurde ich Zeuge dessen, was als Nächstes geschah.

Der Russe hielt eine erregte Rede in einem wirklich fürchterlichen Französisch. Er schwitzte stark und es bestand kein Zweifel daran, dass er in keiner guten Verfassung war. Er sagte, dass er all sein Geld verloren habe. Schlimmer noch, er hatte die Kabine des Zahlmeisters seines Schiffs geplündert und weiteres Geld aus dem Tresor gestohlen. Unterm Strich handelte es sich um fast eine Million Franc. Und dann verkündete er seinen Geniestreich. Er sei zwar ruiniert, sagte er, aber als Rache würde er nun auch das Casino zerstören.

Stolypin deutete aus dem Fenster. Es war alles sehr dramatisch. ›Ich habe Befehl gegeben, dass die Hauptgeschütze meines Kreuzers auf dieses Casino gerichtet werden sollen, wenn ich um Viertel nach fünf nicht wieder an Bord sein sollte‹, verkündete er. ›Ich habe meiner Geschützmannschaft gesagt, dass sie um sechs Uhr feuern soll, ob Sie mir das Geld zurückgegeben haben oder nicht. Ich werde zwar sterben, jedoch in dem Wissen, dass dieses monströse, kapitalistische Unternehmen dem Erdboden gleichgemacht wird!‹

Nun, Sie können sich vorstellen, wie das ankam. Tournier und die anderen liefen zum Fenster. Ich folgte ihnen und der Anblick, der sich uns im ersten Licht des Tages bot, war ziemlich beeindruckend. Die *Koltschak* hatte zwölf Kanonen des Typs 152-mm-B38 auf Mark-5-Dreifachgefechtstürmen und sie drehten sich langsam herum. Nach etwa dreißig Sekunden waren sie alle seitlich auf uns gerichtet. Wir sahen zu, wie sie leicht angehoben wurden. Gleichzeitig wurden die Flaggen von den Masten eingeholt … Eine hübsche Idee. Ich drehte mich um und sah Kapitän Stolypin an. In seinen Augen lag ein wildes, entschlossenes Funkeln. Er stand in seiner besten heroischen Haltung da, wie eines dieser furchtbaren Denkmäler der Oktoberrevolution. Der für alle

Russen typische Hang zum Wahnsinn trat deutlich an die Oberfläche.

An der Wand war eine große Uhr und sie tickte die Minuten herunter, während die Casino-Angestellten verzweifelt versuchten, den Kapitän zur Vernunft zu bringen. Schließlich rannte Tournier zu einem Tresor. Er öffnete ihn und holte mehrere Bündel mit Hunderttausend-Franc-Scheinen heraus, die er auf den Tisch warf. Doch Stolypin hatte inzwischen entschieden, dass die Sache für ihn gelaufen war. Er saß trotzig da und schüttelte den Kopf.

Es war halb sechs. Nur noch dreißig Minuten verblieben, bis das Ganze über die Bühne gehen sollte. Endlich fiel den Angestellten ein, dass noch ein paar Menschen im Gebäude waren und spielten und dass es vielleicht eine gute Idee wäre, sie zu evakuieren. In der Zwischenzeit hatte ich ein leises Gespräch mit Tournier und konnte ihn überreden, den Raum mit allen anderen zu verlassen. Er stimmte zu, denn inzwischen hatte er sich damit abgefunden, das ganze Gebäude zu verlieren. Also gingen sie und ließen uns beide allein.«

Sixtine nippte an ihrem Cocktail, was einen roten Halbmond am Glas zurückließ. Aus dem Salon nebenan ertönte das Rattern einer Roulettekugel, dann Stille, gefolgt von einem Triumphschrei und donnerndem Applaus.

»Stolypin sprach besser Englisch als Französisch«, fuhr Bond fort. »Ich hatte nur wenig Zeit, ihn zu überzeugen, also trug ich ziemlich dick auf. Das Casino würde ihm sein Geld zurückzahlen – dort lag es, direkt vor ihm – und niemand müsste irgendetwas erfahren. Wenn die Kanonen tatsächlich feuerten, könnte das der Beginn eines Weltkriegs sein. Seine gesamte Mannschaft würde massakriert werden. Der Kapitän sollte darüber nachdenken, was aus seiner Frau und seiner

Familie in Russland werden würde. Ich fragte ihn nach dem Namen seiner Frau.

Einen Moment lang blieb er stumm, dann brach er in Tränen aus. ›Irma …‹ Es war das erste Mal, dass er sprach, seit wir beide allein waren. Ich legte ihm einen Arm um die Schultern und sagte sehr leise: ›Irma wartet auf sie. Kehren Sie zu ihr zurück. Lassen Sie uns diese Sache vergessen.‹

Er nickte und stand auf. Tränen liefen ihm übers Gesicht. Gleichzeitig begann er damit, die Geldbündel in seine Taschen zu stopfen. Sie bedeuteten ihm offensichtlich genauso viel wie seine Gattin daheim. Doch im letzten Moment packte ich ihn am Arm. Er sah mich beunruhigt an. ›Eins noch‹, sagte ich. ›Wenn ich Sie jetzt hier rausgehen lasse, brauche ich die Antwort auf eine Frage. Geben Sie sie mir und Sie sind in ein paar Minuten mit dem Geld zurück auf Ihrem Schiff. Sie werden mit Ihren Offizieren frühstücken und alles wird vergeben und vergessen sein. Ansonsten wird das Casino evakuiert. Ich werde es London melden und die werden Washington warnen. Ob daraus ein Krieg entsteht oder nicht, Sie werden auf jeden Fall die sowjetische Marine entehrt haben.‹

Eine Minute später marschierte Stolypin aus dem Raum, vorbei an den Casino-Angestellten auf der anderen Seite der Tür. Er mied ihren Blick und bemühte sich so gut wie möglich, sein letztes bisschen Würde zu bewahren. Er schaute nicht zurück, bis er das Casino verlassen hatte.

Und darum war Monsieur Tournier gerade so erfreut, mich zu sehen. Sie kamen alle hereingestürzt und ich erklärte ihnen, dass es mir gelungen war, den Kapitän umzustimmen. Und es stimmte. Als wir aus dem Fenster blickten, sahen wir Stolypin in einem Beiboot stehen, hektisch winken und seiner Mannschaft etwas zubrüllen. Er erreichte das Schiff und gleichzeitig sahen wir, wie sich die Kanonen langsam wieder nach vorn und achtern drehten. Es war wirklich haarscharf, sage ich Ihnen. Die Uhr zeigte eine Minute vor sechs.«

»Das war sicherlich ein paar kostenlose Martinis wert«, bemerkte Sixtine. Dann überlegte sie. »Aber wonach haben Sie ihn denn nun gefragt?«

Bond trank sein Glas aus. »Nach den Frequenzen und Funkzeiten der Übertragungen natürlich«, erwiderte er. »Das war alles, was ich wollte, und um ehrlich zu sein, hätten das Casino und Kapitän Stolypin meinetwegen zum Teufel gehen können, wenn er sie mir nicht gegeben hätte.«

Sixtine lachte laut auf. Es hatte eine außerordentliche Wirkung auf ihre Gesichtszüge. Es schien, als sei sie plötzlich zum Leben erwacht, und Bond nutzte den Moment zu seinem Vorteil. »Sie wollten mir davon erzählen, was Sie mit Scipio zu schaffen haben«, sagte er.

»Wollte ich das?« Sie klang überrascht.

»Wollte er mit Ihnen über Ferrix Chimiques reden?« Es war ein Schuss ins Blaue. Doch die Rechnung und die Fotos waren im gleichen Umschlag gewesen. Es musste eine Verbindung geben.

»Ich weiß nicht mal, was das ist.« Ihr Lächeln erstarb und Bond bedauerte seine direkte Frage. Er wusste, dass sie von ihm enttäuscht war. »Scipio wollte aus dem gleichen Grund wie Sie etwas mit mir trinken gehen. Er wollte wissen, was ich hier tue, und er hat versucht, mich einzuschüchtern. Ohne Erfolg. Mehr steckt nicht dahinter.«

Bond wusste nicht, ob sie die Wahrheit sagte. »Also gut«, lenkte er ein. »Aber es kommt mir so vor, als hätte ich Ihnen viel mehr über mich erzählt als umgekehrt. Warum treffen wir uns nicht noch mal, vielleicht ein bisschen weniger formell? Ich kenne da ein Restaurant in Beaulieu ...«

Sie dachte einen Moment darüber nach und ein wenig Humor schlich sich in ihre Augen zurück. »Ich bin nicht sicher, ob es eine gute Idee ist, mit einem britischen Spion essen zu gehen. Andererseits gibt es keinen Grund, warum wir uns nicht wiedersehen sollten. Ich wohne bei einem Freund. Sein Name ist Irwin Wolfe.«

»Ich weiß, wer er ist«, sagte Bond.

»Er gibt morgen Abend eine Party. Er hat eine Villa namens Shame Lady in Cap Ferrat. Kommen Sie doch einfach vorbei. Ich bin sicher, er würde Sie gern kennenlernen.« Sie erhob sich. »Danke für die Drinks. Aber da Sie ja überhaupt nichts dafür bezahlen mussten, schulden Sie mir immer noch hunderttausend Franc.« Sie sah ihn neugierig an. »Ich werde schon noch einen Weg finden, um sie mir zurückzuholen.«

»Das könnte mir gefallen.«

»Da bin ich mir nicht so sicher.«

Als sie davonging, rief er ihr nach: »Shame Lady?«

Sie drehte sich um. »Sie wächst im Garten. Es ist der Name einer Pflanze.« Sie zögerte. »Sie haben hoffentlich nicht gedacht, dass sich das auf mich bezieht.«

Er sah zu, wie sie in der Menge verschwand.

8

NICHT SO JOLIETTE

Der Hafen von La Joliette lag trostlos und drückend heiß in der Augusthitze. Es wehte kein Lüftchen und das schwarze Wasser neben den Anlegestellen hatte das zähflüssige, widerliche Aussehen von schmelzendem Teer. James Bond sah sich um. Es hätte sich um Europas belebtesten Hafen handeln sollen, doch die Mittagssonne brannte unbarmherzig auf leere Kais mit planlos zurückgelassenen Stapeln von Säcken, Paletten und Ölfässern. Die Hütten und Stege waren verlassen und Schienen funkelten nutzlos in der Sonne, ohne eine Spur von Güterzügen. In der Ferne lag eine Sammlung von Frachtern, Tankern und Luxuskreuzfahrtschiffen, einige von ihnen eingerüstet, an ihren Liegeplätzen, ignoriert von den Kränen um sie herum. Selbst die Möwen schienen zu erschöpft und entmutigt zum Fliegen und scharrten sich stattdessen in missmutigem Schweigen an den Mauern und Telefonkabeln.

»Wo sind denn alle?«

Reade Griffith lachte. »Es ist Mittag, James. Man hält einen französischen Dockarbeiter nicht von seinem Mittagessen fern, außer man will, dass sich die Gewerkschaften auf einen stürzen wie eine Tonne Ziegel. Die sind irgendwo drinnen und gönnen sich ein Dreigängemenü – nicht zu vergessen einen anständigen Wein und eine Auswahl von einem halben Dutzend der besten Käsesorten.«

Bond hatte in Nizza ein Citroën Roadster Cabriolet gemietet und dabei den Versuchen des Händlers widerstanden, ihn zum neuen 2C4 zu lotsen, der stolz ausgestellt wurde. Er war nach seinem luftgekühlten Motor benannt, doch Bond beeindruckte er nicht. »Das ist kein richtiges Auto. Das ist eine Ölkanne auf Rädern.« Der CIA-Agent und er hatten die dreistündige Reise die Küste entlang zusammen gemacht. Während dieser Zeit hatte Griffith Bond auf den neuesten Stand gebracht.

»Ich habe es überprüft und soweit ich sehen kann, ist alles an Ferrix Chimiques vollkommen legal. Sie importieren Chemikalien aus der ganzen Welt und beliefern einen Haufen unterschiedlicher Industrien in Frankreich. Wir werden uns nachher mit dem Geschäftsführer treffen, einem Mann namens Andria Mariani.«

»Andria? Das ist doch ein korsischer Name, oder?«

»Könnte sein – auch wenn das Unternehmen hier in Marseille eingetragen ist. Sie werden Mr Howard von Universal Export sein, der nach einem europäischen Partner sucht. Ich bin Bill Plover von Polygon Agrochemical Supplies, Ihr internationaler Vertreter.«

»Ich muss versuchen, in ihre Buchhaltung zu kommen, oder wo sie auch immer ihre Rechnungen aufbewahren.«

»Haben Sie schon eine Idee, wie Sie das anstellen wollen?«

»Ich finde schon einen Weg.« Bond dachte einen Augenblick nach. »Aber davor will ich mir La Joliette ansehen … wo die Schießerei stattgefunden hat.«

»Ja. Das würde ich mir auch gern ansehen.« Griffith machte den Schulterblick, während er den Gang wechselte. »Ich habe gar nicht mehr gefragt. Wie lief es denn mit unserer Mata Hari?«

»Sie ist auf jeden Fall eine ziemlich interessante Person.«

»Hat sie Ihnen irgendwas gesagt?«

»Wir treffen uns heute Abend wieder.«

Griffith zog eine Augenbraue hoch. »Dann haben Sie mit Sicherheit Eindruck hinterlassen, James. Aber ich an Ihrer Stelle wäre vorsichtig.«

Der Bereich des Docks, wo man die Leiche aus dem Wasser gezogen hatte, war abgesperrt und man hatte rote Schilder aufgestellt, auf denen PRIVÈ und ENTRÈE INTERDITE stand. Diese schienen von zwei Leuten – vielleicht Vater und Sohn – ignoriert worden zu sein, die dort am Ende eines ansonsten leeren Kais angelten. Ein junger, untersetzter frankoafrikanischer Mann mit misstrauischen Augen und einem wettergegerbten Gesicht saß auf einem dreibeinigen Schemel. Daneben stand eine Holzhütte, die als Sicherheitsbüro diente und eine Schranke hatte, um Autos auf das Dock vorzulassen. Er trug eine Uniform, die er wegen der Hitze aufgeknöpft hatte. An seinem Gürtel hing ein Walkie-Talkie. Ein uraltes Radio spielte Mistinguett. »*C'est mon gangster, De lui rien ne m'etonne…*«

Als der Citroën heranfuhr, erhob er sich von seinem Schemel, warf einen flüchtigen Blick auf Griffith und ging dann zu Bond herum. »*Vos papiers, monsieur*«, verlangte er. Bond hatte seinen Reisepass dabei und reichte ihn durch das Fenster. Der Mann überprüfte ihn eine gefühlte Ewigkeit, dann gab er ihn zurück, als hätte er von Anfang an kein Interesse daran gehabt. Zufrieden öffnete er die Schranke und ließ sie durchfahren.

»Das ist seltsam«, murmelte Bond, während sie weiterfuhren.

»Was?«

»Er wollte meinen Ausweis sehen, hat uns aber nicht gefragt, was wir hier wollen.«

Griffith dachte darüber nach. »Vielleicht ist es ihm egal.«

»Vielleicht weiß er es bereits.«

Der Mann war nicht zu seinem Schemel zurückgekehrt. Stattdessen ging er in die Hütte, nun mit mehr Tempo und Bestimmung. Er zog sein Walkie-Talkie vom Gürtel und drückte den Sendeknopf. Es folgte ein Rauschen, bevor er eine Verbindung hatte, doch niemand antwortete.

»Sie sind da«, sagte er auf Französisch mit italienischem Akzent. »Einer von ihnen ist Amerikaner. Der andere ist James Bond. Sie sind gerade durchgefahren.« Der Mann ließ das Walkie-Talkie sinken und kehrte zu seiner Musik zurück. Er wusste nicht einmal, mit wem er gesprochen hatte. Er hatte nur getan, was man ihm gesagt hatte.

Währenddessen fuhr der Citroën weiter durch den leeren Hafen, über eine flache Betonoberfläche, die eine Straße darstellen sollte, dann über einen Lagerplatz und über einen Anlegesteg. Es war unmöglich zu sagen, wo das eine aufhörte und das andere begann. Sie bleiben vor einer niedrigen Ziegelmauer stehen.

»Sind wir hier richtig?«, fragte Griffith.

»Ja«, sagte Bond. »Das ist es.«

Er hatte den Ort sofort erkannt: das Graffiti an der Mauer, das er bereits auf dem Foto gesehen hatte. Nun konnte er den ganzen Satz lesen. SOLIDARITÈ AUX MINEURS. Die Botschaft hatte etwas Hoffnungsloses an sich, als handle es sich um das Überbleibsel eines Kampfes, der bereits verloren war. Die Buchstaben, geschrieben in roter Farbe, verblassten bereits. Das Mauerwerk bröckelte ebenfalls, niedergestreckt von der unerbittlichen Sonne von Marseille. Bond sah sich um. Die beiden Angler – oder eher der Angler und der Junge – waren etwa sechs Meter vom Ende des Stegs entfernt. Der Junge trug ein Netzshirt und eine Mütze. Sein Gesicht war vor Öl und Schmutz ganz schwarz und seine Arme waren fast so dünn wie die Angel, die er hielt. Als Bond und Griffith vortraten, drehte er sich zu ihnen um. Sein Vater starrte weiter geradeaus, die Augen auf das reglose Wasser gerichtet. Er trug einen Bart und war in eine blaue Freizeitjacke und eine formlose Hose gekleidet. Sie hatten bereits ein paar silbrige Fische mit lila Streifen gefangen, die im Staub lagen und langsam grau wurden. Bond sah, dass der Junge sie anstarrte, doch er wusste, dass er zu weit weg war, um sie zu belauschen.

Er ging zum Rand des Stegs und blickte ins Wasser.

Dort war der Tote gefunden worden. Bond erinnerte sich an die Fotos: die ausgebreiteten Arme, die drei Einschusslöcher, das durch seine Zeit im Wasser aufgequollene Fleisch. Er versuchte, sich diese letzte Umarmung mit dem dunklen, trostlosen Meer vorzustellen. Waren seine Augen geschlossen gewesen, als er auf der Oberfläche aufgeschlagen war oder war dies sein letzter Anblick auf dieser Welt gewesen? Bond wusste, wie wahrscheinlich es war, dass er ebenfalls gewaltsam sterben würde. Es musste so kommen: der eine Fehler, der Augenblick, in dem er nicht aufpasste. Der Gedanke beunruhigte ihn nicht. Es hätte bereits passieren können, bei seiner Arbeit für den Geheimdienst oder ein Dutzend Mal während des Krieges. Er hatte sich an die Vorstellung gewöhnt und sich bewusst entschieden, mit der gleichen

Sorglosigkeit durch sein Leben zu gehen wie die kleine Kugel im Rouletterad, die unbekümmert ignorierte, dass sie eines Tages auf der Doppelnull landen würde.

Einen Unterschied gab es natürlich. Seit Bonds Beförderung hatten sich die Regeln verändert. Der Tod war nun sein Geschäft. Er war es, der das Rad drehte. Er überlegte, ob ihn das irgendwie mitverantwortlich machte an dem, was hier im Hafen geschehen war. Schließlich gab es keinen wirklichen Unterschied zwischen ihm und der Person, die dreimal den Abzug betätigt und damit das Leben des Mannes beendet hatte, den er nun ersetzte. Er erinnerte sich daran, wie M ihn bei ihrer ersten Besprechung angeknurrt hatte. »*Es war meine Entscheidung, einen Henker zu schicken. Keinen Anwalt.*« Das war, wozu er sich hatte machen lassen.

Wieder musste er an Larsen denken, wie er in seiner Wohnung in Stockholm im Bett lag. Was hatte der Mann wohl empfunden, als er gespürt hatte, wie sich das Messer in seinen Hals bohrte. Es mussten natürlich Schmerzen gewesen sein, aber nicht besonders schlimm, denn wahrer Schmerz kam erst mit der Genesung. Man musste eine Verletzung überleben, um sie zu fühlen. Also was dann? Vielleicht Traurigkeit, dass er seine Frau und die Kinder nie wiedersehen würde, Bedauern für das, was er während des Krieges getan hatte, oder einfach Wut darüber, dass dieser Henker aus London in sein Zuhause eingedrungen war und keine Gerechtigkeit, sondern Mord mit sich brachte.

Der Moment des Todes. Bond würde ihn eines Tages erleben und all seine Geheimnisse erfahren, doch jetzt, während er in das dunkle Wasser starrte, sah er nur sein eigenes Spiegelbild.

»Er kannte die Person, die ihn getötet hat«, sagte er.

»Wie können Sie sich da so sicher sein?«

»Er kam für ein Treffen her. Es gibt keinen anderen möglichen Grund. Hier ist nichts.« Bond deutete auf die beiden entfernt sitzenden Gestalten. Der Junge hatte sich wieder zu dem älteren Mann umgedreht und flüsterte ihm etwas zu. »Sehen Sie sich um. Er hatte jeden im Blick, der herkam. Wenn er gedacht hätte, dass er in Gefahr sei, hätte er etwas versucht. Zumindest hätte er sich umgedreht und wäre weggelaufen. Doch er wurde aus nächster Nähe in die Brust getroffen. Er stand einfach da und ließ es geschehen.«

»Sie haben recht, James. Aber da ist eine andere Sache, die ihn hergeführt haben könnte.« Griffith deutete auf ein Gebäude auf der anderen Seite des Wassers. Es handelte sich um ein Bürogebäude, sehr quadratisch und niedrig, mit drei Etagen und drei Fensterreihen im exakt gleichen Abstand. Aufgrund der Form des Hafenbeckens würde es mindestens zehn Minuten dauern, um es zu erreichen. An der Fassade über dem Eingang sah Bond zwei große silberne Buchstaben: FC. Das Metall war angelaufen, was sie weniger sichtbar machte. Darum war es ihm nicht vorher aufgefallen. »Ferrix Chimiques«, sagte Bond.

»Ganz genau. Wir befinden uns direkt vor ihrer Haustür. Ich halte das nicht für einen Zufall.«

»Wann ist unser Termin?«

»Um zwanzig vor eins.« Griffith warf einen Blick auf seine Armbanduhr. »Wir sollten langsam aufbrechen – außer Sie wollen sich noch etwas anderes ansehen.«

»Nein. Hier ist nichts.«

Sie kehrten zum Wagen zurück und stiegen ein.

Während sie davonfuhren, kamen der Angler und sein Sohn auf die Beine. Die beiden waren Korsen, doch die

Mutter des Jungen war Engländerin gewesen. Sie war vor ihrem vornehmen Leben in Buckinghamshire davongelaufen, um in einer der *caboulots* oder »Hostessenbars« in Ajaccio zu arbeiten. Sie war inzwischen tot. Mit sechs Jahren hatte er Meningitis bekommen, wodurch er zwar taub geworden, aber auch zu einer ungewöhnlichen Begabung gekommen war:

Er konnte in drei Sprachen Lippen lesen.

Nun wiederholte er alles, was Bond gesagt hatte. Der Vater nickte, tätschelte seinem Sohn den Kopf und ging zu einer Telefonzelle am Anfang des Kais. Sorgfältig wählte er eine Nummer und warf eine Münze ein. Wie der Wachmann am Eingang hatte er keine Ahnung, mit wem er sprach.

»Seine Name ist Jems. Er ist ein Freund des Engländers, der getötet wurde. Es sind zwei Männer und sie gehen jetzt zu der Chemiefabrik Ferrix.«

Es gab am anderen Ende der Leitung keine Dankesworte, doch der Mann hatte auch keine erwartet. Nur Schweigen, dann ein Klicken. Der Vater hängte auf, dann legte er den Arm um seinen Sohn. »*Ben battu, Paulu.*« Gut gemacht.

»*Ti rigraziu o bà.*«

Dann gingen sie gemeinsam davon und ließen die Angelruten und die beiden toten Fische zurück.

9

ABRECHNUNG

»Hier entlang, bitte.«

Die junge Frau, die zum Wartebereich gekommen war, um sie abzuholen, war schlank und hübsch, dachte Bond. Ihm gefiel ihr schüchternes Lächeln und die Art, wie sich ihr farbenfroher Bleistiftrock um ihre Kurven schmiegte. Wie alt sie wohl war? Wahrscheinlich Ende zwanzig, auch wenn ihre kobaltblauen Augen und die strohblonden Haare sie viel jünger aussehen ließen. Er konnte sich genau vorstellen, wie sie morgens aufwachte und sich für die Arbeit fertig machte. Sie hatte wahrscheinlich eine kleine Wohnung am Rand von Marseille, die sie sich mit einem anderen Mädchen teilte, und sie nahm alles sehr ernst, die Kleidung, das Make-up, die Schmuckauswahl. Doch eigentlich war das alles nur Theater. Was sie brauchte, war ein starker Mann, der sie in die hellen Lichter von Paris oder Amsterdam entführte. Sie mochte vorgeben, die bescheidene kleine Sekretärin zu sein. Bond hätte ihr gern gezeigt, dass sie viel mehr sein konnte.

Aber das würde heute nicht passieren. Er folgte ihr durch eine Tür in ein Büro, das sich über die ganze Länge des Gebäudes erstreckte. Die Schreibtische waren, wie die Fenster, in genau gleichem Abstand zueinander angeordnet. Die Beleuchtung war einheitlich und exakt platziert und an den Tischen saßen Männer und Frauen über Schreibmaschinen und Akten gebeugt. Er bemerkte, dass niemand aufsah, als sie vorbeigingen. Niemand sprach. Es handelte sich zwar um eine Firma, die Chemikalien importierte und vertrieb, aber dieser Ort hatte etwas fast Militärisches an sich.

Sie kamen auf der anderen Seite an und gingen über eine Treppe in den zweiten Stock hinauf. Sowohl Bond als auch Reade Griffith, der neben ihm ging, trugen trotz des heißen Tags Anzüge. Er hatte gehofft, dadurch wie der mittlere Angestellte eines einigermaßen erfolgreichen britischen Unternehmens auszusehen. Bond hatte sich schon einmal hinter der Fassade von Universal Export versteckt, einem langweiligen, fast nichtssagenden Namen, der gleichzeitig respektabel und vage klang. Es gab im Gebäude am Regent's Park sogar extra einen Telefonanschluss, an dem eine effiziente junge Frau potenzielle Nachfragen beantwortete und sogar anbot, den Anrufer zu »Mr Prothero aus der Verkaufsabteilung« durchzustellen – auch wenn dieses Angebot nur selten angenommen wurde.

Die junge Frau führte sie einen Korridor entlang in ein großes Büro, wo zwei Fenster einen Mann mit olivfarbener Haut einrahmten, der an einem Schreibtisch saß. Anfangs ignorierte Bond ihn und blickte stattdessen über seine Schultern durch die Fenster auf die ausgedehnte Verladerampe dahinter. Es herrschte rege Betriebsamkeit. Männer in Overalls brachten mithilfe von Gabelstaplern Kisten und Ölfässer in die offenen Lager, die das Gebäude auf drei Seiten umgaben. Dahinter erstreckten sich weitere Lager. Bond sah Warnschilder, die denen am Kai glichen.

AVERTISSEMENT – PERSONNEL AUTORISÉ SEULEMENT. DANGER! Anders als in den Docks wurde hier nicht gerade mit Wein und Käse Pause gemacht.

Er wandte seine Aufmerksamkeit dem Mann zu, der aufgestanden war, um sie zu begrüßen. Andria Mariani, der Geschäftsführer von Ferrix Chimiques, lächelte freundlich, obwohl sein schwarzes, streng zurückgekämmtes Haar, die schmalen Augen und die Adlernase ihm ein gleichzeitig kühles und verächtliches Aussehen verliehen. Sein grauer Anzug bot einen unschönen Hintergrund für eine weinrote Krawatte mit einem geschmacklosen Rautenmuster. Seine Bewegungen, während er auf sie zukam, hatten etwas Schmieriges an sich. Sein Handschlag war schwach und lustlos.

»Guten Morgen, Mr Plover. Und Sie sind Mr Howard, nehme ich an. Bitte setzen Sie sich doch. Kaffee?« Er hatte eine leise Stimme, der es dennoch gelang, der englischen Sprache Gewalt anzutun. Sein Akzent war weder französisch noch italienisch, er lag irgendwo dazwischen.

Bond und Griffith nahmen Platz. »Nein, danke, Mr Mariani«, sagte Griffith.

»Das wäre dann alles, Monique. Sie können gehen.«

Dann war ihr Name also Monique! Bond erinnerte sich an den Namen auf der Rückseite der Postkarte, die er in der Rue Foncet gefunden hatte. Plötzlich fügte sich alles zusammen und er wünschte, er hätte sie sich genauer oder zumindest professioneller angesehen, als sie Griffith und ihn begrüßt hatte. Doch sie war bereits durch die Tür verschwunden und schloss diese hinter sich.

Er zwang seine Aufmerksamkeit zurück zu dem Mann, der ihm gegenübersaß. »Es freut mich, Sie kennenzulernen, Mr Mariani«, sagte er. »Mein Agent, Mr Plover hier, wird Sie bereits darüber informiert haben, dass ich ein Unternehmen in London repräsentiere, das seine Geschäfte vor Kurzem auf die Landwirtschaft ausgedehnt hat. Wir haben ausgedehntes Ackerland im West Country, in Wales und in Irland erworben – hauptsächlich Obst und Gemüse und ein wenig Milchvieh – und wir benötigen größere Mengen Dünger und Insektizide. Ich gehe davon aus, dass dies Bereiche sind, in denen Sie operieren.«

»Mr Howard, wir operieren in jedem Bereich. Rohstoffe, Dünger, Medikamente, pharmazeutische Produkte.« Er verkündete jedes Wort, als hätte er es gerade im Lexikon entdeckt. »Was immer Sie wollen, wir können es für Sie auftreiben.«

»Importieren Sie aus den USA?«

»Aus China, Korea, Indien, Vietnam … viele unserer chemischen Produkte kommen aus Asien. Aber auch aus Amerika. Ja. Manchmal.«

»DDT?

»DDT, sicher. Aber wissen Sie, Mr Howard, es gibt inzwischen viel bessere Chemikalien. Günstiger und effektiver. Schon mal von Toxaphen gehört? Oder vielleicht Dieldrin?« Plötzlich wirkte er misstrauisch. »Kennen Sie diese Produkte?«

»Natürlich«, antwortete Bond gelassen. »Dieldrin ist ein organisches Chlorid. Ich glaube, es wird in Denver, Amerika, produziert.« Er seufzte entschuldigend. »Und das ist das Problem, Mr Mariani. Wie jeder andere in Großbritannien müssen wir uns an die Einfuhrquoten halten.« Er sah zu Griffith, wie um seine Zustimmung zu bekommen. »Es wäre sehr hilfreich für uns, wenn es irgendwie möglich wäre, das Herkunftsland zu verschleiern.«

Marianis dunkle Augen funkelten. »Mr Howard. Dies ist eine seriöse Firma. Wir werden nichts tun, was gegen die Vorschriften verstößt. Alles schwarz auf weiß.«

»Mein Freund wollte auch gar nichts anderes vorschlagen«, unterbrach Griffith. »Bitte bekommen Sie keinen falschen Eindruck, Mr Mariani. Tatsächlich ist uns die Dokumentation sehr wichtig …«

»Natürlich.« Bond nahm die Vorlage auf. »Mein Aufsichtsratsvorsitzender ist ein regelrechter Paragrafenreiter.«

»Ein was?«

»Er will, dass immer alles schriftlich festgehalten wird. Ich würde gern mal einen Blick in Ihre Buchhaltung und das Abrechnungssystem werfen. Ich nehme an, das machen Sie alles hier vor Ort?«

Mariani schien nicht alles verstanden zu haben, was Bond gesagt hatte, machte aber eine vage Handbewegung. »Die Buchhaltung ist eine Etage unter uns.«

»Haben Sie viele Kunden in London?«

Bond wechselte schnell das Thema, als wäre er jetzt gerade gar nicht am Grundriss des Gebäudes interessiert. Griffith übernahm und ging in Details bezüglich Mengen, Kosten, Zeiten, Exportlizenzen und der Logistik, Waren von Marseille in verschiedene Teile von Großbritannien zu liefern. Das Gespräch war so normal – so geschäftsmäßig –, dass Bond sich zu fragen begann, warum er so vorsichtig war. Die Rechnung, die er in der Rue Foncet gefunden hatte, befand sich in seiner Jacketttasche. Warum holte er sie nicht einfach heraus und zeigte sie dem Geschäftsführer? Würde Mariani ihm nicht einfach sagen, was er wissen wollte?

Und doch hatte Ferrix Chimiques auf irgendeine Art mit dem organisierten Verbrechen in Südfrankreich zu tun.

Die verblichene Kopie der Rechnung musste aus einem bestimmten Grund gestohlen worden sein, und der Mann, der sie gestohlen hatte, war nur fünf Minuten von dort, wo sie saßen, entfernt auf der anderen Seite des Hafenbeckens getötet worden. Mit seinem Aussehen und seinem gebrochenen Englisch war Mariani vielleicht nicht mehr als der kleine Geschäftsmann, der er zu sein schien, doch Bond konnte sich nicht darauf verlassen. Er wusste nun, wo sich die Rechnungsabteilung befand. Es gab andere Möglichkeiten, die Informationen zu bekommen, die er brauchte.

Das Gespräch war zu Ende. Mariani drückte einen Knopf auf seinem Telefon, stand dann auf und gab beiden Männern die Hand. Gleichzeitig wurde die Tür geöffnet und eine zweite Frau kam herein, um sie nach unten zu begleiten. Bond war verärgert, dass es nicht Monique war. Natürlich handelte es sich um einen weit verbreiteten Namen, doch er würde darauf wetten, dass es die gleiche Monique wie auf der Postkarte war, und er hatte auf eine Chance gehofft, mit ihr zu sprechen. Er fragte sich, ob ihn die Telefonnummer, die er gefunden hatte, mit diesem Büro verbinden würde. Nun, er würde später noch genug Zeit haben, das herauszufinden.

Er folgte Griffith aus dem Raum und zwei Treppen hinunter. Wieder bemerkte er die geordneten Aktivitäten um ihn herum. Sie erreichten den Haupteingang mit zwei Glastüren, die das Sonnenlicht in Schach hielten.

Bond blieb plötzlich stehen und klopfte die Seiten seines Jacketts ab. »Wie dumm von mir«, sagte er. »Ich habe meine Brille in Mr Marianis Büro liegen lassen.«

»Ich rufe für Sie oben an«, sagte die Frau. Sie war ungefähr im gleichen Alter wie Monique, jedoch strenger, mit einem betonten Mangel an Empathie. Dies war das erste Mal, dass sie gesprochen hatte.

»Nicht nötig. Ich laufe schnell wieder hoch.«

»Wir warten hier auf Sie.« Griffith verstand, was er vorhatte. Er trat vor die Frau, um zu verhindern, dass sie sich bewegte, während Bond zurück durch das Büro und die Stufen hinaufeilte, bevor sie protestieren konnte.

Er bewegte sich schnell und auch wenn er an ein paar Leuten vorbeikam, hatte niemand die Zeit oder die Geistesgegenwart, ihn aufzuhalten und zu fragen, wohin er wollte. Er erreichte die zweite Etage und fand sich in einem langen Korridor mit Vinylboden, Milchglasscheiben und etwa einem halben Dutzend schwarzer Türen zu beiden Seiten wieder. Er bemerkte einen roten Knopf – einen Feueralarm – an der Wand neben sich und ohne einen Moment des Zögerns schlug er mit der flachen Hand darauf. Sofort begann eine Alarmglocke hysterisch durchs ganze Gebäude zu schrillen. Es folgte eine kurze, erschrockene Pause. Dann strömten aus allen Türen Leute und kamen auf ihn zu. Sie sprachen nicht. Und sie schienen auch nicht besonders beunruhigt. Bond stand einfach nur da, während sie sich an ihm vorbei und die Treppe hinunterschoben. Er wartete, bis der Korridor leer war, dann eilte er weiter in die entgegengesetzte Richtung.

Niemand schien ihn bemerkt zu haben, doch die Sekretärin unten wusste, dass er nach oben gegangen war, und würde sich zusammenreimen können, was geschehen war. Allzu bald würde jemandem klar werden, dass es sich um einen Fehlalarm gehandelt hatte. Wie viel Zeit blieb Bond? Höchstens ein paar Minuten.

Er kam an einem leeren Raum vorbei, dann an einem weiteren. Egal wohin er sah, überall standen die gleichen

Möbel, die gleiche Ausstattung – Drehsessel und schlichte Holzschreibtische, Schreibmaschinen des Typs Quiet-Riter der Firma Remington, Gelenkleuchten, Ablagekörbe aus Drahtgestell – alles Merkmale der abstumpfenden Routine des Bürolebens. Er hörte, wie eine Schublade zugeknallt wurde, und ein junger Mann in einem weißen, kurzärmligen Hemd kam mit einem Stapel Unterlagen herausgerannt, die offenbar wichtig genug waren, um sie vor den Flammen zu retten. Bond entschied, das Risiko einzugehen, und packte ihn am Arm.

»*La département des comptes? C'est où?*«

Der Mann, der es sehr eilig hatte wegzukommen, deutete vage mit seinem Ellbogen. Der Alarm hallte immer noch durchs Gebäude. Bond fand die Tür, auf die gezeigt worden war, und ging hinein. Er wusste sofort, dass er am richtigen Ort war. Drei der Wände waren von Aktenschränken gesäumt – mindestens sechzig davon, alle in Schlachtschiffgrau und mit drei soliden Schubfächern. Es gab zwei Reihen Schreibtische, die sich von einem Ende zum anderen erstreckten, doch sie alle waren verlassen, die Ordner noch aufgeschlagen und überall verstreute Papiere. Bond hob eins an. Es hatte das gleiche Format wie die Durchschlagkopie, mit einer achtstelligen Nummer in der rechten oberen Ecke. Bond zog die Kopie aus seiner Tasche und prägte sich die Nummer ein. 82032150. Jetzt musste er nur noch das Original finden.

Er versuchte es in der erstbesten Schublade. Sie war verschlossen. Die Angestellten hatten doch in den dreißig Sekunden seit Beginn des Alarms bestimmt keine Zeit gehabt, alles zu sichern? Er versuchte es bei einer anderen und diese öffnete sich. In ihr befanden sich mehrere Hundert

Dokumente, in Hängeregistern gebündelt. Er ignorierte die geschriebenen Details und überprüfte die Nummern. Erleichtert stellte er fest, dass sie in numerischer Reihenfolge sortiert waren, statt nach Firmennamen. Dieser Satz lief von 00120206 bis 00135555. Er warf einen Blick auf das Datum und sah, dass sie vier Jahre alt waren. Das ergab Sinn. Die Durchschlagkopie gehörte zu einer viel aktuelleren Transaktion.

Er eilte durch den Raum und zog mehrere weitere Schubladen auf, bevor er fand, was er gesucht hatte. Es war ein Haufen Rechnungen, etwa sieben oder acht, die alle zur gleichen Zeit und auf den gleichen Kunden ausgestellt worden waren. Die Firma wurde nicht genannt, hatte jedoch die Initialen W. E. Sie hatte eine Reihe verschiedener Chemikalien erworben, unter anderem Kaliumiodid, Salpetersäure, Natriumhydrogensulfat und Gelatine. Er sah über seine Schulter. Er war allein im Raum. Schnell ging er die Seiten durch, bis er diejenige gefunden hatte, die er suchte. Er zog sie heraus. Die Rechnung bezog sich auf eine Lieferung einer Substanz namens Essigsäureanhydrid (Bond fiel auf, dass alle Chemikalien auf Englisch aufgelistet waren) und war vor neun Wochen auf W. E. ausgestellt worden. Er faltete das Blatt und steckte es sich in die Tasche. Mit so vielen Tausend Rechnungen im Raum war es äußerst unwahrscheinlich, dass es jemandem auffallen würde, und es spielte auch kaum eine Rolle, wenn doch. Man würde es für einen Ablagefehler halten. Niemand würde wissen, dass er hier gewesen war.

Er schob die Schublade zu und in genau diesem Moment hörte der Alarm auf. Nach dem Hämmern der Glocke wirkte das nachfolgende Schweigen dramatisch und das Büro fühlte sich ohne Mitarbeiter darin fremd und verlassen an. Als sich Bond aufrichtete und umdrehte, sah er plötzlich eine Frau in der Tür stehen, die ihn anstarrte. Sie hätte die Mutter der jungen Sekretärin sein können, die ihn nach unten begleitet hatte, eine typische französische Matrone mit schlechter Haut und riesigen Brüsten. Die Haare hatte sie zu einem strengen Knoten frisiert und sogar eine Hornbrille hing ihr an einer Kette um den Hals. Sie war komplett in Schwarz gekleidet und sah ihn voller Abscheu an, als wäre sie die strenge Direktorin einer Privatschule und er ein Junge, der gerade in den Kiosk eingebrochen war.

»Was machen Sie hier?«, fragte sie.

»Ich suche nach Mr Marianis Büro«, antwortete Bond unschuldig. »Ich habe dort meine Lesebrille liegen lassen.«

»Dies ist kein Büro. Sondern die Buchhaltung.«

»Ich weiß. Das sehe ich selbst. Ich wollte gerade gehen.« Bond lächelte sie an. »Ich hoffe, es gibt kein Feuer oder so etwas. Warum ging denn der Alarm los?«

»Es war eine Fehlfunktion. Ich werde Sie jetzt zum Ausgang bringen.«

»Vielen Dank. Wir können Mr Mariani vom Empfang aus anrufen. Das war sehr ungeschickt von mir. Ich verstehe überhaupt nicht, wie ich sie vergessen konnte.«

»Bitte kommen Sie jetzt mit.«

Sie führte ihn aus dem Raum. Die Mitarbeiter waren noch nicht wieder zurückgekehrt und das Gebäude war noch ziemlich leer. Bond folgte der Frau ohne ein weiteres Wort, den Blick starr auf die in dicke, schwarze Strümpfe gehüllten Beine gerichtet, die ihn an einen Konzertflügel erinnerten.

»Hier entlang«, sagte sie, als sie eine Doppeltür erreicht hatten.

Und in diesem Moment kamen Bond drei Gedanken in den Sinn. Der erste lautete, dass es sich nicht um den Weg handelte, den er gekommen war. Die Frau hatte ihn tiefer ins Gebäude geführt, weg von der Treppe. Der zweite war, dass er sie abgetan hatte, weil sie beleibt und älter war und damit auf keinen Fall eine Bedrohung für ihn darstellen konnte. Doch auch wenn sie beide sich niemals begegnet waren und noch kein einziges Wort miteinander gewechselt hatten, hatte sie ihn auf Englisch angesprochen, nicht auf Französisch. Sie wusste, woher er kam, was wahrscheinlich auch bedeutete, dass sie wusste, *wer* er war.

Sie waren nicht länger allein. Der dritte Gedanke kam zu spät, um noch zu reagieren. Aus der Doppeltür hinter ihm war ein Mann getreten. Er hörte einen Schritt auf dem Holzboden und wollte sich gerade umdrehen, als etwas aus dem Augenwinkel auf ihn zuraste. Er spürte, wie es ihn hart am Kopf traf und auf die Frau zutrieb. Der schwarze Stoff ihrer Jacke und ihres Kleides wurden zu einer ganzen Welt der Schwärze, in die Bond stürzte und sein Bewusstsein weit hinter sich ließ.

10

FEUERPROBE

Als Bond wieder zu sich kam, stellte er fest, dass er geknebelt auf einem Stuhl saß. Seine Hände waren auf dem Rücken gefesselt, nicht mit einer Schnur, sondern mit einer Art Metalldraht, der ihm ins Fleisch schnitt. Er konnte sich keinen Millimeter rühren. Seine Finger waren bereits taub. Seine Knöchel waren ebenfalls an den Beinen des soliden Holzstuhls fixiert, auf den er gesetzt worden war. Sein Kopf pochte vor Schmerz und er konnte Blut schmecken, doch soweit er sagen konnte, war er nicht schwer verletzt. Sein Angreifer musste einen Lederknüppel oder Totschläger benutzt haben, eine Waffe, die in einigen Teilen der USA immer noch von Polizisten getragen wurde. Seine Selbstachtung hatte einen größeren Schaden davongetragen. Er wartete noch ein paar Sekunden, bis er sicher war, dass er allein war. Dann hob er langsam den Kopf und sah sich um. Er musste in eins der Lager gebracht worden sein, die er vom Büro aus gesehen hatte – irgendwo am Rand des Hauptkomplexes, fernab von Zeugen. Auf beiden Seiten des Raums waren Regale mit Dutzenden ordentlich aufgereihter Glasbehälter, Kartons und unterschiedlich großer Pakete. Er konnte keine

Türen oder Fenster sehen und nahm an, dass der einzige Weg hinein hinter ihm liegen musste. Über ihm baumelte eine Reihe nackter Glühbirnen und warf ein trübes, gelbliches Licht auf den Betonboden. Bond versuchte, sich in seinen Drahtfesseln ein wenig Bewegungsspielraum zu verschaffen, doch das bereitete ihm nur unnötige Schmerzen. Er untersuchte die Produkte, die ihn umgaben. Die Flaschen hatten Etiketten, die ihren Inhalt nur über ihre chemischen Formeln identifizierte; HNO_3, H_2SO_4, Al_2S_3 und so weiter. Es war offensichtlich, dass dieser Bereich der Anlage nicht Teil des täglichen Betriebsablaufs war. Die Schrift auf den Etiketten war verblasst. Alles war von einer Staubschicht bedeckt.

Er hörte ein lautes Knirschen, das Geräusch von Metall auf Metall, und irgendwo in seinem Augenwinkel wurde eine Tür geöffnet. Dem folgten Schritte auf Beton. Die Tür schlug mit einem hallenden Krachen wieder zu und als er sich umdrehte, sah er vier Männer auf ihn zukommen. Sie ließen sich Zeit. Sie wussten, dass er hilflos war, und der bloße Gedanke drehte ihm den Magen um. Er rief sich ins Gedächtnis, dass er sich in einem der größten Industriehäfen der Welt befand und außerdem helllichter Tag war. Es mussten gerade mindestens hundert Leute für Ferrix Chimiques arbeiten und mit Sicherheit hatten auch ein paar von ihnen gesehen, wie er hergebracht worden war. Das waren ganz normale französische Männer und Frauen und ganz egal wie viel Angst sie vor Mariani, oder wer auch immer sonst dahintersteckte, hatten, sie würden trotzdem reden. Das musste schon ein außergewöhnlicher Mann sein, der sich auf ihr absolutes Schweigen verließ.

Dieser Mann stand nun vor ihm.

Bond erkannte Jean-Paul Scipio von den Fotos, die er in London und Nizza gesehen hatte. Und wie konnte er auch nicht? Scipio musste der am leichtesten erkennbare Mann Frankreichs sein. Doch die Fotos wurden ihm nicht gerecht. Die tatsächliche Erscheinung des Mannes – der Raum, den er einnahm – war atemberaubend. Es schien unglaublich, dass er sich überhaupt bewegen konnte, dass irgendwo in dieser Fleischexplosion ein echtes, funktionierendes Skelett stecken sollte. Er trug den gleichen dreireihigen Anzug, den er schon im La Caravelle angehabt hatte, doch nun kam es Bond so vor, als würden die mit unzähligen Knöpfen versehene Weste und der Gürtel eine weitere Funktion erfüllen: Sie hielten die monströsen Teile zusammen. Er hatte sich Zeit gelassen, das Lager zu durchqueren, trotzdem schnaufte er vor Anstrengung und stützte sich auf einen Jagdstock. Als er vor Bond stand, klappte er ihn auseinander und ließ sich darauf nieder, bis die Sitzfläche unter den weichen, obszönen Kurven seines Gesäßes verschwunden war. Er legte seine Hände auf den Bauch und Bond sah, dass er eine Ansammlung von Ringen trug, einige aus Gold, andere aus Silber, wieder andere mit kostbaren Edelsteinen besetzt, einer an fast jedem Finger. Wie er mit gespreizten Beinen so dahockte, sah er aus wie ein Kannibalenkönig, der gerade seinen ganzen Hofstaat verspeist hatte.

Bond starrte in das Gesicht, das ihn auf seltsame Weise an das eines Babys erinnerte. Es war vollkommen haarlos, abgesehen von zwei Kommas, die seine Augenbrauen darstellten. Scipio war mit ziemlicher Sicherheit kahl. Von Nahem sah die Perücke noch weniger überzeugend aus als auf den Fotos. Schwarz und glänzend saß sie ein wenig schief auf seinem Schädel, als hätte er sie im Dunkeln aufgesetzt. Er hatte sehr kleine, hellblaue Augen, die angestrengt über seine dicken Hamsterbacken hinwegschauten, und einen gespitzten runden Mund mit wulstigen Lippen. Als er seinen riesigen, an einen Fußball erinnernden Kopf bewegte, bemerkte Bond vergraben in einer der vielen Hautfalten eine dunkelviolette Linie, die sich um seinen ganzen Hals erstreckte. Das musste die Narbe sein, die er zurückbehalten hatte, als man ihm mit zehn Jahren die Kehle durchgeschnitten hatte.

Hinter ihm stand ein zweiter Mann und auch diesen erkannte Bond von dem in der Bar aufgenommenen Foto. Dies war Scipios Dolmetscher. Er war dünn und ebenfalls glatzköpfig, hatte aber keine Angst, es zu zeigen. Sein Kopf sah aus, als hätte man ihn aus weißem Marmor gemeißelt und dann poliert. Sein Gesicht wurde von einer Brille dominiert, die aus zwei glänzenden, runden, mit Draht miteinander verbundenen Gläsern bestand. Seine Nase war schmal und seine Mundwinkel nach unten gezogen, was ihm einen dauerhaft missbilligenden Ausdruck verlieh. Er trug einen Anzug mit schmaler Krawatte und auf Hochglanz polierte Schuhe. Es war unmöglich zu sagen, ob er älter oder jünger als Scipio war. Das Alter der beiden Männer war unbestimmbar. Er war vollkommen ausdruckslos. Er sah Bond zwar an, schien ihn jedoch kaum zu bemerken, als hätte er sich angewöhnt, sich nicht zu sehr in die Umstände verwickeln zu lassen, in denen er sich wiederfand.

Und die beiden anderen Männer? Sie trugen schwarze Jacken und Stoffhosen. Einer hatte eine gebrochene Nase, die sein ohnehin hässliches Gesicht noch stärker verunstaltete. Bond kannte Typen wie sie. Sie hatten den gelangweilten Gesichtsausdruck bezahlter Schläger und er vermutete, dass es einer von ihnen gewesen sein musste, der ihn mit dem

Knüppel niedergeschlagen hatte. Sie konnten ihn verletzen, töten oder seine Fesseln lösen und ihn gehen lassen. Für sie machte das keinen Unterschied. Sie taten nur, was man ihnen sagte. Einer von ihnen trat vor und zog Bond den Knebel aus dem Mund. Bond atmete dankbar ein, sagte aber nichts.

»*Bon dopu mezziornu, Mr Bond*«, sagte Scipio.

»Guten Tag, Mr Bond«, begann der Dolmetscher.

»*Sò quale vo site è perche site qui.*«

»Ich weiß, wer Sie sind und warum Sie hier sind.«

Bond sah den beiden mit einer gewissen Faszination zu. Scipios Stimme war heiser und hoch, vielleicht ein weiteres Resultat seiner Kindheitsverletzung. Es war gut möglich, dass seine Stimmbänder durch die Schnittwunde, die seine Lymphdrüsen zerstört hatte, ebenfalls in Mitleidenschaft gezogen worden waren. Die Art, wie er sprach, hatte etwas Gezwungenes und Extravagantes an sich. Dies war ein Mann, der in einer Welt von Vendettas und Dramen aufgewachsen war, und er schien seine Rolle darin zu genießen, besonders wenn er wie jetzt ein wortwörtlich gefesseltes Publikum hatte.

Doch das alles war vergebene Liebesmüh. Der Dolmetscher machte nur seine Arbeit und kommunizierte auf eine ausdruckslose, sachliche Art. Scipio mochte seinen Feinden mit Folter und Tod drohen, doch der Dolmetscher würde die Worte weitergeben, als würde es sich um den Wetterbericht handeln. Die beiden sprachen fast gleichzeitig, als würden sie miteinander im Wettstreit stehen. Doch ob er das beabsichtigte oder nicht, untergrub der Dolmetscher seinen Herrn. Seine Stimme war die der Vernunft. Er drohte nicht. Er erklärte nur.

»Sie sind James Bond, 007, vom britischen Geheimdienst«, fuhr der Dolmetscher fort. Sein Englisch war perfekt, aber er musste seine Sätze ständig an die Worte des anderen anpassen und setzte gelegentlich neu an, um das richtige Wort zu finden. »Es war ein Fehler … ein großer Fehler von Ihnen, hier nach Südfrankreich zu kommen. Ein Freund von Ihnen kam ebenfalls her und hat versucht, sich in Mr Scipios … Geschäftsangelegenheiten einzumischen. Er musste den Preis dafür zahlen. Verstehen Ihre Arbeitgeber nicht … haben sie immer noch nicht verstanden … dass sie hier nichts zu suchen haben? Ich habe kein Interesse an Ihrem Land. Es ist mir nicht mal für eine Sekunde in den Sinn gekommen. Aber das ist typisch für die Arroganz der Briten. Sie sind eine kleine Insel mit schlechtem Wetter und schlechtem Essen, halten sich aber für die Herrscher der Welt. Sie bemerken einfach nicht, dass Sie immer unwichtiger werden, und ohne Ihre geografische Lage und Ihre Freundschaft … Ihre Verbindung mit Europa wären Sie bereits vollkommen in der Versenkung verschwunden.«

Scipio machte eine Pause und fuhr mit der Zungenspitze über seine Lippen. Bond sah zu, wie sich das obszöne, feuchte Ding von einer Seite zur anderen bewegte. Der Dolmetscher starrte ihn an. Die Glasmonde seiner Brille schimmerten schwach im trüben elektrischen Licht. »*Perchè vanu mandatu qui?*«

»Warum hat man Sie hergeschickt? Habe ich nicht deutlich gemacht, dass ich alle … dass ich hier in Marseille die absolute Kontrolle habe – über den Hafen, die Stadt, die Polizei, das Rechtssystem? Alles gehört mir!« Er breitete seine Hände aus, wie um seine Worte zu unterstreichen. »Ich empfinde Ihre Anwesenheit hier als Impertinenz. Sie wollen mit den großen Jungs spielen, Mr Bond, obwohl Sie nicht eingeladen wurden. Ich bin sehr beschäftigt. Es gibt viele andere Dinge, die ich mit meiner Zeit machen könnte, aber offenbar muss ich London eine zweite Botschaft schicken, eine Warnung, mir nicht in die Quere zu kommen. Und dieses Mal werde ich dafür sorgen, dass sie auf mich hören.

Sie werden der Übermittler sein … Sie werden die Botschaft übermitteln. Ich könnte Sie hier … ich könnte Sie gleich hier auf vielerlei Arten töten. Ich muss nur den Befehl dazu geben. Aber manchmal, Mr Bond, gibt es Dinge, die schlimmer sind als der Tod. Dies ist … Das werden Sie gleich feststellen.«

Selbst das Sprechen war für Scipio anstrengend und er hielt inne, um wieder zu Atem zu kommen. Bond fragte sich, wie sein Herz es überhaupt aushielt, unter all diesem Gewicht Blut durch Arterien zu schicken, die dem eigentlich gar nicht mehr gewachsen sein dürften.

Er wählte diesen Moment, um zu antworten. »Wir wissen, wer Sie sind, Mr Scipio«, sagte er. »Wir wissen von Ihren Geschäften hier in Marseille, aber es mag Sie überraschen zu erfahren, dass wir nicht an Ihnen interessiert sind. Trotz Ihrem Getöse sind Sie nicht mehr als ein kleiner Ganove. Ich bin aus anderen Gründen hier. Und ich sollte Sie warnen, dass alles, was Sie mir antun, zehnfach auf Sie zurückfallen wird. Sie sollten vernünftig sein, mich gehen lassen und so tun, als hätten wir uns niemals getroffen. Tatsächlich würde ich vorschlagen, dass Sie abhauen und sich verstecken, solange Sie noch können, was angesichts Ihrer Breite wohl nicht so einfach sein dürfte.

Was Ihre Bemerkungen über mein Land angeht, so wären Sie nicht der erste Psychopath, der uns unterschätzt. Der letzte hat sich in einem Bunker in Berlin das Gehirn weggeblasen. Seine Henker haben wir alle aufgeknüpft. Sie sind ein sehr großer Mann, aber im Vergleich mit ihm sind Sie ein kleiner Fisch. Ich an Ihrer Stelle würde mich zurückziehen, solange Sie noch die Gelegenheit haben.«

Der Dolmetscher war zuerst überrascht gewesen, doch dann hatte er schnell damit begonnen, die Worte ins Korsische zu übersetzen, und zwar auf die gleiche monotone Weise wie zuvor, sodass sie ihr Gift und ihre Verachtung verloren hatten, als sie Scipios Ohren erreichten.

Scipio wartete, bis sein Dolmetscher fertig war, dann begann er erneut.

»Mutig gesprochen, Mr Bond. Ich habe Respekt für Sie. In meinem Land … in meinem ursprünglichen Land erwarten wir von unseren Feinden, dass sie mutig sind. Mut ist genau wie Hass der Antrieb der Vendetta. Also, wir werden nun … wir werden das alles nun auf die Probe stellen. Ich werde Sie als veränderten Mann zurück zu Ihren Herren schicken. Ich werde Ihnen eine Lektion erteilen, die Sie nicht vergessen werden. Sie sind ein junger Mann und wurden, wie ich gehört habe, erst vor Kurzem in die Doppelnullabteilung befördert. Vielleicht werden Sie hiernach entscheiden, dass Sie den falschen Beruf gewählt haben. Carlo, Simone … *Appruntà ellu*!«

Diese letzten Worte waren nicht an Bond gerichtet, sondern an die zwei Männer, die während des ganzen Gesprächs stumm hinter Scipio gestanden hatten. Sofort setzten sie sich in Bewegung. Bond spannte sich automatisch an und seine Hände zerrten an den Drähten. Es war nutzlos. Er konnte nur hilflos zusehen, wie einer der beiden Männer zu den Regalen ging und ein Paar dicke Gummihandschuhe überstreifte. Sobald sie richtig saßen, griff er nach einem schweren Glascontainer mit einer transparenten Flüssigkeit darin. Währenddessen beugte sich sein Kollege über Bond und zog ihm die Jacke von den Schultern. Dann riss er mit beiden Händen Bonds Hemd auf, sodass Brust und Bauch frei lagen. Bond sah mit unruhiger Faszination zu, wie der erste Mann das Gefäß zu Scipio brachte.

»Chlorwasserstoffsäure.« Scipio las die Worte auf Englisch und der Dolmetscher wiederholte es, bevor sie in ihren jeweiligen Sprachen fortfuhren. »Auch als Salzsäure bekannt. Eins der Wunder des menschlichen Körpers besteht darin, dass wir viele … hohe Mengen von Salzsäure in unserem Verdauungstrakt erzeugen, obwohl es uns großen Schaden zufügen kann. Wie viel Schaden, werden Sie jetzt herausfinden, Mr Bond. Doch zuerst möchte ich ihnen zeigen … eine Demonstration geben.«

Er nickte und der Mann mit den Gummihandschuhen stellte das Gefäß ab und öffnete es. Dabei achtete er darauf, nicht die Dämpfe einzuatmen. Der zweite Mann zog einen Metalltisch über den Boden und stellte ihn direkt vor Bond. Dann ging er zu den Regalen, wählte ein leeres Glasgefäß aus und positionierte es sorgfältig in der Mitte des Tischs. Äußerst vorsichtig füllte der erste Mann etwa einen Liter von der Flüssigkeit um. Bond konnte von dort, wo er saß, die Chemikalie riechen, und seine Augen begannen zu brennen. Als das Gefäß voll war, schraubte er den Deckel wieder auf das Gefäß und trug es weg. Bond hatte eine ziemlich genaue Vorstellung davon, was sie vorhatten. Er konnte spüren, wie sein Körper rebellierte, während seine Urinstinkte übernahmen. Die Angst regte seine Fantasie an und beide erschütterten sein ganzes Wesen.

»Zeigt es ihm!«, befahl Scipio.

Der Mann mit den Gummihandschuhen kippte das Gefäß so weit, dass etwas von der Flüssigkeit auf den Tisch tropfte.

Als sie mit der Metalloberfläche in Berührung kam, war ein wütendes Zischen zu hören und weißer Rauch stieg auf. Das Metall blubberte und veränderte seine Farbe, während es von der Säure weggefressen wurde. Bond musste würgen. Einen Moment lang sah er nichts mehr, hörte jedoch weiterhin der Säure bei ihrer Arbeit zu. Scipio und der Dolmetscher sahen schweigend zu. Schließlich war die Demonstration vorüber. Die Tischoberfläche war mit Löchern übersät und das Metall hässlich verbogen. Etwas von der Säure war auf den Boden getropft und nun war auch dieser am Zischen und Brodeln. Bond stieg der chemische Gestank in Nase und Kehle. Er versuchte, nicht daran zu denken, was kommen würde, doch innerlich schrie er vor Entsetzen.

»Ich bin sicher, dass Sie ein Mann mit Vorstellungskraft sind«, sagte Scipio. »Sie werden heute nicht sterben, Mr Bond, aber ich will, dass Sie sich vorstellen, dass Sie blind und entstellt nach London zurückkehren. Ihre Freunde und Kollegen werden Sie nicht mehr wiedererkennen. Sie werden keine Haare mehr haben. Ihre Lippen und Nase … weggeätzt. Es wird Ihnen nicht mehr möglich sein, in Ihrem derzeitigen Beruf zu arbeiten. Tatsächlich wird es nirgendwo im Geheimdienst einen Platz für Sie geben. Wie können Sie verdeckt ermitteln, wenn Sie wie ein Monster aussehen? Sie werden sich zur Ruhe setzen und den Rest Ihres Lebens in einer Art Heim verbringen, auch wenn ich verstehe … wenn man mir gesagt hat, dass der Schmerz niemals ganz nachlassen wird. Um ehrlich zu sein, macht es mich traurig, Ihnen das anzutun. Sie sind ein sehr attraktiver Mann. Ich bewundere gutes Aussehen, besonders in seiner maskulinen Form. Aber wie ich erklärt habe … wie ich bereits sagte, muss ich eine Botschaft senden. Erinnern Sie sich an das, was ich gesagt habe. Dies ist mein Herrschaftsbereich und Sie und Ihre Leute müssen lernen, sich fernzuhalten.«

Scipio kam auf die Beine und klappte seinen Jagdstock zusammen.

»Warten Sie!«, keuchte Bond.

Scipio antwortete nicht, sondern nickte nur.

Der Handlanger mit den Gummihandschuhen schüttete den gesamten Inhalt des Gefäßes in Bonds Gesicht.

Bond schrie auf. Er spürte, wie die entsetzliche Flüssigkeit, bei der ersten Berührung eiskalt, auf seine Haare, sein Gesicht, seine Augen, seine nackte Brust und seine Schultern spritzte. Gleichzeitig zuckte er so heftig zurück, dass der Stuhl nach hinten kippte und er zu Boden stürzte. Die Säure brannte sich in ihn, löste seine Haare auf, seine Haut, das Fleisch darunter. Seine Brust und sein Bauch standen in Flammen. Etwas von der Flüssigkeit war auch in seinen Schritt gesickert und machte sich dort an die Arbeit. Er war blind. Er konnte spüren, wie seine Augäpfel in ihren Höhlen zusammenschrumpelten. Er schrie immer weiter. Er wurde von Feuer verzehrt. Er war ...

... allein.

Scipio war fort. Seine Männer waren mit ihm verschwunden. Bond lag auf dem Rücken, die Arme unter seinem eigenen Gewicht und dem des Stuhls gefangen, die Beine über sich abgewinkelt. Er war mit der Flüssigkeit bedeckt und um seine Schultern herum hatte sich eine Pfütze gebildet, doch der Schmerz, den er empfand, konzentrierte sich jetzt ganz in seinem Hinterkopf, dort, wo er auf den Boden aufgeschlagen war. Und nirgendwo sonst. Er war tropfnass, vor Schreck halb wahnsinnig, doch er wurde nicht verätzt. Seine Sicht war wieder klar. Er konnte sehen.

Es war keine Salzsäure gewesen.

Bond hatte die schlimmstmöglichen Qualen durchgemacht, die er sich vorstellen konnte, doch nun verstand er, dass es, wie Scipio ihm gesagt hatte, nur seine Vorstellungskraft gewesen war. Irgendwann während der Präsentation, vielleicht als er von den Dämpfen überwältigt gewesen war, hatten sie das Gefäß ausgetauscht und es durch eins mit Eiswasser ersetzt, das ihm ins Gesicht geschüttet worden war. Den Rest hatte sich Bond selbst angetan, und selbst jetzt, nachdem er die Wahrheit kannte, konnte er immer noch spüren, wie sein ganzer Körper unter dem Schock arbeitete. Sein Herz schlug doppelt so schnell wie normal. Das plötzliche Trauma hätte einen älteren Mann töten können.

Es war eine perfekt durchgeführte Lektion in Sachen Terror und absoluter Macht gewesen.

Später, viel später hörte er, wie die Tür scharrend geöffnet wurde. Ein Mann eilte herein. Bond lag immer noch dem Rücken, die Hände hinter sich gefesselt, die Beine über dem Kopf.

»James?« Es war Reade Griffith. Der CIA-Mann stürmte zu ihm. »Mein Gott! Was ist mit Ihnen passiert? Ich habe überall auf dem Gelände nach Ihnen gesucht. Man hat mir gesagt, Sie hätten einen anderen Ausgang genommen, aber das habe ich denen natürlich nicht abgekauft. Was hat man mit Ihnen gemacht? Sind Sie okay?«

»Scipio …« Zu seiner Überraschung war Bond kaum in der Lage zu sprechen. Ihm stockte der Atem. Es war, als wäre sein ganzer Körper absichtlich heruntergefahren.

»Er war hier?« Griffith packte den Stuhl an der Rückenlehne und stellte ihn mitsamt Bond wieder auf. Bonds Hemd stand offen. Die Knöpfe waren abgerissen. »Ich muss eine

Drahtschere suchen. Ihre Handgelenke bluten. Warten Sie kurz. Ich bin gleich zurück.«

Bond schloss die Augen und versuchte, sich dazu zu zwingen, sich zu beruhigen. Er wusste, dass er nur knapp entkommen war. Aus irgendeinem Grund hatte Scipio entschieden, ihm nicht mehr als eine Warnung zu erteilen. Aber was für eine! Bond musste die kaltblütige Brillanz des Ganzen bewundern. Es war eine Demonstration absoluten Selbstvertrauens gewesen. Und was hatte er mit gutem Aussehen »in seiner maskulinen Form« gemeint? Bond schob den Gedanken beiseite. Er wusste, dass es in dieser neuen Welt, in der er nun lebte, absolut lebenswichtig war, seinen Gegnern gegenüber im Vorteil zu sein. Wenn er nicht selbst davon überzeugt war, dass er stärker war als sie, würde er sie niemals schlagen.

Dieser Vorteil war ihm gnadenlos entrissen worden. Und während Bond gefesselt dasaß, bis auf die Knochen durchnässt, fragte er sich, ob er ihn jemals zurückerlangen würde.

11

SHAME LADY

Später an diesem Tag fühlte sich Bond nach einer siedend heißen Dusche und einem Glas Haig & Haig schon wieder viel besser. Seine Handgelenke taten immer noch weh und er hatte daran gedacht, die Schnitte mit einer Tube Smith's Cream zu behandeln, die er in seinem Kulturbeutel hatte. Doch er wollte nicht rausgehen und nach Apotheke riechen. Stattdessen trocknete er sich ab, zog sich an und legte an beiden Handgelenken Bandagen an, die er dann unter den Manschetten seines elfenbeinweißen Hemds verbarg. Das würde reichen müssen. Er hatte immer noch dumpf pochende Kopfschmerzen, doch darum würde sich der Whisky kümmern. Als er das Schlafzimmer verließ, erwischte er sich dabei, wie er einen Blick in den Spiegel warf und die blaugrünen Augen, seine Kinnpartie und die Narbe an seiner rechten Wange betrachtete, die er inzwischen als wesentlichen Bestandteil seines Wesens angenommen hatte. Ein paar Stunden zuvor hätte ihm das alles genommen werden können.

Während er sich das Spiegelbild vorstellte, das sich ihm hätte bieten können, wenn Scipio seine Drohung in die Tat umgesetzt hätte, fiel ihm auf, dass er zwar oft über Leben und Tod nachdachte, es aber vermied, sich mit den unzähligen Möglichkeiten dazwischen zu beschäftigen. Was wäre ihm lieber? Sofort zu sterben oder die nächsten dreißig Jahre entstellt und mit Schmerzen zu leben? Genau den gleichen Gedanken hatte er ein- oder zweimal während des Krieges gehabt. Die tapfersten Männer waren nicht zwingend die gewesen, die getötet worden waren, sondern jene, die bis zum Ende ihres Lebens mit dem, was von ihnen geblieben war, zurechtkommen mussten.

Er schaltete das Licht aus und ging in die Royal Lounge hinunter, wo Reade Griffith auf ihn wartete und zu dem spektakulären Kronleuchter aufsah, der angeblich von Zar Nicholas II. in Auftrag gegeben, der aber nicht mehr rechtzeitig vor dem Beginn der Russischen Revolution geliefert worden war. »Wie ich sehe, hat man Sie stilvoll untergebracht«, sagte er, als Bond ihm gegenüber Platz nahm. »Ich habe Bourbon on the rocks bestellt. Ich hoffe, das ist okay.«

»Bourbon ist gut«, erwiderte Bond.

Ein Kellner brachte die Drinks und Bond zündete sich eine Zigarette an. Am anderen Ende des Raums saß ein Mann im Anzug an einem Piano und spielte »Some Enchanted Evening«. Es war typische Hotelmusik, die den Raum erfüllte, ohne tatsächlich irgendjemanden zu unterhalten.

»Und wie fühlen Sie sich?«

Bond nickte. »Okay.«

»Sie wollen immer noch zu der Party?«

Er hätte nicht fragen müssen. Abgesehen von dem Seidenhemd trug Bond einen mitternachtsblauen Einreiher mit Umschlagmanschetten, eine anthrazitfarbene Grenadine-Krawatte und schwarze Mokassins. Er wirkte vollkommen entspannt und hatte die Beine übereinandergeschlagen. Er hob sein Glas und die beiden Männer tranken.

Auch wenn sie es nicht aussprachen, waren sie beide von den Ergebnissen ihres Besuchs bei Ferrix Cimiques enttäuscht. W. E., die Initialen auf der Rechnung, standen für Wolfe Europe, eine Tochterfirma von Wolfe America, des Unternehmens, von dem Bond in London gehört hatte. Auf den ersten Blick war dies eine wichtige Entwicklung. Das Import-Export-Geschäft mit Chemikalien stand eindeutig in Verbindung mit Jean-Paul Scipio und dem korsischen Syndikat. Vielleicht gehörte es ihm sogar. Und wie es schien, hatte Bond eine Verbindung zu Irwin Wolfe gefunden.

Doch Reade Griffith hatte die Chemieanlage überprüft, die Wolfe Europe erworben hatte, und es gab eine vollkommen einfache Erklärung dafür. Essigsäureanhydrid wurde benutzt, um aus Cellulose Celluloseacetat herzustellen – den Hauptbestandteil von fotografischem Film. »Ich verstehe es einfach nicht«, seufzte er. »Ihr Kerl hat sich all diese Mühe gemacht, an die Rechnung zu kommen. Er hat sie auf dem Dach versteckt. Aber sie ist unwichtig. Wolfe muss ja irgendwo seine Chemikalien kaufen, also warum nicht von Ferrix Chimiques? Ist doch keine große Sache.«

»Vielleicht wurde die Rechnung gefälscht.«

»Da waren Hunderte ... Tausende Rechnungen, James. Denken Sie, die waren alle gefälscht?« Er dachte kurz nach. »Vielleicht sollten Sie mit Monique reden.«

»Ich treffe sie morgen.«

»Und heute Abend Madame 16?«

»Warum denn nicht?«

»Ich sage Ihnen, warum nicht, mein Freund.« Griffith senkte seine Stimme. »Scipio weiß, wer Sie sind. Er hat Sie mit Namen und Nummer angesprochen. Es gibt nur eine einzige Person, die ihm diese Informationen gegeben haben könnte. Sie!«

Bond nickte. Plötzlich wurde ihm bewusst, dass ein großer Teil von ihm an Sixtines Aufrichtigkeit glauben wollte und dass er bei ihrer Begegnung im Casino – trotz allem – Gefallen an ihr gefunden hatte. »Die wussten, dass wir kommen«, sagte er düster. »Sie haben uns erwartet. Und tatsächlich habe ich ihr gegenüber Ferrix Chimiques im Casino erwähnt. Ich habe sie danach gefragt.«

»Das war nicht besonders klug. Sie hat wahrscheinlich mit ihm telefoniert, sobald sie Sie verlassen hatte.«

»Es sieht ganz danach aus.«

Griffith schwenkte das Eis in seinem Glas. Er wirkte reumütig. »Ich habe Sie vor ihr gewarnt, James. Sie ist die Spinne im Netz. Sie lebt mit Wolfe zusammen. Sie hat Scipio getroffen. Und nun hat sie Sie im Visier. Vielleicht sollte ich besser mitkommen und Ihre Hand halten.«

Bond lächelte. »Ich denke, das schaffe ich schon.«

»Meinetwegen. Aber seien Sie vorsichtig. Das war genug Aufregung für einen Tag, finde ich. Und ich muss Ihnen sagen, diese Frau macht mir Angst. Ernsthaft.«

Bond dachte über die Worte des CIA-Agenten nach, während er die kurze Strecke an Villefranche vorbei und die Küste entlang zu der Halbinsel zurücklegte, die – obwohl kaum zweieinhalb Quadratkilometer groß – zum elegantesten Ort der Welt geworden war. Bond war von den Statussymbolen von Geld und Erfolg nie besonders beeindruckt gewesen – dafür hatte er zu viele reiche Leute getroffen, deren Reichtum alles war, was sie ausmachte. Doch der Glanz von Cap Ferrat hatte etwas Unantastbares: die Gärten, die Fußwege und die fabelhaften Villen, zusammen mit den Künstlern, Schriftstellern und internationalen Staatsmännern, die sie einst bewohnt hatten. Abends, wenn die Sterne achtlos über einen schwarzen Samthimmel verteilt waren, der Duft von Pinien und Eukalyptus noch schwer in der warmen Luft hing und die Wellen sanft gegen die Luxusjachten plätscherten, konnte man sich kaum etwas Perfekteres vorstellen. Es mochte ein Spielplatz für Millionäre sein, aber es war der einzige Ort auf der Welt, an dem man sich auch bei einem noch so kurzen Besuch selbst wie ein Millionär fühlte.

Shame Lady war ein brandneues Gebäude, das offensichtlich beeindrucken sollte. Es lag in den bewaldeten Hügeln über dem kleinen Hafen und erhob sich auf seinen weißen Betonsäulen wie ein Kampfhund bereit zum Angriff. Riesige, quadratische Fenster gewährten den Bewohnern einen spektakulären Blick auf die Küste. Hohe Mauern und Einwegscheiben schützten aber vor neugierigen Blicken von Passanten. Umgeben war das Haus von mehreren Terrassen, auf denen Olivenbäume, Rosenbüsche und Efeu wuchsen, doch das Hauptgebäude selbst war kantig und massiv, ein typisches Beispiel für moderne Architektur, die im Konflikt mit der Natur stand. Eine weiße Marmortreppe führte zum Eingang, gesäumt von Flammen in silbernen Schalen. Zwei stämmige Empfangspersonen mit Klemmbrett bewachten den Weg. Bond stand auf der Liste und wurde durchgelassen.

Die Party war bereits in vollem Gang. Eine Jazzband spielte, weiß gekleidete Kellner bahnten sich irgendwie ihren Weg durch die Gäste. Man bot Bond ein Glas Champagner an und er trank anerkennend davon, während er hinaufging. Er erkannte den köstlichen Geschmack und das subtile Prickeln eines 1943 Pol Roger. Das Haus war so entworfen worden, dass man die Fenster komplett aufschieben konnte, um jede Definition von außen und innen aufzuheben. In einem Moment spürte Bond noch Gras unter seinen Füßen, im nächsten lief er über Teppich, umgeben von Kunstwerken, die auf eine Weise aufgehängt und ausgeleuchtet waren, die auf die exklusiven Auktionshäuser hindeutete, aus denen sie zweifellos stammten. Die Einrichtung war auf aggressive Weise modern. Die Gäste schienen aufgrund ihres Modegeschmacks, ihrer Attraktivität und ihrer Jugend ausgesucht worden zu sein. Es handelte sich um eine Gruppe, für die Aussehen alles war. Sie funkelten ein wenig zu sehr, während sie auf Französisch und Englisch plauderten und dabei Kaviar auf Blinis, Hummerschwänze und Räucherlachs von Silbertabletts pickten.

Und doch verspürte Bond trotz all der Extravaganz das unangenehme Gefühl, allein in der Menge zu sein. Aus den Gesprächsfetzen, die er mitbekam, folgerte er, dass diese Leute Bankiers, Investoren und Börsenmakler mit ihren Frauen, Freundinnen und Geliebten waren. Keiner von ihnen hatte irgendeine Verbindung zu ihm oder zu jemandem, den er kennen wollen würde. Viele der Frauen – Bond kannte ihren Typ nur allzu gut – waren übertrieben geschminkt und gekleidet, beäugten sich gegenseitig überkritisch und wetteiferten um die Männer, die sie mit in ihr Bett nehmen würden. Neben ihm brüllte ein Mann mit Blazer und Halstuch vor Lachen und kippte ein halbes Glas Champagner hinunter. Bond bezweifelte, dass er ihn überhaupt schmeckte. Alle anderen benahmen sich auf ähnliche Weise. Bond bereute bereits, Reade Griffiths Angebot ausgeschlagen zu haben, ihn zu begleiten. Er hätte die Gesellschaft gebrauchen können.

Doch dann sah er, wie Sixtine den Raum vom Garten aus betrat. Sie sah in einer weiteren Dior-Kreation elegant und hinreißend aus. Dieses Kleid war blassrosa, trägerlos, mit Wespentaille und verziert mit kunstvollen Bordüren und Perlmuttpailletten. Um den Hals trug sie eine schlichte Diamantkette und dazu passende Ohrringe. Unter ihrem Arm steckte eine silberne Clutch.

Sie hielt den Arm eines Mannes in einem Samtsmoking und einem weißen Hemd ohne Krawatte. Bond wusste sofort, dass es sich um Irwin Wolfe handeln musste. Irgendwie machte er deutlich, dass all dies – das Haus, der Champagner, die Gäste – ihm gehörte und dass die Party nur unter seiner Duldung weitergehen konnte. Er war kein großer Mann, doch er strahlte Selbstbewusstsein und Macht aus. Er hatte das Gesicht eines Seglers, windgegerbt und von der Sonne mit dem Markenzeichen der Superreichen gesegnet: einer ganzjährigen Bräune. Er war zwar bereits Anfang siebzig, bewegte sich aber mit der Leichtigkeit eines viel jüngeren Mannes. Seine Augen waren hellblau, doch der leicht glasige Blick ließ Bond vermuten, dass er Medikamente nahm. Er hatte immer noch einen vollen, wenngleich silbernen Haarschopf und wenn er lächelte, zeigte er perfekte Zähne.

Der Auftritt der beiden hatte etwas von Filmstars oder Adligen gehabt. Sie waren fröhlich und einladend, dennoch umgab sie etwas Bedrohliches und Bond bemerkte, dass die Gäste einen Schritt zurückwichen, um sie durchzulassen. Niemand sprach mit ihnen, außer er wurde zuerst angesprochen. Und wenn ein paar Worte gewechselt wurden – eine Begrüßung, ein Kompliment –, hatte es etwas von einer Segnung an sich, einer empfangenen Ehrung.

Sixtine bemerkte Bond und führte Wolfe sofort zu ihm. Als sie auf ihn zukamen, fiel Bond auf, wie nah sie sich waren. Sie bewegten sich wie Tanzpartner und ein kleiner Teil von ihm zuckte zusammen. War er eifersüchtig? Warum sollte er das sein? Ihm blieb keine Zeit, die Frage zu beantworten. Plötzlich standen sie direkt vor ihm.

»Irwin«, sagte Sixtine. »Das ist der Mann, von dem ich dir erzählt habe, aus dem Casino. Sein Name ist James Bond und er schuldet mir hunderttausend Franc.«

Wolfe lächelte und streckte ihm seine Hand entgegen. »Schön, Sie kennenzulernen, Mr Bond.« Er hatte einen soliden amerikanischen Akzent, dem keine Schüchternheit anhaftete und der sich bemerkbar machen wollte. »Was bringt Sie an die Côte d'Azur?«

»Die Arbeit« erwiderte Bond unverbindlich. Wolfe hielt seine Hand immer noch in einem erstaunlich festen Griff. »Import-Export«, fügte er in der Hoffnung hinzu, dass das genug sei.

»Ach wirklich? Was denn genau?« Der Mann weigerte sich in jeglicher Hinsicht loszulassen.

»Landwirtschaftliche Chemikalien.« Bond griff auf die gleiche Tarnidentität zurück, die er bei Ferrix Chimiques benutzt hatte. »Ich vertrete ein Unternehmen, dem Ackerland in Großbritannien gehört.«

»Interessant.« Endlich ließ Wolfe ihn los. »Sie haben also in Monte Carlo mein kleines Mädchen getroffen?« Er küsste sie unbeholfen auf die nackte Stelle, an der ihre Schulter in ihren Hals überging. Sie versuchte nicht, ihn wegzuschieben, und schien seine Avancen zu genießen. »Und haben ihr, wie ich höre, anständig den Hintern versohlt!«

»Irwin ... Was redest du denn da?« Nun gab sie sich kokett.

»Beim Kartenspiel, Baby. Beim Kartenspiel!«

»Wir haben *vingt-et-un* gespielt.«

»Solange es nicht *soixante-neuf* war!« Er lachte laut über seinen eigenen Witz und Bond spürte eine Abscheu in sich aufsteigen, die irgendwie im Widerspruch zu allem stand, was er über den Mann bisher gehört hatte. Doch dann wandte sich Wolfe plötzlich ernst an ihn. »Wann sind Sie denn angekommen, Jim?«, fragt er.

»Vor ein paar Tagen.« Bond hatte das Gefühl, höflich sein zu müssen. Er sah sich um und überlegte, was er sagen sollte. »Ich muss Ihnen gratulieren. Sie haben ein beeindruckendes Zuhause.«

»Oh, dieses kleine Häuschen ist nicht mein Zuhause. Ich lebe in Los Angeles. Das hier habe ich mir von einem Kerl aus Paris bauen lassen, als ich mein Geschäft auf Europa ausgeweitet habe. Ist das zu glauben? Hier stand eine kleine Kirche, eine verfallene Kapelle, die niemand benutzte. Sie stand hier jahrhundertelang herum und genauso lange habe ich auch gebraucht, um sie dazu zu bringen, mir zu erlauben, sie abzureißen. Genau so war es in Menton. Ich habe eine Fabrik etwa zwanzig Meilen von hier und ich sagte zu den Behörden – dem Bürgermeister oder was auch immer –, wenn man mir nicht gibt, was ich will, mache ich meine Fabrik vielleicht einfach dicht und ziehe woandershin.« Er legte seine Hand auf Sixtines Taille und zog sie näher an sich, als bräuchte er sie an seiner Seite. »Das hat sie ziemlich schnell umgestimmt.«

»Irwin ist im Filmgeschäft«, erklärte Sixtine.

»Ich stelle das Material her. Ich filme nicht. Sixtine hier ist von meiner Arbeit fasziniert. Sie fragt mich immer darüber aus. Ich habe keine Ahnung, warum. Ich habe noch nie eine Frau mit Technikverständnis getroffen.« Seine Hand wanderte auf ihren Hintern hinunter und es erstaunte Bond, dass Sixtine das nichts auszumachen schien. »So mag ich es«, fuhr er fort. »Meine erste Frau war für drei Dinge gut: Jungs – sie schenkte mir zwei Söhne. Boote – sie war segelverrückt. Und das Bett.« Es war ein Spruch, den er schon oft von sich gegeben hatte. Er starrte Bond an, als würde er darauf warten, dass dieser amüsiert lachte.

Doch Bond spielte nicht mit. »Sind Ihre Söhne heute Abend hier?«, fragte er unschuldig. Er kannte die Antwort. Er stichelte Wolfe absichtlich.

In den Augen des Mannes flackerte kurz etwas Hässliches auf. »Nein, Mr Bond. Meine Söhne sind beide tot. Sie fielen auf dem gleichen Schlachtfeld. Tatsächlich wurden sie mir sogar am gleichen Tag genommen.«

»Oh. Das tut mir leid.«

»Das muss es nicht. Viele Amerikaner haben Opfer gebracht und einige von ihnen haben sich bestimmt gefragt, ob es das wert war. Schließlich war es der Krieg der Juden. Er hatte nichts mit uns zu tun. Doch unser Präsident – Frank Roosevelt, ich kannte ihn gut – entschied, dass wir uns einmischen und die Welt retten müssten, und das haben wir dann auch verdammt noch mal getan. Kaum auszudenken, wo ihr Limeys heute ohne uns wärt! Es hat uns viel gekostet und meiner Meinung nach wird es uns in den kommenden Jahren noch viel mehr kosten. Aber ich bin stolz, meinen Teil dazu beigetragen zu haben.«

Es kam Bond so vor, als habe Wolfe diesen letzten Teil nur mit Mühe aussprechen können. Was den Rest seiner kleinen Rede anging, hatte er das alles schon einmal gehört und ignorierte es.

Sixtine spürte die angespannte Atmosphäre zwischen den beiden Männern und versuchte, die Stimmung aufzulockern. »Du hast das Segeln erwähnt«, sagte sie. »Du solltest James von der *Mirabelle* erzählen.«

»Die *Mirabelle*!« Wolfe entspannte sich sichtlich. »Sie ist nach meiner ersten Frau benannt und es wird Sie bestimmt nicht weiter überraschen, wenn ich sage, dass sie eine Schönheit ist. Interessieren Sie sich für Kreuzfahrtschiffe?«

»Sogar sehr.«

»Die *Mirabelle* wurde in Ihrem Land gebaut, an einem Ort namens Birkenhead – aber ich habe sie hergebracht, um sie ausrüsten zu lassen. Ihr Briten seid gute Mechaniker, aber von Design habt ihr keine Ahnung. Vierundzwanzigtausendzweihundertfünfzig Tonnen. Zweihundertzehn Meter lang. Vollständig ausgerüstet mit der neusten Technik, von Rollstabilisatoren bis zu topmodernen Schloten, die dafür sorgen, dass kein Ruß auf das Oberdeck fällt. Sie steht kurz vor ihrer Jungfernfahrt und ich kann nur sagen, Moore-McCormack und Grace Line sollten besser auf der Hut sein, denn unser Schiff lässt ihre Flotten aussehen wie einen Haufen rostiger Badewannen.«

»Ich würde sie gern mal sehen.«

»Dann sollten Sie Ihren Hintern an Bord schaffen. Aber seien Sie besser schnell, Jim. Wir lichten am Dienstagmorgen um acht den Anker. Für die Überfahrt sind drei Wochen eingeplant. Wir könnten es auch in der Hälfte der Zeit schaffen, aber wir werden die erste Woche eine Meile vor der französischen Küste letzte Mängel beheben. Wirklich eine Schande, dass ich Sie nicht auf die Reise einladen kann. Der Bürgermeister wird uns empfangen, wenn wir in New York einlaufen. Der Vizepräsident hofft, es ebenfalls zu schaffen.

Wir werden an Bord eine Party feiern, die Sie sich nicht vorstellen können. Ich habe allein tausend Dollar für das Feuerwerk ausgegeben!«

Dienstag war in vier Tagen. »Ich schaffe es bestimmt, vorher vorbeizuschauen.«

»Dann machen Sie doch einfach was mit Sixtine aus. Sie wird mich auf der Überfahrt begleiten. Es wäre keine Jungfernfahrt ohne eine holde Jungfer und es wird bestimmt lustig – nur wir zwei, keine Passagiere, und die Wahl zwischen fünfhundertfünfzig Kabinen.«

»Vielleicht könnten Sie ja morgen mal vorbeikommen?«, schlug Sixtine vor.

»Natürlich. Morgen Nachmittag. Wie wäre es zur Teezeit? Ihr Briten liebt euren Tee, oder? Sagen wir sechzehn Uhr.«

»Sechzehn Uhr passt mir«, sagte Bond. »Liegt sie in Marseille vor Anker?«

Wolfe schüttelte den Kopf. »Nein. Sie ist hier in Nizza. Sixtine wird alles Weitere organisieren.« Seine Hand ruhte immer noch obszön auf ihrem Hintern. Sie sah aus wie eine tote Krabbe. »Und jetzt komm, Süße. Da sind Leute, die ich dir vorstellen will.« Er bugsierte sie davon.

Bond blieb noch kurz stehen, inmitten der jungen Menge. Er hielt immer noch ein halb volles Glas Pol Roger in der Hand, hatte aber plötzlich keine Lust mehr darauf. Tatsächlich wollte er keine Minute länger bleiben. Er fragte sich, warum er gekommen war. Jemand stellte sich zu ihm und begann eine Unterhaltung, doch nach ein paar kurzen Worten drehte sich Bond um und ging hinaus.

Er war bereits auf den Marmorstufen, als jemand seinen Namen rief. Er drehte sich um und sah, dass Sixtine aus einem der Seitenfenster herausgekommen war. Sie musste sich praktisch sofort entschuldigt und von Irwin Wolfe getrennt haben. Bond ging wieder zu ihr hoch. »Ja?«, fragte er kühl.

Sie sah ihn neugierig an. »Warum gehen Sie schon?«, fragte sie.

»Warum sollte ich bleiben?

»Sie sind doch gerade erst gekommen.«

»Es war ein langer Tag und ich bin nicht wirklich in der Stimmung.«

Er hätte sie in diesem Moment stehen lassen, doch sie hielt den Augenkontakt und traf für sie beide die Entscheidung. »Ich will mit Ihnen reden. Kommen Sie mit.«

Ohne auf eine Antwort zu warten, drehte sie ihm und der Party den Rücken zu und verschwand in den Schatten des Gartens. Bond sah ihr einen Augenblick nach, dann folgte er ihr. Er mochte Frauen und fühlte sich wohl mit ihnen. Er hatte immer gedacht, er würde sie verstehen. Doch alles an Sixtine – selbst ihr Name – war verwirrend, und es kam ihm so vor, als hätte sie ihm in der kurzen Zeit, die er sie kannte, bereits mindestens drei verschiedene Persönlichkeiten gezeigt. Im Casino in Monte Carlo hatte er sie faszinierend gefunden, ein wenig einsam und absolut beherrscht. Reade Griffith hielt sie für gefährlich, eine Spinne in ihrem Netz, eine Mata Hari. Eine Meinung, die er mit M teilte. Doch gerade eben im Haus hatte sie zugelassen, von einem Mann betatscht zu werden, der mindestens dreißig Jahre älter war als sie. Sie war eindeutig nicht auf sein Geld aus, also was tat sie hier? Und warum folgte Bond ihr jetzt wie ein zahmes Lamm durch den Garten? Er hätte ihr sagen sollen, sie solle ihn in Ruhe lassen.

Sie kamen an einem Swimmingpool vorbei, umgeben von kleinen Pflanzen mit Blüten, die wie rosa Löwenzahn aussahen. Es handelte sich um eine Mimose, die Shame Lady genannt wurde und von der Sixtine zuvor gesprochen hatte. Bond kannte sie aus Jamaika und er erinnerte sich, dass ihre Blätter vor Berührungen zurückschraken. Das erklärte ihren Namen. Sixtine ging zielstrebig auf einen Pavillon im japanischen Stil zu, der am Ende des Swimmingpools stand. Darunter standen Korbstühle mit geblümten Polstern. Sie ließ sich hineinsinken, stützte sich auf die Ellbogen und streckte sich aus. Die Pailletten an ihrem Kleid funkelten im Mondlicht. Als Bond ankam, sah sie auf, auch wenn sie keinen Zweifel daran gehabt hatte, dass er ihr folgen würde. »Haben Sie eine Zigarette?«, fragte sie.

Bond nahm eine Packung Du Maurier heraus und reichte ihr eine. Sie sah sie verächtlich an. »Kanadische Zigaretten, benannt nach einem unbedeutenden britischen Schauspieler. Es gibt da ein Geschäft in London, in das ich gehe. Morlands. Sollten Sie mal versuchen. Wenn Sie bei dieser stinkenden Angewohnheit bleiben, sollten Sie es mit Stil tun.«

»Fahren Sie zur Hölle, Sixtine«, sagte Bond. Dann zündete er erst ihre Zigarette an, dann seine. »Warum genau haben Sie mich eingeladen? Was wollen Sie?«

Sie zog eine Augenbraue hoch. »Sie sind schlecht gelaunt.«

»Man könnte sagen, dass ich einen schlechten Tag hatte.«

»Hatten Sie? Wollen Sie darüber reden?«

»Ich habe das Gefühl, dass Sie bereits Bescheid wissen.«

Sie stritt es nicht ab. Stattdessen blies sie den Rauch aus und sagte: »Sie haben nach Scipio gesucht. Haben Sie ihn gefunden?«

»Ja.«

»Und?« Bond antwortete nicht, also fügte sie hinzu: »Es interessiert mich wirklich.«

Bond drehte sich zu ihr um. Der Mond stand hinter ihm und unter seinen Augen lagen dunkle Schatten. »Ich weiß, wer Sie sind«, sagte er. »Ich habe Ihre Akte gesehen. Ich weiß von den Kosovo-Akten. Ich weiß von einigen Ihrer Opfer.«

»Ich nenne sie lieber Kunden.«

»Da bin ich mir sicher. Für Sie mag das alles nur ein Spiel sein, aber ein Freund von mir wurde getötet ...«

»Das haben Sie mir bereits erzählt.«

»... und ich wurde hergeschickt, um herauszufinden, wer dafür verantwortlich ist. Jetzt gerade würde ich sagen, dass Sie die Hauptverdächtige sind.«

»Aber ich habe Ihnen doch schon erklärt, dass ich ihn nie getroffen habe. Warum sollte ich mich mit dem britischen Geheimdienst anlegen? Ich habe meine eigenen Gründe, hier zu sein, James, und auch wenn das vielleicht Ihr Ego verletzt, sollten Sie die Möglichkeit in Betracht ziehen, dass sie rein gar nichts mit Ihnen zu tun haben.«

»Vielleicht sollten Sie mich das selbst entscheiden lassen.«

»Vielleicht ist es mir egal, was Sie denken.«

»Dann hören Sie auf, meine Zeit zu verschwenden.« Er wollte gerade gehen, doch dann hielt er inne und sah sie kühl an. »Schlafen Sie mit Irwin Wolfe?«

Wenn Bond sie hatte beleidigen wollen, war ihm das gelungen. Ihre Augen funkelten. Sie warf die Zigarette auf den Boden, trat sie aus und stand auf, sodass ihr Gesicht nur ein paar Zentimeter von seinem entfernt war. »Was zum Teufel geht Sie das an?«

»Tun Sie es?«

»Was denken Sie?«

Bond konnte nicht anders. Er packte sie und presste seine Lippen auf ihre, während seine Hand ihren Oberarm festhielt. Er wusste nicht, wie sie reagieren würde. In diesem Moment war es ihm egal.

Schließlich ließ er sie los. Sie trat einen Schritt zurück. Ihr dunkles Haar fiel ihr in die Augen, in denen eine Mischung aus Zorn und Belustigung funkelte. »Na so was«, kommentierte sie. »Der britische Spion kann das, was er will, nicht einvernehmlich bekommen, also muss er Gewalt anwenden.« Sie hob die Hand an ihre Lippen. »Behandeln Sie so Ihre Frauen? Dann bevorzuge ich Irwin Wolfe. Wenn man mir die Wahl lässt.«

Einen Augenblick lang sprach keiner von ihnen. Hinter ihnen erstreckte sich der Swimmingpool und schimmerte in der Dunkelheit. Die Jazzband hatte ein anderes Lied angestimmt. Es klang, als wäre sie meilenweit entfernt.

»Ich habe dich eingeladen, weil ich dich mag und an dir interessiert bin«, erklärte Sixtine. »Aber du wirst einen Schritt nach dem anderen gehen müssen, James, und du wirst mich ohne meine Erlaubnis nie wieder berühren. Komm morgen zur *Mirabelle*, danach trinken wir etwas und schauen, ob wir eine geschäftliche Vereinbarung erreichen können, die uns beiden entgegenkommt.«

»Ist das alles, woran du interessiert bist?«, fragte Bond. »An einem Geschäft?«

»Warum sonst sind wir hier?«

Sie schob sich an ihm vorbei und er beobachtete, wie sie ins Haus zurückkehrte. Irwin Wolfe stand auf der Terrasse und suchte nach ihr. Bond sah, wie sich die beiden trafen. Der ältere Mann legte seinen Arm um ihre Schultern und zog sie nach drinnen. Sie sah über ihre Schulter, als würde sie versuchen, Bond in der Dunkelheit zu finden, dann war sie fort.

12

LE GRAND BANDITISME

Bond hatte sich in Monique de Troyes, der jungen Frau, die bei Ferrix Chimiques arbeitete und deren Vorname und Telefonnummer er auf der Rückseite einer Postkarte gefunden hatte, getäuscht. Sie teilte sich keine kleine Wohnung in Marseille mit einer Mitbewohnerin, sondern lebte mit ihren Eltern in einem Haus in der Nachbarstadt Aubagne. Jeden Morgen nahm sie den Zug nach Marseille und dann einen Bus zum Hafen und jeden Abend legte sie die gleiche Strecke in der Gegenrichtung zurück. Doch was ihr Alter anging, hatte er richtiggelegen. Sie war siebenundzwanzig. Und sie war hübsch.

Mit ihrer Telefonnummer war es leicht gewesen, ihre Adresse ausfindig zu machen, und Bond saß am nächsten Tag um acht Uhr morgens in seinem Wagen vor dem Haus. Es war Samstag, also würde sie nicht zur Arbeit gehen und er hoffte, dass sie nicht übers Wochenende verreist war. Aubagne war eine recht hübsche Stadt, die in der Augustsonne briet, doch zumindest wehte von den umliegenden Bergen eine kühle Brise. Teile des Orts stammten aus dem Mittelalter und dort waren die Gassen am engsten und die Gebäude am charmantesten. Ein Kirchturm und ein Uhrenturm buhlten um Aufmerksamkeit, aber sie verschwendeten ihre Zeit, da sich nur wenige Touristen hierher verirrten. Das war typisch für so viele französische Städtchen und Dörfer, die nicht unmittelbar am Meer lagen, sondern in ihrer eigenen kleinen Welt existierten. Hunde bellten, Katzen räkelten sich auf der Straße. Alte Damen saßen gedankenversunken und in zu warmer Kleidung vor ihren Häusern. Jeder wusste alles über jeden, doch am Ende des Tages gab es gar nicht so viel zu wissen.

Moniques Vater war ein Metzger, ein lebenslanger Kommunist, der in seinem Leben nur ein einziges Mal in Paris gewesen war. Er hatte dort in den Aufständen von 1934 gegen die Faschisten gekämpft. Es machte ihm nichts aus, dass seine Tochter seine Überzeugungen nicht teilte. Er war der Meinung, dass Frauen sich nicht für Politik interessieren sollten. Er war ein kleiner Mann mit gebeugten Schultern und einem dicken Schnurrbart und hatte ein Haus, das genau zu ihm passte. Es stand an einer Ecke, als ob es schon immer dort gewesen wäre, und wandte dem Dorf seine Rückseite zu, während vorne der Verkehr vorbeirumpelte. Es war dunkelrot mit drei Paar weißen Fensterläden und einer schmalen Eingangstür. In der oberen Etage gab es zwei Schlafzimmer und unten eine Küche und ein Badezimmer. Das Haus hatte keinen Garten, abgesehen von einem kleinen Betonplatz davor, der so schlecht abgegrenzt war, dass er oft für den Bürgersteig gehalten wurde, und Monsieur de Troyes fand sich des Öfteren im ernsten Gespräch mit Passanten wieder, wenn er vor dem Abendessen seinen Ricard trank.

Bond hatte eine Stunde gewartet, als Monique endlich auftauchte – glücklicherweise allein. Sie hatte ihre elegante

Bürokleidung gegen einen schlichten Rock und eine Bluse getauscht und trug einen Korb – sie war offenbar auf dem Weg zum Markt, der kurz nach Sonnenaufgang in der Straße, die nach Maréchal Foch benannt war, aufgemacht hatte. Bond stieg aus und schloss die Tür hinter sich. Sie musste das Geräusch gehört haben, denn sie sah über die Straße und machte dann, ohne zu zögern, einen Schlenker und eilte den Hügel hinauf. Sie hatte ihn erkannt. Bond lächelte und beschleunigte seine Schritte. Er holte sie vor einer staubigen Kapelle mit zwei Engeln ein, die auf ihn herabsahen, die Hände nach oben gestreckt, wie um ihn zu ermahnen, sich fernzuhalten.

Es war niemand sonst zu sehen. Monique machte keinen Hehl aus der Tatsache, dass sie ihm hatte davoneilen wollen, und gab gar nicht erst vor, dass sie irgendwo anders hinmüsse. Doch plötzlich blieb sie stehen und wirbelte herum. Mit ihren zu einem Pferdeschwanz gebundenen blonden Haaren und ihren blauen Augen, die ihn anstarrten, wirkte sie noch jünger, als er sie aus dem Büro in Erinnerung hatte. Sie war wütend oder vielleicht ängstlich. Wahrscheinlich beides.

»Was wollen Sie?«, wollte sie auf Französisch von ihm wissen.

»Ich muss mit Ihnen reden«, sagte Bond.

»Ich will aber nicht mit Ihnen reden. Gehen Sie weg.«

»Das kann ich nicht tun, Monique. Tut mir leid. Ich will Sie nicht aufregen, aber Sie kannten einen Freund von mir und ich muss mich mit Ihnen über ihn unterhalten.«

»Geht es um Richard Blakeney?« Sie sprach mit einem Akzent, der den Nachnamen in drei Silben teilte, und Bond brauchte einen Moment, um sich zu erinnern, dass dies der Tarnname war, den der Tote benutzt hatte.

»Ja«, sagte er.

»Ich will nicht über ihn reden. Es gibt nichts, was ich Ihnen sagen kann.«

»Erinnern Sie sich an mich?«

»Natürlich. Sie waren bei Ferrix. Sie hätten nicht dort hingehen sollen.« Sie klammerte sich an ihren Korb, als könnte sie ihn zur Selbstverteidigung einsetzen. »Bitte, Monsieur. Meine Eltern haben mich zum Markt geschickt. Ich werde Ärger bekommen, wenn ich nicht tue, was sie sagen.«

»Ich könnte Sie begleiten …«

»Nein.« Das Wort platzte aus ihr heraus und Bond begriff, dass es ihr alle möglichen Schwierigkeiten bereiten könnte, in diesem kleinen Ort mit einem fremden Mann gesehen zu werden.

»Also gut. Ich will natürlich nicht, dass Sie Ärger bekommen.«

»Dann gehen Sie weg! Wenn die sehen, dass ich mit Ihnen rede, werden sie mich umbringen. Wenn sie nur erfahren, dass Sie hergekommen sind, werden sie mich umbringen.«

»Niemand weiß, dass ich hier bin, und niemand wird Ihnen wehtun.«

Sie sah sich auf der Straße um, wie um seine Worte Lügen zu strafen. Doch abgesehen von den Steinengeln waren sie immer noch allein. Monique schien sie zum ersten Mal zu bemerken und sie verliehen ihr Stärke, als ob die Engel über sie wachen würden. Vielleicht hatte der Fremde ja recht. Monique war eine einfache junge Frau, die jeden Sonntag in die Kirche ging und im Gedenken an ihre Großeltern Kerzen anzündete. Sie war in dem Glauben erzogen worden, dass die Welt ein schlechter Ort war, doch dass sie in diesem kleinen Städtchen bei ihren Eltern vor ihr geschützt sein würde. Ihre

Arbeitsstelle vierundzwanzig Kilometer entfernt war das einzige Abenteuer ihres Lebens gewesen und es hatte sämtliche Überredungskünste ihrer Mutter benötigt, um ihren Vater dazu zu bringen, in die Sache einzuwilligen.

Sie hatte ihre Entscheidung getroffen. »Ich muss zum Markt, aber danach können wir uns treffen. In der Nähe des Bahnhofs ist ein Café. Es heißt Le Papet. Sie können dort auf mich warten.«

»Monique – es wird Ihnen nichts nützen, sich vor mir zu verstecken.«

»Ich habe doch gesagt, dass ich kommen werde.« Nun lag deutlicher Zorn in ihrer Stimme. »Ich bin in einer Stunde dort.« Sie drehte sich um und ging davon.

Der Bahnhof von Aubagne war fast absurd hübsch. In Königsgelb gestrichen, mit Giebeldächern und Palmen davor hätte es sich auf den ersten Blick um das Zuhause eines ehemaligen Botschafters oder vielleicht um ein kleines Casino handeln können. Er schien sich bewusst von der breiten, geschäftigen Straße zu distanzieren, die an der Stadt vorbeiführte und sich in die Berge erstreckte. Autos und Busse, so schien er andeuten zu wollen, gehörten einem vulgäreren, moderneren Zeitalter an. Er war von einem Architekten erbaut worden, der an Zugreisen geglaubt hatte, zu einer Zeit, als Reisende Champagner und Kaviar im Orientexpress genossen oder im Goldenen Adler durch Russland einem Kammerorchester gelauscht hatten, das Tschaikowski spielte.

James Bond saß an einem Tisch mit Blick auf die Bahnhofsuhr, die ihm verriet, wie viel Zeit vergangen war, und ihn gleichzeitig mit der Möglichkeit verhöhnte, dass Monique doch nicht auftauchen würde. Das Innere des Cafés war ein kleiner, bescheidener Raum voller Tische, die an diesem

Samstagmorgen alle besetzt waren. Doch es hatte sich auch unter einer Markise auf einen großen Teil des Gehwegs ausgebreitet und hier war es ruhiger. Bond hatte *une noisette* bestellt – einen doppelten Espresso mit einem Schuss heißer Milch – und ein Croissant, das er eigentlich gar nicht wollte. Er hatte die letzte halbe Stunde damit verbracht, es auseinanderzurupfen, aber nur sehr wenig davon gegessen. Außerdem hatte er zwei Du Mauriers geraucht, auch wenn sie ihn an Sixtines Stichelei erinnerten. Er dachte an ihre Begegnung im Garten, an seine Lippen auf ihren. Er war ein wenig von sich selbst angewidert. Warum bekam er sie einfach nicht aus dem Kopf?

Die Uhr zeigte zwanzig nach zehn, als Monique schließlich auftauchte und die Straße überquerte – ohne den Korb, den sie zuvor dabeigehabt hatte. Es lag eine gewisse Entschlossenheit in ihrem Gang, als wäre sie auf dem Weg zu einem Zahnarzttermin und wolle diesen so schnell wie möglich hinter sich bringen. Sie entdeckte Bond und setzte sich ihm gegenüber. Noch bevor sie sprach, forderten ihn ihre Augen heraus. *Du hast mich gezwungen herzukommen*, schienen sie zu sagen. *Was muss ich tun, um dich dazu zu bringen, mich gehen zu lassen?*

»Kann ich Ihnen etwas bestellen?«

»Nein, danke.«

»Seien Sie nicht albern. Es ist ein heißer Tag und Sie waren einkaufen.« Er rief den Kellner. »Ich hätte gern einen Americano«, sagte er. »Mit viel Eis.«

»Und für Madame?«

Sie zögerte, dann gab sie nach. »*Un orange pressé.*«

Der Kellner machte auf dem Absatz kehrt und ging. Er hatte Monique nicht erkannt, doch die meisten seiner

Kunden waren wahrscheinlich Berufspendler, die nie lange blieben.

»Ich weiß nicht, was Sie wollen«, begann Monique. »Aber ich kann Ihnen nicht helfen.

»Sie könnten damit anfangen, dass Sie mir sagen, warum Sie solche Angst haben.«

»Das habe ich Ihnen doch schon gesagt.« Sie sah nach links und rechts. Die anderen Tische waren unbesetzt, dennoch lehnte sie sich vor und sagte mit leiser Stimme: »Sie würden es nicht verstehen. Sie leben nicht hier. Aber in Marseille muss man aufpassen, mit wem man redet und was man sagt.«

»Bitte, Monique. Verschwenden Sie nicht meine Zeit.« Bond ging hart vor. »Ich weiß, dass Sie mit Richard Blakeney befreundet waren. Vielleicht waren Sie auch mehr als Freunde.«

Ihre Augen füllten sich mit Tränen. Aber es waren Tränen der Empörung. »Ich habe nicht mit ihm geschlafen! Sie sind ein Schwein, so was auch nur zu denken!«

»Aber Sie mochten ihn.«

»Ich mochte ihn.«

»Wie haben Sie ihn kennengelernt?«

Sie atmete tief ein und ordnete ihre Gedanken. Bond konnte sehen, dass die junge Frau etwas Entschlossenes an sich hatte, und er bewunderte sie dafür. »Ich weiß nicht mal, wer Sie sind«, sagte sie. »Sie haben sich Mr Howard genannt, als Sie ins Büro gekommen sind. Ist das Ihr richtiger Name?«

»Spielt das eine Rolle?«

»Wohl nicht. Und vielleicht hat mich Richard auch angelogen. Ich kann sehen, dass Sie zwei aus dem gleichen Holz geschnitzt sind. Geben Sie mir eine Zigarette!«

Bond hielt ihr die Packung hin. Sie nahm sich eine. Er gab ihr Feuer.

»Ich habe Richard vor ungefähr einem Monat getroffen. Er war am Bahnhof in Marseille und sagte, er könne das richtige Gleis nicht finden.«

Bond musste über die offensichtliche List fast schmunzeln. Er selbst hätte sie nie benutzt.

»Er musste auch nach Aubagne. Es ist nur eine kurze Fahrt, aber wir kamen ins Gespräch. Er erzählte mir, dass er für eine Versicherungsgesellschaft arbeiten würde, und als wir ankamen, fragte er mich, ob ich etwas mit ihm trinken würde. Wir kamen hierher und saßen an dem Tisch da.« Sie zeigte darauf. »Er begann, mich über Ferrix Chimiques auszufragen, und natürlich wurde mir da klar, dass an unserer Begegnung nichts Zufälliges gewesen und er mich gezielt angesprochen hatte. Ich hätte ihm sagen sollen, dass er gehen soll. Es wäre für uns beide besser gewesen. Doch er war charmant. Er brachte mich zum Lächeln.«

»Was wollte er wissen?«

»Er war an einem unserer Kunden interessiert, einer Firma namens Wolfe Europe. Er wollte wissen, welche Chemikalien sie von uns gekauft hat. Natürlich war es unmöglich, ihm eine Antwort darauf zu geben. Wir haben Hunderte Kunden und verkaufen Tausende von Chemikalien. Wie hätte ich diese Information nur haben können? Also bat er mich, in die Buchhaltung zu gehen und ihm Kopien von jeder Transaktion der letzten sechs Monate zu geben.«

Bond nahm die Durchschlagkopie der Rechnung aus der Tasche, die er in der Rue Foncet gefunden hatte, und legte sie auseinandergefaltet auf den Tisch. »Ist die von Ihnen?«

Sie musterte sie kurz, dann nickte sie. »Ich habe fünfzig verschiedene Rechnungen mitgenommen. Ich musste sehr vorsichtig sein. Nichts schien ihn je zufriedenzustellen. Er hat sie mir alle wiedergegeben. Alle bis auf diese.«

»Aber was ist das Besondere an dieser Chemikalie, Essigsäureanhydrid? Wolfe Europe benötigt sie, um fotografischen Film herzustellen. Es ist Teil des Prozesses.«

»Ich weiß es nicht.« Sie zuckte mit den Schultern. »Das hat er mir nicht gesagt.«

Der Kellner brachte die Getränke. Bonds Americano – eine Mischung aus Campari, Sweet Vermouth und Soda – hatte die richtige Farbe, doch er nahm die Zitronenschale heraus und legte sie beiseite. Es war zu früh am Tag für solches Tamtam. Monique hatte frisch gepressten Orangensaft bestellt, schien aber nicht daran interessiert zu sein.

»Was hat er Ihnen über sich erzählt?«, fragte Bond.

»Er hat mir überhaupt nichts erzählt und außerdem hätte es ja ohnehin nicht gestimmt. Er hat behauptet, dass er für eine Versicherungsfirma arbeitet, aber das war eine Lüge, oder? Er ist genau wie Sie. Sie sind beide hübsche Engländer mit kalten Augen. Sie beide wollen Informationen. Das ist alles. Ihnen ist egal, was aus mir wird.«

»Es ist mir nicht egal, was aus Ihnen wird, Monique«, beteuerte Bond und meinte es auch. »Darum bin ich den ganzen Weg nach Aubagne gefahren. Niemand weiß, dass ich hier bin, und nachdem ich weg bin, werden wir uns niemals wiedersehen.«

»Sie wissen alles«, sagte Monique. »Ich habe Richard gewarnt, als er mich bat, die Unterlagen zu stehlen. Dies ist Marseille. Sie wissen schon, die Stadt von *le grand banditisme*. Man lernt hier, den Mund zu halten, nicht aus der Reihe zu tanzen. Ich habe ihn gewarnt, aber er hat nicht auf mich gehört und sie haben ihn getötet. Als ich erfahren habe, dass in La Joliette eine Leiche gefunden wurde, wusste ich sofort, dass er es ist, sogar noch bevor er identifiziert wurde.« Sie machte eine Pause. »Er sagte, dass er mich nach Paris und London mitnehmen würde. Ich habe den Süden Frankreichs nie verlassen. Aber das waren alles Lügen. Wenn sie ihn nicht umgebracht hätten, wäre er auf Nimmerwiedersehen verschwunden und hätte mich vergessen. Genau wie Sie.«

Sie sahen einander an. Monique hatte ihren Saft nicht angerührt.

»Wissen Sie, wen er am Tag seines Todes treffen wollte?«

»Nein. Er hat mir nie irgendwas erzählt.« Sie stand auf. »Ich habe Ihnen nichts weiter zu sagen, Mr Howard, und jetzt muss ich zu meiner Familie zurück. Bitte lassen Sie mich in Ruhe.«

»Danke, Monique. Das mit Richard tut mir leid. Aber ich bin mir sicher, dass er sich etwas aus Ihnen gemacht hat, ob Sie es glauben oder nicht. Und er war mein Freund.«

»Haben Leute wie Sie überhaupt Freunde, Mr Howard? Ich bin mir da nicht so sicher.«

Sie ließ ihn sitzen, überquerte die Straße und ging in Richtung Bahnhof und des dahinterliegenden Stadtzentrums. Bond winkte nach der Rechnung. Gleichzeitig hörte er ein Auto näher kommen. Er wusste sofort, dass es zu schnell fuhr. Als er das Aufheulen des Motors hörte, drehte er sich um, auch wenn ihm vor dem, was er sehen würde, graute.

Monique war auf halbem Weg über die Straße. Sie erstarrte, als sie den schwarzen, viertürigen Peugeot 202 Berline sah, der auf sie zuraste. Es war ein wahrer Gangsterwagen mit seinen massiven, runden Kotflügeln, den weit hinten liegenden Fenstern, der Motorhaube und den hinter dem Kühlergrill zurückgesetzten Scheinwerfern, die ihn sehr aggressiv aussehen ließen. Darin saßen zwei Männer, doch sie waren durch die Geschwindigkeit nicht genauer zu erkennen. Bond sah, wie das Auto absichtlich auf Monique zuhielt. Daran bestand kein Zweifel. Sie wurde vom Aufprall in die Luft geschleudert. Als sie auf dem Boden aufschlug, war das Auto bereits wieder auf dem Weg aus der Stadt. Jemand schrie. Plötzlich waren überall Menschen. Sie waren auf dem Gehweg, kamen aus dem Bahnhof und dem Café und näherten sich dem Schrecken, der hier gerade stattgefunden hatte.

Bond war bereits in Bewegung. Er sah das Auto hinter einer Kurve verschwinden und hörte das Quietschen von Reifen. Sein eigener Wagen stand immer noch vor Moniques Haus. Er hatte keine Möglichkeit, ihnen zu folgen.

Er erreichte die junge Frau und wusste sofort, dass er nichts mehr für sie tun konnte. Ihr Kleid war zerrissen, ihre Arme und Beine blutig und aus einer Kopfwunde strömte weiteres Blut. Es war unmöglich zu erkennen, wie viele ihrer Knochen gebrochen waren. Noch nie hatte er jemanden gesehen, der im Tod bedauernswerter gewirkt hatte, und er musste die aufsteigende Wut und Übelkeit zurückdrängen. Sie war erst siebenundzwanzig gewesen.

Woher hatten sie es gewusst? Bond hatte Sixtine von Ferrix Chimiques erzählt, doch Monique hatte er nie erwähnt und auch keinem gesagt, dass er heute herkommen würde. Außerdem war er bei der Fahrt aus Nizza sehr vorsichtig gewesen und hatte darauf geachtet, dass ihm niemand folgte: eine grundlegende Vorsichtsmaßnahme. Jemand – die beiden Männer im Auto – musste die junge Frau dabei beobachtet haben, wie sie das Haus verlassen, Bond getroffen, ihre

Einkäufe erledigt hatte und dann hergekommen war. Sie wussten von der gestohlenen Durchschlagkopie. Die Entscheidung, sie zu töten, war längst getroffen worden. Es war nur Zufall, dass Bond Zeuge davon geworden war.

Und was nun? Ein Polizeiwagen war eingetroffen. Zwei Uniformierte stiegen aus. Eine kleine Menschenmenge hatte sich versammelt. Bond stand auf und zog sich zurück, um keine Aufmerksamkeit auf sich zu ziehen. Wenn jemand fragte, war er nur ein Tourist. Er kannte sie nicht und hatte nichts mit ihr zu tun. Er war nur zufällig vorbeigekommen.

13

LIEBE IN WARMEN GEFILDEN

»Schön, Sie zu sehen, Jim. Willkommen an Bord.«

Die Worte irritierten Bond bereits, als er den letzten Schritt von der Gangway auf die *Mirabelle* machte, eine stromlinienförmige und extravagante Schönheit. Vor ihm ragten ihre zwei vergoldeten Schlote auf und das Promenadendeck mit seinem makellosen honigfarbenen Holz erstreckte sich in die Ferne. Irwin Wolfe war dagewesen, um ihn zu begrüßen, absurd gekleidet in Marineweiß, komplett mit Kapitänsmütze und dem Namen des Schiffs – und seiner toten Frau – auf der Brust. Wieder fiel Bond das seltsame Funkeln in den hellblauen Augen des Mannes auf und er fragte sich, ob es sich um Schmerz oder Fanatismus handelte. Denn dies war seine Schöpfung, seine schwimmende Welt.

Die *Mirabelle* war zweihundertsechs Meter lang (Wolfe hatte aufgerundet) und sechsundzwanzig Meter breit, mit zwei Schiffsschrauben, jede von ihnen achtundzwanzig Tonnen schwer und mit einer Leistung von zwei Umdrehungen pro Sekunde. Die Dampfturbinen waren von Vickers-Armstrong in Barrow-in-Furness gebaut worden und würden bei einem Druck von achtundzwanzig Bar und Temperaturen von dreihundertsiebzig Grad Celsius Dampf erzeugen. Die beiden Schlote waren die Schöpfung von Thronycrofts of Southampton und mit einem frisch patentierten System ausgerüstet, das den Rauch von den Oberdecks fernhielt. Das Schiff hatte drei offene Decks: das Sportdeck, das Sonnendeck und das Promenadendeck. Und auf Letzterem stand Bond nun, während um ihn herum hektisch letzte Arbeiten verrichtet wurden.

Männer waren auf ihren Knien, um die Handläufe zu polieren und die Decks zu schrubben. Weitere Männer hingen über den Seiten und reinigten Bullaugen, zogen Schrauben an und besserten Farbe nach. Ein endloser Strom an Vorräten wurde an Bord getragen – Möbel, Bettzeug, Weinkisten, Tiefkühlnahrung, Lampen, Vasen –, während ein uniformierter Chefsteward Anweisungen rief. »Mittschiffs, A-Deck 10. Bug, B-Deck 8, Bug, Gepäckraum. R-Deck achtern ... und seid vorsichtig damit!« Der letzte Befehl galt einer Gruppe von Arbeitern, die große Kartons mit der Aufschrift FEUX D'ARTIFICE trugen, und Bond erinnerte sich an die Party, die Wolfe bei seiner Ankunft in New York geben wollte.

Noch herrschte keine Partyatmosphäre. Stattdessen spürte Bond eine unheimliche Ernsthaftigkeit, als kämen Messdiener in der strahlenden Kathedrale zusammen, die die besten Mechaniker – alle britisch – konstruiert hatten. Und in nur drei Tagen würden die Turbinen dröhnend zum Leben erwachen, die Schiffsschrauben würden sich drehen und das Fünfundzwanzigtausend-Tonnen-Schiff würde seinen Liegeplatz verlassen und mit imposanten fünfzehn Knoten in See stechen.

»Also, was denken Sie?«, wollte Wolfe wissen. Er wartete mit hungrigem Blick auf Bonds Antwort.

»Sie ist wunderschön«, antwortete Bond widerwillig.

»Das schönste Schiff der sieben Weltmeere!«, verkündete Wolfe. »Sie ist zwar nicht so groß wie die *Queen Mary* oder so schnell wie die *SS United States* – aber verdammt, die können ihr Blaues Band behalten. Was wir hier haben, ist einfach gesagt die luxuriöseste Art, auf die ein Mensch jemals den Atlantik überqueren wird.«

Bevor Bond wusste, wie ihm geschah, hatte er Wolfes Hand auf der Schulter und sie gingen zusammen zur Brücke, als wären sie alte Freunde.

»Wir haben nur zweihundert Erste-Klasse- und dreihundertzwanzig Zweite-Klasse-Kabinen, auch wenn ich doppelt so viel hätte einbauen lassen können, wenn ich wirklich gewollt hätte. Aber wenn man auf der *Mirabelle* reist, hat man mehr Platz, einen eigenen Balkon, ein eigenes Bad und ordentliche Betten. Wenn Sie eine unserer Diamant-Suiten buchen, bekommen Sie sogar noch ein Bechstein-Piano, einen Kamin, eine Bar und einen persönlichen Butler obendrauf, der sich um Sie kümmert. Außerdem hängen bei uns an den Wänden echte Meisterwerke. Wir haben Cézanne, Picasso, Toulouse-Lautrec … Ich habe Auktionshäuser in ganz Europa durchforsten lassen, um die richtige Kunst zu ersteigern.

Wir haben drei Restaurants und fünf Küchen, von denen zwei sich rund um die Uhr um Snacks und Kabinenservice kümmern. Unseren Küchenchef habe ich aus dem Ledoyen in Paris gestohlen. Sagen Sie mir, wo man sonst mitten auf See drei Michelin-Sterne finden kann! Austern, Kaviar, erstklassige Filetsteaks, frischer Hummer … Jede einzelne Mahlzeit wird unvergesslich und der Weinkeller wird Sie zum Weinen bringen. Auf dem Oberdeck gibt es ein Café und Grillrestaurant, das sich in ein Kino oder einen Nachtclub umwandeln lässt, und in den Hauptspeisesälen sollen Sinfonieorchester spielen. Wir haben zwei Schwimmbecken, eine Bibliothek, einen Schönheitssalon, eine Hundepension, Parkplätze für ein Dutzend Autos – auf dem Unterdeck befindet sich sogar eine Synagoge. Die Juden sind schließlich diejenigen mit dem ganzen Geld, also müssen wir uns um sie kümmern und werden einen schiffseigenen Rabbi haben. Alles hier entspricht dem neuesten Standard. Unser Telefonsystem wird Sie mit jedem in der Welt verbinden. Und warten Sie nur, bis Sie den Maschinenraum sehen!«

Es war später Nachmittag, doch die Sonne brannte erbarmungslos herunter. Bond konnte sie im Nacken spüren. Wolfe hielt ihn immer noch an der Schulter fest. Es fiel ihm schwer, sich darauf zu konzentrieren, was der Millionär sagte. In seiner Stimme lag etwas Salbungsvolles, Selbstzufriedenes, das er fast abstoßend fand. Außerdem ging ihm der Tod von Monique de Troyes nicht aus dem Sinn. Bond schämte sich, in nur wenigen Stunden von diesem schrecklichen Vorfall zu diesem Luxus übergegangen zu sein. Er zwang sich, interessiert zu wirken und so zu tun, als wäre er beeindruckt. Er musste sich daran erinnern, dass er hier nur seine Arbeit machte.

»Ich dachte, Sixtine würde mich herumführen«, sagte er.

»Sixtine würde sich nur verlaufen!« Wolfe verstärkte seinen Griff. »Ich dachte, dies wäre die schöne Dame, wegen der Sie hier sind. Die *Mirabelle*! Wenn ich Ihnen einen Rat geben darf, lassen Sie besser die Finger von dieser anderen kleinen Dame.«

»Mir war nicht klar, dass Sie beide sich so nahestehen.«

»Nahe? Unter uns, Jim, ich habe womöglich die nächste Mrs Wolfe gefunden. Ich habe ihr noch nicht die alles entscheidende Frage gestellt, aber wenn man einer Frau einen

Diamanten in der Größe eines Golfballs schenkt, kann man sich der Antwort ziemlich sicher sein. Ich werde es mir für den Abend, wenn wir in New York ankommen, aufsparen. Zu schade, dass Sie nicht dabei sein werden.«

Hatte im letzten Satz etwas Feindseliges gelegen? Wolfe ließ Bond los und ging zu einem Mann, der am Eingang zum Erste-Klasse-Salon auf sie gewartet hatte. Er trug ebenfalls Weiß, was im Kontrast zu seiner mahagonifarbenen Haut und dem rabenschwarzen Haar stand.

»Ich würde Sie ja liebend gern weiter herumführen, Jim, aber wie Sie sich bestimmt vorstellen können, bin ich gerade ein wenig beschäftigt. Und außerdem würde es den Rest des Wochenendes dauern, alles zu sehen. Dies ist Dr. Borghetti. Er ist der Schiffsarzt und momentan die einzige Person an Bord, die ein volles Gehalt bekommt, aber nichts zu tun hat.« Es klang nach einer unnötigen Stichelei, die den Arzt sichtlich ärgerte. »Er wird Sie in einen der Hauptsäle bringen und Ihnen eine Vorstellung davon geben, was wir hier geschaffen haben. Dann trinken wir diese Tasse Tee, auf die Sie so scharf waren, und vielleicht schließt Sixtine sich uns an.« Er wandte sich an den Arzt: »Bringen Sie Mr Bond in den Hauptsaal und zeigen Sie ihm ein paar der Kabinen. Dann kommen Sie beide in die Wolfe Bar. Okay?«

»Gut, Mr Wolfe.«

»Wir sprechen uns dann später, Jim. Viel Spaß!«

Wolfe ging in die Richtung davon, aus der er gekommen war. Bond musterte den Arzt. Er fand ihn überraschend hässlich, mit einem zu penibel gestutzten Schnurrbart, der ein ansonsten fades und uninteressantes Gesicht schmückte. Die Farbe seiner Haut konnte nicht die Akne verbergen, die überall an Hals und Kinn ihre Narben hinterlassen hatte.

Wenn Bond auf einem solchen Schiff erkrankte, würde er nicht erwarten, von jemandem behandelt zu werden, der selbst dauerhaft krank aussah. Borghetti zwang sich zu einem Lächeln und begann seine Tour in schlechtem Englisch.

»Hier entlang, bitte.« Der Arzt öffnete die Tür und die nächsten vierzig Minuten erkundete Bond das opulente Innenleben der *Mirabelle*. Er war nicht in der Stimmung, es zu genießen, nicht nach dem, was am Morgen in Aubagne geschehen war. Und in Wahrheit hatte er sich noch nie besonders zu dem hingezogen gefühlt, was dieses Kreuzfahrtschiff repräsentierte. Er hatte nichts gegen die extreme Zurschaustellung von Wohlstand und Völlerei – ganz im Gegenteil, er fühlte sich in Casinos und Luxushotels wie zu Hause. Was hier fehlte, war eine Ausgangstür. Auf See gefangen zu sein, mit nichts als reichen Müßiggängern als Gesellschaft, würde viel zu schnell erdrückend werden. Er würde zu viel trinken und mit den Zimmermädchen schlafen.

Sie begannen auf den oberen Decks: dem Speiseraum, der Raucherlounge, der Bibliothek, den Salons. Wolfe hatte nicht übertrieben: Nie zuvor hatte Bond so viel glänzendes Chrom und Lalique-Glas gesehen, so viele erlesene Perserteppiche und Onyxtische. Die Fenster und Oberlichter waren sorgfältig designt, um so viel Tageslicht wie möglich hereinzulassen und damit das Klaustrophobische zu bekämpfen, das selbst den größten Kreuzfahrtschiffen inne war. Es gab auch Kronleuchter und Jugendstillampen – Hunderte und Aberhunderte davon. Und doch hatte die *Mirabelle* in der alles durchdringenden Stille und Leere, ohne Gelächter und Tanzmusik, ohne Frauen und Männer in Abendgarderobe, so viel Charme wie der Ausstellungsraum eines Möbelhauses. Ihre bloße Neuheit wirkte abweisend.

Während sie weitergingen, fiel Bond eine Eigenartigkeit auf. Das Schiff war mit einer außerordentlich hohen Anzahl Feuerlöscher ausgestattet. Unter normalen Umständen wäre es ihm nicht weiter aufgefallen, doch alles andere war so exquisit – Mosaike, Gemälde, seidene Wandbehänge und so weiter –, dass die hässlichen roten Zylinder extrem hervorstachen, besonders, da es so viele von ihnen gab. Vielleicht würden sie weniger auffallen, sobald die Passagiere eintrafen, doch Bond war überrascht, dass die Designer so nachlässig gewesen waren. Und warum die Passagiere so offen an die Gefahren eines Feuers erinnern?

Er hätte dies normalerweise Borghetti gegenüber erwähnt, doch der Arzt war alles andere als freundlich, während er Bond von einem Bereich zum nächsten führte. Von den Passagierdecks gelangten sie durch eine Wartungstür und über eine Treppe nach unten zu den Maschinenräumen. Dies war eine vollkommen andere Welt mit mäandernden Rohren und Kabeln, Gerüstbrücken und schmalen Durchgängen. Alles war hart und metallisch, jeder Zentimeter Raum von den komplizierten Gerätschaften ausgefüllt, die irgendwie miteinander verbunden waren, um dieses riesige Schiff zu bewegen und zu steuern. Hier unten waren auch mehr Arbeiter. Eine fünfzig Mann starke Besatzung ging eine Reihe letzter Checks durch, kletterte Leitern hinauf und herunter, die durch U-Boot-artige Luken führten, und kalibrierte die brandneue Maschinerie. Bond sah Trimmer, Kohlenträger und Heizer, obwohl die Dampfkessel noch gar nicht in Betrieb waren. Alle waren beschäftigt. Bond konnte sich mühelos das organisierte

Chaos vorstellen, das folgen würde, sobald das Schiff auf dem Weg war.

Schließlich brachte ihn der Arzt zu einer Bar, die dem Savoy in London nachempfunden war – ganz in dunklem Holz und Plüsch – und die der Besitzer des Schiffs nach sich selbst benannt hatte. Bond stellte erleichtert fest, dass der versprochene Tee nicht serviert worden war. Außerdem war Sixtine eingetroffen. Sie saß in einem riesigen Samtohrensessel, rauchte eine Zigarette und sah aus, als wäre sie lieber irgendwo anders. Bond dachte, dass ihr Gesicht außerhalb des Casinos nur schwer verbergen konnte, was sie dachte. Aber andererseits lag es vielleicht auch eher an ihrer Persönlichkeit, der das ohnehin egal war.

»Also, was denken Sie?«, fragte Wolfe.

Es war die Art Frage, auf die es nur eine Antwort geben konnte, und Bond hatte keine andere Wahl, als sie zu liefern. »Sie ist großartig«, sagte er. Dann fügte er hinzu: »Sie scheinen ihretwegen allerdings etwas nervös zu sein.«

»Nervös?«

Bond war von der Technik des Schiffs überaus beeindruckt. Aber irgendwie wollte er das gegenüber Irwin Wolfe nicht zugeben und hatte sich entschieden, die Selbstherrlichkeit des Millionärs anzukratzen. »Ich habe noch nie so viele Feuerlöscher gesehen«, erklärte er. »Sie fürchten sich wohl vor einem Kurzschluss oder so etwas.«

Wolfe lächelte, aber vollkommen humorlos. »Ich fürchte mich vor gar nichts, Jim. Jedes einzelne Detail auf diesem Schiff ist genau durchdacht und in drei Tagen beginnt die Probefahrt, um letzte Problem zu beseitigen.« Mit ausgestrecktem Finger unterstrich er seine Worte. »Aber wenn man über zwei Millionen Dollar für ein Projekt ausgibt, ergibt es

Sinn, seine Investition zu schützen. Aber das verstehen Sie natürlich nicht. So ist das eben.«

»Ich verstehe nur zu gut«, erwiderte Bond freundlich.

»Irwin hat schlechte Nachrichten«, sagte Sixtine in einem Tonfall, der nicht im Geringsten betrübt klang. »Er muss den Tee absagen.«

»Das ist richtig.« Wolfe nickte. »Ich muss mich in der Fabrik in Menton um etwas kümmern, das kurzfristig aufgekommen ist.«

»Ich begleite dich.« Sixtine sprach beiläufig, als ob ihr der Gedanke gerade erst gekommen wäre, doch Bond hatte das Gefühl, dass es ihr irgendwie wichtig war.

»Das ist keine gute Idee, Süße. Du wärst nur im Weg. Wir sehen uns morgen wieder.«

»Aber du hast versprochen, mich mal dorthin mitzunehmen, Irwin. Du weißt doch, dass ich mehr über deine Arbeit erfahren will. Und dies ist meine letzte Chance, wenn du am Dienstag abreist.«

»Tut mir leid.« Wolfe blieb hart. Er lächelte sie schwach an. »Wie ich bereits sagte, passt es gerade einfach nicht. Außerdem ist dort nichts, was dich interessieren würde. Wenn du etwas über die Filmproduktion erfahren willst, kannst du dir meine Fabrik in Massachusetts ansehen.«

»Aber ich bin doch jetzt hier.«

»Süße, lass uns deswegen nicht streiten, okay?«

Weiteres Argumentieren hatte keinen Sinn. Sixtine drückte ihre Zigarette aus und stand auf. »Meinetwegen. Dann fahre ich jetzt nach Hause und gehe früh ins Bett. Ohne dich macht Südfrankreich einfach keinen Spaß.«

Sie spielte Wolfe etwas vor, davon war Bond überzeugt. Doch der Millionär war zufrieden. Er schnappte sich Sixtine, zog sie an sich und küsste sie auf die Wange, als fürchte er sich vor ihren vollen Lippen. »Macht es dir etwas aus, meinen Gast vom Schiff zu begleiten?«, fragte er.

»Natürlich nicht«, sagte sie. »Und keine Angst, ich werde dafür sorgen, dass er auf dem Weg nichts in Brand steckt.«

»Es war nett, Sie wiederzusehen, Jim.« Ein weiterer Handschlag. »Wenn Sie das nächste Mal nach Amerika wollen, wissen Sie ja jetzt, wie.«

»Auf jeden Fall.«

Bond und Sixtine verließen das Schiff zusammen über die Gangway und standen auf dem Kai des Hafens von Nizza. Hier lag die *Mirabelle* für ihre letzte Überprüfung vor der Jungfernfahrt vor Anker, umgeben von Kränen, die wie Höflinge den Kopf vor einer unbestrittenen Königin geneigt hatten. Bond war vom Negresco hergelaufen, doch Sixtine war gefahren. Ein knallroter MG TD wartete fröhlich und mit geöffnetem Verdeck auf dem Vorplatz auf sie. Sie zog einen Schlüsselbund aus ihrer Tasche und ließ ihn um ihren Finger wirbeln, während sie auf den Wagen zugingen.

»Komm mit«, sagte sie, ohne ihn anzusehen, vielleicht weil es ihr egal war, ob er es tat oder nicht. Sie öffnete die Tür des kleinen Wagens und stieg ein.

»Wohin denn?«, fragte Bond, während er sich neben sie setzte. »Fährst du zurück nach Shame Lady?«

Sie schüttelte den Kopf. »Nein. Ich mag es nicht, dort allein zu sein.«

»Wird Wolfe nicht später auftauchen?«

»Ich mag es noch viel weniger, wenn er da ist.«

»Wohin dann?«

Sie griff ins Handschuhfach und zog eine Sonnenbrille heraus, dann drehte sie den Schlüssel in der Zündung und Bond lauschte anerkennend dem kehligen Knurren des winzigen, aber perfekt eingestellten 1,3-Liter-Motors. »Machen wir eine Überraschungstour«, rief sie. »Es ist nicht sehr weit und es wird ein herrlicher Abend.«

Sie hatte recht. Die Sonne ging bereits unter, als sie Nizza verließen und der Küstenstraße Richtung Cannes folgten. Das Mittelmeer zu ihrer Linken nahm ein immer dunkler werdendes Rot an. Sie kamen am Flughafen und den neuen Gebäuden vorbei – Büros und Wohnungen –, die an der Küste in die Höhe schossen, die Gegend zu überwältigen drohten und eines Tages mit Sicherheit ihren zwanglosen Charme zerstören würden.

Bond war immer schon der Meinung gewesen, dass selbst die besten weiblichen Fahrer am Steuer eine gewisse Zurückhaltung, einen Mangel an Selbstbewusstsein an den Tag legten. Sie untersuchten Kreuzungen, bevor sie sie in Angriff nahmen, und je stärker der Wagen, desto weniger schienen sie ihn unter Kontrolle zu haben. Doch Sixtine beherrschte den MG wie ein Profi. Lächelnd trieb sie den Motor auf knapp hundert Stundenkilometer. Ihre dunklen Haare wehten in der Brise und die Sonnenbrille verdeckte ihre Augen. Der Verkehr war dicht, doch sie bahnte sich ihren Weg an den anderen Autos vorbei, manchmal nur mit wenigen Zentimetern Abstand. Wenn die anderen Fahrer hupten, lächelte sie nur und schaltete mit chirurgischer Präzision durch die vier Gänge.

In Antibes verließen sie die Hauptstraße und fuhren über den Boulevard du Cap, bis sie das Ende der Landspitze erreicht hatten. Hier führte ein schmaler, von Pinien gesäumter Weg steil nach unten. Bond sah Wasser – eine geschützte Bucht –, doch bevor sie es erreichten, drehte Sixtine das

Steuer und fuhr durch das offene Tor eines kleinen, altmodischen Hauses mit rosa Wänden, herabhängenden Bougainvilleas und einem grob gepflasterten Hof mit Zitronen- und Olivenbäumen. Über der Haustür erstreckte sich ein Balkon mit Steinsäulen, der wahrscheinlich einen herrlichen Blick aufs Meer bot. Es war ein Kleinod und ohne zu fragen, wusste Bond sofort, dass es ihr gehörte.

Das Haus war nicht verschlossen. Sixtine führte ihn in ein Wohnzimmer mit Glastüren, die in einen kleinen, geschützten Garten führten. An einer Seite befand sich ein großer Swimmingpool. Eine hohe, mit Efeu bedeckte Mauer trennte das Haus von seinen Nachbarn. Es herrschte absolute Windstille. Die warme, samtige Berührung des Abends ließ alles nach Pinien und Eukalyptus duften. Tausende Zikaden zirpten wie verrückt und hießen eine Dunkelheit willkommen, die nur von ein wenig silbernem Mondlicht durchbrochen wurde.

»Möchtest du ein Glas Dom Pérignon?«, fragte sie.

»Nur wenn du mittrinkst.«

»Natürlich.«

Sie legte eine Platte auf. Es war ein Album von Édith Piaf, *Chansons Parisiennes*. Dann ging sie in die Küche und Bond bewunderte die Einrichtung – antik, aber komfortabel – und die leuchtend bunte moderne Kunst. Sixtine las gern. Es gab zwei Regale mit Büchern auf Englisch und Französisch, viel klassische Belletristik, ein paar Bände über Geschichte und Politik. Das Haus war so etwas wie ihr Unterschlupf, aber es war liebevoll eingerichtet. In der zartblauen Tapete, den verspielten Spiegeln und den dicken türkischen Teppichen konnte man die weibliche Hand erkennen. Die leise Klaviermusik passte dazu.

Einen Moment später war sie zurück, in den Händen eine Flasche und zwei Gläser. »Ich habe Antibes immer gemocht«, sagte sie. »Nizza und Cannes sind überlaufen und verdorben. In ein paar Jahren wird man gar nicht mehr dorthin können. Aber hier habe ich das Gefühl, mich vor der Welt zu verstecken.«

»Ich kann mir nicht vorstellen, dass du dich vor jemandem versteckst.«

»Du wärst überrascht.«

»Also warum hast du mich hergebracht?«

Sie sah ihn an und er bemerkte die Belustigung in ihren Augen. Gleichzeitig verspürte er das gleiche Verlangen, das ihn an jenem Abend am Swimmingpool überwältigt hatte. Er riss sich zusammen. »Mir reicht es jetzt. Warum ist für dich alles nur ein Spiel?«

»Weil es ein Spiel ist. Hast du das noch nicht bemerkt?«

»Für dich vielleicht. Nicht für mich.« Er sah sie an. »Was tust du in diesem Land? Du liebst Irwin Wolfe nicht, also warum bist du mit ihm zusammen? Er spricht davon, dich zu heiraten, Herrgott noch mal!«

Als sie das hörte, warf sie den Kopf in den Nacken und lachte auf. »Vielleicht benennt er ja das nächste Schiff nach mir. Kannst du dir mich als die nächste Mrs Wolfe vorstellen? Die erste hat sich übrigens umgebracht. Sie stürzte sich lieber aus dem neunten Stock eines Gebäudes, als noch eine weitere Nacht mit Irwin zu verbringen. Er sagt, es sei ein Unfall gewesen. Aber das glaubt er selbst nicht.«

Sie schenkte den Champagner ein, doch Bond schüttelte den Kopf. »Nicht für mich, danke. Du hast mich gefragt, warum ich hergekommen bin. Tja, nicht um mit dir Champagner zu trinken. Ich will Informationen.«

»Du wirst langsam ermüdend, James. Das hast du doch schon bei unserer ersten Begegnung gesagt. Und ich habe dir geantwortet, dass ich keine habe.«

Er machte einen Schritt auf sie zu. »Dieses Mal ist es anders. Du wirst mir sagen, was ich wissen will.«

»Ach ja? Und wie willst du es aus mir herausbekommen?«

Diese Einladung reichte ihm. Tatsächlich hätte er gar keine gebraucht. Er hatte sich bereits entschieden, sich zu nehmen, was er wollte, zum Teufel mit den Konsequenzen.

Er packte Sixtine und zog sie an sich, presste seinen Mund auf ihren und zwang seine Zunge zwischen ihre Lippen. Er konnte ihre großen, warmen Brüste spüren, die sich gegen ihn drängten, und legte seine Arme um sie. Er hatte nicht erwartet, dass sie sich sträuben würde, und war überrascht, als sie seine Handgelenke festhielt. Er sah sie verwirrt an. Hatte er die Signale falsch gedeutet? Doch dann ging sie mit einem spitzbübischen Lächeln auf die Knie und zog ihn mit sich auf den Teppich. Dabei hielt sie ihn weiter fest und erlaubte ihm nicht, näher zu kommen. Bond spürte, wie die Leidenschaft in ihm aufwallte, doch er hatte die Botschaft verstanden. Wenn das hier weitergehen sollte, dann nur unter ihren Bedingungen.

Es war eine neue Erfahrung für Bond. Sixtine war älter als er. Sie war verheiratet gewesen. Vielleicht hatte sie sogar ein Kind. All dies unterschied sie von den vielen Mädchen, mit denen er geschlafen hatte, oft nur ein einziges Mal. Während er mit fixierten Händen auf dem Teppich kniete, studierte Bond die dunkelbraunen Augen, die Lippen, die üppigen schwarzen Haare. Das Alter war mehr als gnädig zu ihr gewesen. Tatsächlich hatte es ihr sogar noch geschmeichelt und ihr eine Aura von Erfahrung und Selbstvertrauen verliehen, die er ungemein anziehend fand. Die erste Frau, mit der er geschlafen hatte, war sechs Jahre älter als er gewesen – er war noch ein Teenager gewesen – und er erinnerte sich daran, wie viel größer ihm der Altersunterschied damals erschienen war. Nun verspürte er den gleichen Wagemut. Bond wollte Sixtine, aber er wusste, dass er auf ihr Einverständnis warten musste, und ein Teil von ihm verfluchte die Tatsache, dass sie selbst jetzt, in diesem intimen Moment, darauf bestand, Spielchen zu spielen.

Langsam nickte sie. Die Musik hatte sich geändert. Er konnte »La Vie en Rose« um sich herum wispern hören.

Bond zog sie an sich.

Als sie fertig waren, stand sie auf und verließ den Raum. Bond blieb allein zurück. Es war dunkel draußen, aber auf einem Tisch leuchtete eine Tiffany-Lampe. Bond zog sich an und leerte sein Champagnerglas, dann schenkte er sich nach. Als Sixtine zurückkehrte, trug sie einen Morgenmantel aus Satin, den sie in der Taille geknotet hatte. Sonst nichts. Ihre Haare waren nass. Sie hatte geduscht.

»Wenn das deine Verhörtechnik ist, muss ich sagen, dass sie mir gefällt.« Sie bemerkte sein Glas. »Wie ich sehe, hast du dich selbst bedient.«

»Ich hoffe, das macht dir nichts aus.«

»Natürlich nicht.« Sie fand eine Packung Zigaretten und zündete sich eine an. »Ich habe frischen Fisch und Salat im Kühlschrank. Ich bin keine gute Köchin. Ich mache keine Saucen oder besondere Rezepte. Wenn die Vorbereitung länger als fünf Minuten dauert, bin ich nicht interessiert. Aber da ist der Champagner und ich habe noch eine anständige Flasche Puligny-Montrachet. Bleibst du zum Essen?«

»Sehr gern«, antwortete Bond.

»Du kannst den Tisch decken – den im Garten.« Sie zeigte in die Richtung. »Die Teller sind im Schrank.«

Sie kehrte in die Küche zurück. Bond öffnete den Geschirrschrank und fand Teller sowie Besteck ... aber nur zwei Gedecke. Sixtine lebte hier allein und hatte offenbar nicht oft Gäste. Er trug alles Notwendige nach draußen und dachte dabei, dass es Jahre her war, seit ihn jemand gebeten hatte, einen Tisch zu decken.

Ein paar Minuten später gesellte sie sich zu ihm, in der Hand den Wein, den sie ihm zum Öffnen hinhielt. Es tat gut, die Kühle der Flasche in seinen Händen zu spüren. »Ich habe das Haus kurz nach dem Krieg gekauft«, sagte sie. »Ich will so viele Immobilien wie möglich haben. Denn ich weiß nie, wo ich sein werde.«

»Es gibt so viele Dinge, die ich über dich wissen will«, erwiderte Bond. »Aber um ehrlich zu sein, ist es mir völlig egal, wann du das Haus gekauft hast.« Er verspürte einen Anflug von Erschöpfung. Plötzlich ekelte er sich vor sich selbst ... vor diesem Theater ... vor diesem Heile-Welt-Spiel. »Mein Gott, Sixtine. Ein Freund von mir, ein guter Freund, wurde in Marseille erschossen. Und heute Morgen wurde eine hübsche junge Frau, die niemals irgendwem geschadet hat, direkt vor meinen Augen überfahren und getötet, einfach nur weil sie sich mit dem falschen Mann getroffen hat. Du hast ein schönes Haus und dies ist ein schöner Teil der Welt, aber es ist alles vergiftet. Scipio und seine Männer, Ferrix Chimiques, Irwin Wolfe ... hier geht etwas sehr Hässliches vor sich und was immer zwischen uns beiden passiert sein mag, das ist der einzige Grund, warum ich hier bin.«

Sie erstarrte und sah ihn an. Er konnte erkennen, dass er sie verletzt hatte.

»Du hast recht«, sagte sie. »Mir ist vollkommen klar, was für ein Mann du bist, James, und ich weiß, warum du hier bist. Aber wir haben diesen gemeinsamen Moment, also warum genießen wir ihn nicht? Lass uns zusammen zu Abend essen wie zwei Menschen, die einander gefunden und sich gerade geliebt haben.« Sie machte eine Pause, um ihre Worte wirken zu lassen. »Und dann sage ich dir alles, was du wissen willst.«

14

GEHEIMNISSE UND LÜGEN

Sie aßen im Garten zu Abend, während hinter ihnen der Swimmingpool schimmerte und sich die Sterne am Nachthimmel drängten. Alles war still. Die Zikaden hatten entschieden, dass es jetzt reichte. Wie angekündigt hatte Sixtine nur ein einfaches Mahl zubereitet: gegrillter Fisch, Salat, Käse, den sie im Marché de la Libération in Nizza gekauft hatte, und frisches Brot. Sie saßen nebeneinander am Tisch und sprachen eine Weile nicht. Innerlich war Bond unruhig, mit sich selbst im Unreinen. So unausweichlich es ihm jetzt auch erschien, dass sie zu Liebenden hatten werden müssen, war er besorgt, dass er die Situation damit verkompliziert hatte und es später bereuen würde. Einfach gesagt war es immer noch möglich, dass sie der Feind war.

Als hätte sie gespürt, was ihm auf dem Herzen lag, sah sie zu ihm auf und sagte emotionslos: »Willst du immer noch Informationen?«

»Ja.«

»Ich dachte, wir könnten einfach den gemeinsamen Abend genießen.«

»Das werde ich, wenn ich mehr über dich erfahre.«

Sie überlegte. »Was willst du wissen, James? Ob ich für den Tod deines Freundes verantwortlich bin? Nein. Oder den der jungen Frau heute Morgen? Ich weiß nicht, wer sie war. Du hast mich gefragt, warum ich hier in Südfrankreich bin. Warum sollte ich dir das sagen? Du weißt nichts über mich und wenn es nicht unmittelbar mit deiner Arbeit zu tun hat, ist es dir doch auch vollkommen egal.«

»Da irrst du dich.« Bond hob sein Weinglas und schwenkte die honigfarbene Flüssigkeit. Puligny-Montrachet war einer der wenigen Weine, dessen Ursprünge bis in die Römerzeit zurückverfolgt werden konnte, und er erfreute sich an seinem Alter und Geschichte genauso wie an seinem Geschmack. »Ich will alles über dich wissen. Nicht nur, was du hier in Frankreich tust. Du bist offensichtlich so etwas wie eine Vermittlerin. Mein Büro in London hat einen gesunden Respekt für dich und ich kann sehen, dass du es genießt, mich in meine Schranken zu weisen. Aber warum lassen wir diese Spielchen nicht hinter uns? Warum erzählst du mir nicht einfach von dir?« Er legte die Hand auf seine Brust. »Ich schwöre, dass es nicht weiter gehen wird als jetzt. Wenn wir beide auf der gleichen Seite sind, scheint es mir verrückt, voreinander Geheimnisse zu haben.«

»Wenn wir beide auf der gleichen Seite sind ...« Sie ließ die Worte in der Luft hängen. »Also gut.« Sie hielt Bond ihr Glas hin und er füllte es auf. »Aber wenn du mich verrätst, wenn du etwas tust, um mir zu schaden, werde ich dir niemals vergeben, James. Mehr als das, ich werde dafür sorgen, dass du es bereust. Nur weil ich mich dir heute Abend anvertraue, denk bloß nicht, dass ich dir gehöre. Ganz im Gegenteil. Wegen heute Abend gehört mir ein Teil von dir.«

Bond sagte nichts. Er wartete darauf, dass sie anfing.

»Es mag dich vielleicht überraschen, aber ich wurde in Neuseeland geboren. Ich erinnere mich nicht mehr an den Ort. Mein Vater stammte aus Frankreich. Er war Ingenieur und wurde eingeladen, dort unten an der Hauptleitung von Auckland nach Wellington zu arbeiten. Meine Mutter war Schneiderin. Ich habe dort die ersten fünf Jahre meines Lebens verbracht und ich erinnere mich an fast nichts aus dieser Zeit, außer dass ich mich gelangweilt und gefangen gefühlt habe. Damals lebten im ganzen Land nur etwa eine Million Menschen und alles war sehr normal, sehr sicher. Es war unglaublich eintönig. Nette kleine Häuser mit netten kleinen Gärten, aber ich war kein besonders nettes kleines Mädchen. Ich war froh, als die Arbeit dort abgeschlossen war und mein Vater verkündete, dass wir zurück nach Paris ziehen würden. Ich kann mich immer noch an die Aufregung erinnern, die ich verspürt habe, während ich meinen Koffer gepackt habe. Es war eine geheime Tür, die mich in ein neues Leben führen würde. Wie hätte ich wissen sollen, dass wir gerade rechtzeitig zum Ausbruch eines Weltkriegs ankommen würden?

Es ist schwer, meine Gefühle für die Stadt einen Monat nach unserer Ankunft zu beschreiben. Einerseits war da der Glanz: der Eiffelturm, die Seine, die Boulevards, die Geschäfte mit ihren großen Schaufenstern, die Auckland wie das Nichts aussehen ließen, das es immer schon gewesen ist. Doch gleichzeitig waren überall Waffen. Die Menschen hatten Angst. Die Deutschen rückten immer näher – an einem Punkt waren sie nur noch fünfundzwanzig Kilometer entfernt und Hunderte Taxis tauchten auf, um französische Soldaten an die Front zu bringen. Ich sah, wie sie aufbrachen, und dachte darüber nach, wie lächerlich es war, dass all diese jungen Männer in Taxis stiegen, um mit ihnen in ihren Tod zu fahren.

Inzwischen arbeitete meine Mutter in einer Versorgungsfabrik. Mein Vater half dabei, die Eisenbahn von Montparnasse nach Porte de Vanves zu bauen. Ich habe keinen von beiden besonders oft gesehen. Eine Nachbarin kümmerte sich um mich, eine alte Dame, die nach saurer Milch roch und mit ihren Katzen sprach. Ich war wohl ein sehr wütendes Kind. Nach der ersten Begeisterung kam mir Paris wie eine Enttäuschung vor. Ich war in einer kleinen Wohnung in Montrouge eingesperrt, was nicht mal zur Stadt gehört. Es ist ein Vorort im Süden. Ich hatte von meinem Vater Französisch gelernt, hatte aber keine Freunde. Ich ging auf eine Schule, die von Nonnen geleitet wurde und die waren bösartig. Das Essen war schrecklich. In gewisser Hinsicht hat mich diese Zeit zu dem gemacht, was ich bin, denn wenn ich damals eine Sache gelernt habe, dann war es, unabhängig zu sein. Ich musste die Stärke finden, mich um mich selbst zu kümmern.«

Sie hielt kurz inne und blickte in ihr Weinglas, als könnte es ihr ein Fenster in ihr vergangenes Leben eröffnen. Der Morgenmantel, den sie trug, fiel am Kragen auseinander und Bond ertappte sich dabei, wie er ihren Hals und das Tal darunter studierte. Ihr Haar war immer noch feucht von der Dusche und irgendwie passte es zu ihr, denn es ließ sie wilder und unberechenbarer wirken. Der Mond stand hinter ihr und die Schatten legten sich um sie.

Schließlich sprach sie weiter. »Jeden Tag betete ich, dass sich die Dinge ändern würden, und schließlich taten sie das, aber nicht auf die Art, die ich mir erhofft hatte. Am 30. August 1914 wurde meine Mutter von einer deutschen Bombe getötet, die auf die Rue des Vinaigriers fiel, als sie auf dem Heimweg von der Arbeit war. Es war ein vollkommen zufälliges Ereignis. Ein deutscher Pilot flog eine Taube – das ist ein bestimmter Flugzeugtyp. Er ließ per Hand drei Bomben fallen. Eine der Bomben fiel in den Schornstein eines Gebäudes und ließ eine Wohnung explodieren. Es war die dritte Bombe, die meine Mutter tötete – soweit ich weiß, war sie damit die erste Zivilistin, die jemals bei einem Luftangriff getötet wurde. Tatsächlich gab es noch drei weitere Opfer, auch wenn niemand sonst getötet wurde. Die Sache wurde damals komplett vertuscht. Die Franzosen sorgten sich um die Moral. Mein Vater hat mir erst ein paar Wochen vor Kriegsende erzählt, was sich wirklich zugetragen hatte.

Zu diesem Zeitpunkt war für ihn schon alles vorbei. Er konnte den Tod meiner Mutter einfach nicht überwinden. Es war immer schon meine Überzeugung, dass Frauen stärker sind als Männer. Wir nehmen die Karten, die uns das Leben zuteilt, und machen das Beste draus. Ohne unsere Unterstützung würden Männer einfach zusammenbrechen und aufgeben. So war es auch mit ihm. Er trank viel ... und ich weiß nicht mal, wie ihm das gelang, denn Alkohol war damals schwer aufzutreiben. Manchmal schien er nicht mal mehr zu wissen, wer ich war. Ich sehe ihn immer noch vor mir. Er war ein attraktiver Mann gewesen, doch er aß nicht und achtete nicht mehr auf sich. Seine Augen starrten mich an, als ob er sich fragte, wie ich bei ihm gelandet war. Es war, als würde er in sich zusammenfallen, und ich war überhaupt nicht überrascht, als ich eines Tages aus der Schule kam und die Nachbarin in unserer leeren Wohnung auf mich wartete. Sie sagte mir, dass er tot wäre. Er sei an gebrochenem Herzen gestorben. Aber wahrscheinlicher ist, dass er sich umgebracht hat. Ich habe es nie herausgefunden. Was für einen

Unterschied machte es auch für mich? So oder so, ich war allein.

Nach Kriegsende wurde ich nach England geschickt. Wie sich herausstellte, hatte ich eine Tante, die in London lebte, in Pimlico, und sie erklärte sich bereit, mich aufzunehmen. Über die folgenden Jahre gibt es nicht viel zu erzählen. Ich wuchs auf. Ich ging zur Schule. Die Leute sprechen von den ›wilden Zwanzigern‹, aber für mich waren sie gar nicht so wild. Überall in London gab es plötzlich Jazzclubs und Cocktailbars. Frauen begannen auszubrechen. Sie rauchten, fuhren Auto und zogen an, was immer sie wollten. Die Leute sprachen von ›Flappern‹. Du musst damals noch kurze Hosen getragen haben, James. Ich bin sicher, das alles sagt dir nichts. Mir hat es auch nicht viel bedeutet. Ich wuchs bei meiner Tante Lucy auf und sie tat, was sie konnte, um mich vor der Welt da draußen zu schützen. Oder vielleicht versuchte sie auch, die Welt vor mir zu schützen.

Irgendwie komisch, wie normal alles für mich war und wie schnell ich mich an mein neues Leben gewöhnt hatte. Ich ging auf ein Sekretärinnen-Kolleg und begann, für eine Versicherungsfirma in Knightsbridge zu arbeiten, in der die Heizungen immer voll aufgedreht waren, Topfpflanzen auf der Fensterbank standen und jeden Tag um elf und um sechzehn Uhr ein Teewagen vorbeikam. Tante Lucy machte mir belegte Brote und wenn die Sonne schien, ging ich nach draußen und aß sie im Park. Es gab dort andere junge Frauen, mit denen ich mich ganz gut verstand. Sie erzählten immer von den Jungs, mit denen sie sich trafen, und ich fragte mich, wie viel länger ich allein sein würde. Einer der Versicherungsvertreter fand Gefallen an mir und fuhr mich in seinem Austin Seven nach Clacton – glamouröser wurde es nicht.

Aber dann traf ich Danny und alles wurde anders.«

Sie hatte noch nichts von ihrem Fisch gegessen, sondern ihn stattdessen mit der Gabel auf ihrem Teller herumgeschoben. Nun gab sie ihn ganz auf. Sie griff nach ihren Zigaretten. Es waren Morlands, die Marke, die sie erwähnt hatte. Ihre Zigarette war dünn und elegant, mit einem silbernen Band darum. Sixtine zündete sie an. Die Flamme erleuchtete kurz ihre Augen.

»Danny Salgado – so hat er sich genannt«, fuhr sie fort. »Wir sind vor der Knightsbridge-Station zusammengestoßen, wortwörtlich, und er hat mich auf einen Drink eingeladen. Er war dunkelhaarig und ein paar Jahre älter als ich. Er trug teure Kleidung und einen Hut. Jetzt, wo ich darüber nachdenke, sah er dir ein bisschen ähnlich, nur vielleicht etwas weltgewandter. Er war außerordentlich charmant. Das war seine hervorstechendste Eigenschaft. Wenn er die Leute anlächelte, verliebten sie sich auf der Stelle in ihn, und er war sich dessen bewusst. Er machte das bei Kellnerinnen, Polizisten, bei wem es ihm beliebte. Ich habe es mit eigenen Augen gesehen. Es war wie eine Art Technik. Ich hatte nie zuvor jemanden wie ihn getroffen, aber du musst bedenken, dass ich noch in meinen Zwanzigern war und mein halbes Leben bei meiner Tante, einer alten Jungfer, verbracht hatte. Ich kannte allgemein nicht viel.

Danny hat mir erzählt, dass er Unternehmensberater sei. Mir war nicht mal genau klar, was das überhaupt bedeutete, aber er hat von Anfang an klargemacht, dass er nicht gern über seine Arbeit redete. Ich wusste nur, dass er mit vielen sehr wichtigen Leuten arbeitete. Er war viel geschäftlich unterwegs und reiste immer erster Klasse. Später fand ich heraus, dass er drei Pässe hatte. Ich fand viele Dinge über

Danny heraus, aber erst als es zu spät war. Jedenfalls hat er mich später an diesem Tag zum Abendessen ausgeführt – ins Kettner's in Soho. Ich war noch nie an so einem Ort gewesen, aber jeder schien ihn zu kennen. Er bestellte Champagner und als es an der Zeit zum Bezahlen war, verteilte er Fünf-Pfund-Scheine, als seien sie ihm gleichgültig. Die Rechnung betrug fast mein Wochengehalt. ›Wo das herkommt, gibt's noch mehr, Jojo‹, sagte er immer. Jojo war sein Spitzname für mich und er sagte immer solche albernen Dinge, aber irgendwie klangen sie bei ihm gut. Er liebte Witze. Er war die Art Mann, der eine Party allein dadurch beleben konnte, dass er den Raum betrat.

Ich habe in jener Nacht nicht mit ihm geschlafen. Tatsächlich hat es ziemlich lange gedauert, bis ich das zuließ. Er war der erste Mann, mit dem ich je im Bett war, und ich wollte ihn als Freund kennenlernen, bevor ich ihn als Liebhaber nahm.« Sie lächelte wehmütig und Rauch stieg kräuselnd zwischen ihren Fingern auf. »Es war leicht, sich mit Danny anzufreunden. Er hatte eine Suite im Dorchester und dort machte er mich auch zu einer unehrbaren Frau. Als ich am nächsten Morgen erwachte, war er bereits fort, aber er hatte eine Nachricht für mich hinterlassen und ein paar Minuten später klopfte es an der Tür und ein Hotelpage schob einen Trolley mit einem riesigen Blumenstrauß und einem Champagner-Frühstück herein. Ein paar Tage später trafen wir uns wieder und er drängte mich, meine Arbeit zu kündigen und bei ihm einzuziehen – obwohl ich nicht mal wusste, wo er eigentlich wohnte.

Drei Monate später heirateten Danny und ich im Standesamt von Chelsey. Tante Lucy war dabei und ich erinnere mich, wie sie dasaß und versuchte, sich für mich zu freuen, obwohl sie eigentlich dagegen war. Ich glaube, sie hatte Angst um mich. Sie muss intuitiv gewusst haben, was Danny für ein Mann war, aber sie hat nie ein böses Wort gegen ihn gesagt. Sie dachte, es würde sie nichts angehen, auch wenn sie davon überzeugt war, dass die Sache nicht gut ausgehen würde. Und sie hatte recht. Sie ist inzwischen tot. Sie starb ziemlich jung und ich vermisse sie schrecklich. Sie war die einzige enge Freundin, die ich jemals hatte.

Die ersten paar Jahre war ich sehr glücklich. Danny und ich hatten eine Wohnung in der Heddon Street gekauft, in der Nähe von Picadilly. Zuerst dachte ich, sie wäre für uns beide, aber eigentlich war sie nur für mich. Er zahlte mir einen monatlichen Unterhalt und war sehr großzügig. Wir reisten zusammen – nach Cannes, Wien, Rom und Malta. Wir übernachteten in den besten Hotels und er nahm mich in die Casinos mit. Er war derjenige, der mich in *vingt-et-un* eingeführt hat. Er sagte immer, dass es das einzige Casinospiel sei, bei dem man die Bank tatsächlich schlagen könne – was in Anbetracht dessen, was passiert ist, ziemlich ironisch ist. Er lehrte mich, mir die Reihenfolge eines ganzen Kartenstapels zu merken. Das kann ich bis heute. Und er hat mir auch gezeigt, wie man herausfindet, welche Karten der Croupier hält, indem man auf seine Hände achtet. Ich habe viele Stunden damit verbracht, es zu lernen, nicht weil ich dachte, dass es mir nützlich sein könnte, sondern weil ich ihm gefallen wollte.«

Bond war ebenfalls mit seinem Essen fertig. Er schenkte sich Wein nach und lehnte sich zurück. Er überlegte, warum ihm Sixtine all das erzählte. Vielleicht weil sie einsam war, auch wenn sie das niemals zugeben würde. Das war sein Eindruck gewesen, als er sie im Casino das erste Mal gesehen hatte. Wer sie war und was sie tat, trennte sie vom Rest der Welt, und vielleicht war das, was sie sich mehr als alles andere wünschte, Intimität in jeglicher Form. Für jemanden, der mit Informationen handelte, war der Umstand, dass sie sich ihm gegenüber auf diese Weise öffnete, der wirksamste Weg, um die Barrieren zwischen ihnen zu überwinden. Sie wollte ihn wirklich davon überzeugen, dass sie auf der gleichen Seite standen.

»Meine Liebesaffäre mit Danny endete praktisch an dem Tag, an dem ich schwanger wurde«, fuhr Sixtine fort. »Auch wenn ich es damals nicht merkte. Er war so glücklich, als ich es ihm erzählte. Es gab mehr Blumen. Abendessen im Ritz. Ein teurer Arzt am Cavendish Square. Aber gleichzeitig war es, als wäre ein Schalter umgelegt worden, und er fühlte sich nicht länger wohl mit mir. Ich wusste es sofort, als er ein paar Tage später mit mir im Bett lag und es war, als wäre er gar nicht richtig da. Sein ganzes Verhalten mir gegenüber änderte sich. Er hatte mir immer das Gefühl gegeben, etwas Besonderes zu sein, doch nun schweifte sein Blick über mich hinweg, als sei ich zu einem Teil des Mobiliars geworden. Davor hatte ich immer mit ihm reden können, aber jetzt waren es nur ein paar Sätze und er war so schnell wieder weg, wie er konnte.« Sie seufzte. »Ich lasse es so dramatisch wirken, dabei war es eigentlich ganz alltäglich. Ist das nicht die Definition von Ehe? Die Tage vergehen, man entwickelt eine Routine und Stück für Stück wird einem alles genommen, bis schließlich zwei vollkommen Fremde im gleichen Raum sitzen.

Plötzlich reiste er mehr. Er war oft mehrere Tage am Stück fort gewesen, doch nachdem das Baby – ein Junge – auf der Welt war, wurden daraus Wochen. Danny liebte es, Vater zu sein. Er war so stolz. Doch vielleicht gab es einen Teil von ihm, der Angst vor der Verantwortung hatte, der sich nicht binden wollte. Ich habe mich nie beschwert. Ich versuchte, ihm alles einfach zu machen. Ich war so eine Närrin. Ich war fünf Jahre mit ihm verheiratet, bevor ich die Wahrheit herausfand.

Ich hätte es von Anfang an wissen müssen. Vielleicht hatte ich es auch gewusst und die ganze Zeit so getan, als würde ich es nicht wissen. Da waren zunächst mal die drei Pässe, die unterschiedlichen Namen. Es hatte nächtliche Telefongespräche gegeben. Seltsame Männer, die sich nie vorgestellt hatten, waren an der Wohnung aufgetaucht. Und das Geld! Umschläge voller Scheine, ohne wirkliche Erklärung, woher das alles stammte. Ich kannte weder seine Eltern noch irgendwelche Verwandten und die Freunde, die er mir vorstellte, schienen sich ständig abzuwechseln, sodass es nie jemanden gab, der ihm wirklich nahestand. Weißt du, welchen Fehler ich gemacht habe, James? Ich habe Danny zu meiner ganzen Welt gemacht. Das werde ich nie wieder mit einem anderen Mann machen.

Er war kein Unternehmensberater. Er war ein Verbrecher – schlicht und einfach. Ich erfuhr die Wahrheit von einem Scotland-Yard-Ermittler namens Jack Travers, der ihm auf der Spur war und Mitleid mit mir hatte. Oder vielleicht wollte er mich auch nur benutzen, um Danny zu erwischen. Ich weiß es nicht. Jedenfalls hatte Danny seine kriminelle Karriere als Trickbetrüger begonnen. Nicht weiter überraschend. Er arbeitete als Köder für eine gut organisierte Bande, die in London und manchmal an transatlantischen Knotenpunkten agierte. Der Köder ist derjenige, der das Opfer anlockt, genau wie er es mit mir getan hatte. Dafür braucht es viel Charme und Glaubwürdigkeit. Sie hatten eine Reihe von

Maschen mit schicken Namen: der Große Herzog, die Letzte Drehung, der Heiße Stuhl, der Aufriss … Du würdest nicht glauben, wie viel Aufwand für das alles nötig war. Es gab ein halbes Dutzend von ihnen, die vorgaben, einander nicht zu kennen, obwohl sie in Wirklichkeit zusammenarbeiteten. Ich hatte ein paar von ihnen getroffen, aber nie ihre richtigen Namen erfahren.

Seit einiger Zeit hatte er sein Repertoire erweitert. Er hatte einen Gauner damit beauftragt, Essens- und Arbeitslosenmarken zu fälschen. Sie wurden in Polen gedruckt und er verkaufte sie durch Banden, die er in verschiedenen Teilen Londons traf … den Hoxton Mob und die Elephant Boys. Er war ein vertrauter Anblick in Clubs und an Rennstrecken. Scheinbar kannte ihn jeder. Außer mir.

Und ich muss wohl nicht erwähnen, dass ich nicht die einzige Frau in seinem Leben war. Ganz im Gegenteil. Detective Travers sorgte dafür, dass ich alle Einzelheiten erfuhr. Danny hatte überall in London Freundinnen. Ich bekam den Eindruck, dass er sich mit ihnen über mich lustig gemacht haben musste, denn ich war die Einzige, die die Wahrheit nicht kannte. Ich lebte in dieser Traumwelt, in der ich Ehefrau und Mutter war, obwohl ich in Wahrheit lediglich nützlich gewesen war. Ich weiß nicht mal, warum er mich überhaupt geheiratet hat, auch wenn ich später herausfand, dass Salgado nicht sein richtiger Name war und es deshalb eh keine Rolle spielte, weil die Ehe ohnehin nichtig gewesen war, nicht mehr als schöner Schein.«

Die Abendluft wurde kühler. Sixtine zog den Morgenmantel enger um sich. Bond zündete sich noch eine Zigarette an.

»Keine Sorge«, sagte sie. »Ich werde nicht die ganze Nacht reden. Du meintest, dass du alles über mich wissen willst.

Nun, das werde ich dir ersparen. Dies ist die Kurzfassung. Soll ich weitermachen?«

»Du kannst so lange reden, wie du willst«, erwiderte Bond. »Ich gehe nirgendwohin.«

»Das hoffe ich doch, James. Jedenfalls nicht heute Nacht.«

Sie trank den Rest ihres Weins und schob das Glas von sich.

»Ich verließ Danny. Wir haben uns nicht gestritten. Es gab keine Konfrontation. Ich nahm einfach meinen Sohn und kehrte zu Tante Lucy zurück. Sie erwartete mich bereits. Mein altes Zimmer war bereit für mich und es gab einen kleinen Raum auf dem Dachboden für Julian. Eins muss ich Danny lassen. Er hat mir weiterhin jede Woche Geld geschickt. Ich weiß nicht, ob es für mich war, für seinen Sohn oder nur um sein schlechtes Gewissen zu beruhigen, aber ich musste nicht wieder arbeiten gehen. Ich sah ihn nie wieder. Die Wahrheit ist, dass wir uns wirklich geliebt hatten und uns jetzt, wo sich alles geändert hatte, nicht mehr sehen wollten. Es war besser, einfach mit den Erinnerungen zu leben.

Als die wöchentlichen Zahlungen aufhörten, wusste ich, dass das nur eins bedeuten konnte. Danny war verschwunden und niemand gab mir irgendwelche Informationen über ihn, also ging ich zu Travers zurück und er bestätigte mir genau das, was ich befürchtet hatte. Danny war von einem seiner Verbrecherfreunde erschossen worden. Wie sich herausstellte, war er in seinen letzten Lebensjahren trotz allem, was er gesagt hatte, spielsüchtig geworden – nicht nur Karten, sondern auch Crabs und Roulette – und innerhalb kürzester Zeit war er von den Casinos ruiniert worden. Alles war weg: die Wohnung in Picadilly, die Autos, die schicke Kleidung. Ich fragte mich, wie er das wöchentliche Geld für mich zusammenbekommen hatte. Travers hat gelächelt, als ich ihn das gefragt habe. Offenbar hatte er seine eigenen Komplizen bestohlen. Und darum war er auch umgebracht worden. Ich hätte mit Julian gern sein Grab besucht, doch das war nicht möglich. Wahrscheinlich lag Danny auf dem Grund der Themse. Er hinterließ nichts. Nicht mal eine Erinnerung.«

Sixtine erschauderte. »Lass uns wieder reingehen. Mir wird kalt.«

Sie gingen ins Wohnzimmer. Sixtine setzte sich im Schneidersitz auf das Sofa. Bond nahm ebenfalls Platz und wartete darauf, das Ende der Geschichte zu hören.

»Ein weiterer Krieg stand bevor und ein Teil von mir war froh darüber«, sagte sie. »Ist das nicht schrecklich? Aber ich wollte, dass mein Leben erschüttert wurde. Ich wollte eine neue Welt erkunden. Ich war dreißig, als der Krieg schließlich begann, und ich dachte daran, mich der Women's Land Army oder dem ATS anzuschließen, doch Tante Lucy hatte einen Freund, der am Imperial College lehrte, und da er wusste, dass ich fließend Französisch sprach, schlug er vor, dass ich mich für einen Job in Bletchley Park bewerben sollte. Es war alles streng geheim und ich sollte dir nicht mal jetzt davon erzählen. Ich ging für ein Bewerbungsgespräch zu einem kleinen Büro in der Nähe von Green Park und bevor ich wusste, wie mir geschah, hatte ich eine Vertraulichkeitsvereinbarung unterschrieben und war auf dem Weg nach Buckinghamshire, für eine Stelle, die mir sechsunddreißig Shilling die Woche einbringen würde – obwohl ich einen Guinea davon für die Unterbringung zahlen musste. Julian blieb bei Tante Lucy in London.

Ich war einen Großteil des Krieges in Bletchley. Ich begann in der Katalogisierungsbaracke ... Marine-Nachrichtendienst.

Meine Aufgabe bestand darin, nach Worten oder Formulierungen auf Französisch oder Deutsch zu suchen, die von Interesse sein könnten, und sie zum Abgleichen auf Karten zu schreiben. Es war ein ziemlich trostloser Ort mit furchtbarem Essen und ich machte dort Überstunden, sechs Tage die Woche, aber ich war sehr glücklich dort. Ich hatte viele Freunde, auch wenn die meisten der Frauen jünger waren als ich. Wir mussten einander so nahestehen, weil wir mit niemandem sonst über irgendwas sprechen durften. Ich erinnere mich, wie ich im Sommer schwimmen gegangen bin und in Woburn Abbey und im Odeon in Fenny Stratford getanzt habe. In einem Pub am Grand Union Canal traf ich RAF-Piloten aus Cranfield und es gab einen polnischen Gefreiten, mit dem ich eine Weile zusammen war. In gewisser Hinsicht lebte ich dort beschützt, wie in einem Kokon. Die Arbeit, die ich verrichtete, war wichtig. Wir alle wussten das. Und ich musste nicht mehr über mein übriges Leben nachdenken, über Danny und das alles.

Und im Sommer 1943 sprach mich der Professor, der mich Bletchley empfohlen hatte, ein zweites Mal an – nur dass er diesmal wollte, dass ich mich einer Organisation anschloss, von der ich nie zuvor gehört hatte und die, wie er sagte, mein Leben in große Gefahr bringen würde. Ich wusste sofort, dass er mich zu einer Spionin machen wollte, und ich hatte recht. Er sprach von der SOE.«

Sixtine erschauderte erneut, doch Bond wusste, dass es diesmal nichts mit der Kälte zu tun hatte.

»Ich wurde rekrutiert und zur Ausbildung an der Waffe, in Sabotage, Tag-und-Nacht-Navigation und all dem nach Schottland geschickt. Ich war inzwischen vierunddreißig und fand es unglaublich anstrengend. Als Nächstes ging es nach Beaulieu für Kryptografie, Waffenkunde, Flucht- und Ausweichtechniken, Morsecode … Ich weiß, dass du auch beim Nachrichtendienst der Marine warst, James, also wird dir das alles sehr bekannt vorkommen.«

»Woher weißt du das?«, unterbrach Bond. »Als wir uns das erste Mal getroffen haben, wusstest du meinen Namen und alles über mich. Woher hattest du diese Informationen?«

Sie sah ihm in die Augen. »Denkst du, ich habe dich ausspioniert?«

»Das habe ich angenommen.«

»Tja, da liegst du falsch.« Sie zögerte. »Irwin Wolfe hat mir von dir erzählt. Er hat mir sogar dein Foto gezeigt und mir gesagt, dass ich mich von dir fernhalten soll.«

Bond dachte über das nach, was sie erzählt hatte. Er war sich immer noch nicht sicher, ob er ihr glauben sollte. »Das ist sehr interessant. Aber du wolltest mir von deiner Arbeit für die SOE erzählen …«

»Eigentlich will ich das gar nicht so gern. Es endete sehr, sehr schlimm.«

»Aber du bist noch am Leben.«

»Es hieß, die durchschnittliche Lebenserwartung einer Funkerin bei der SOE beträgt sechs Wochen, also hatte ich wohl Glück.« Sie nahm Bond die Zigarette ab, die er rauchte, zündete damit ihre eigene an und gab sie ihm zurück. »Ich bekam den Codenamen Sixtine und wurde Ende 1943 zum ersten Mal rausgeschickt. Ich sollte mich dem Stockbrocker Circuit als Kurier anschließen und Nachrichten rein- und rausbringen. Es lag eine gewisse Ironie darin. Stockbroker hatte einen erfolgreichen Angriff auf die Eisenbahnproduktion in Fives-Lille durchgeführt und eine interessante Sabotagemethode entwickelt, die sie ›Phantomzug‹ nannten.

Sie kaperten eine Lokomotive und schickten sie die Gleise entlang. Früher oder später würde sie ganz ohne Hilfe von Sprengstoff gegen eine andere Lokomotive oder ein Gebäude prallen. Ich war drei Wochen lang bei ihnen und es kam mir immer irgendwie witzig vor. Als ich noch klein war, hat mein Vater das französische Eisenbahnnetz aufgebaut und ich war nun mit Leuten zusammen, die es zerstörten. Ich fragte mich unweigerlich, was er davon gehalten hätte.

Dreimal wurde ich nach Frankreich geschickt und beim dritten Mal war mein Glück aufgebracht. Ich werde dir nicht sagen, was passiert ist. Ich rede nie darüber. Ich denke nicht mal darüber nach. Einen Tag nachdem ich per Fallschirm in Nordfrankreich gelandet war und eine Woche vor dem D-Day schnappte mich die Gestapo. Natürlich war ich verraten worden. Sie wussten, dass ich komme.«

Bond konnte sehen, wie die Erinnerungen in ihr aufstiegen, und wollte ihr eine beruhigende Hand auf die Schulter legen, doch sie schüttelte sie ab.

»Schon gut. Ich war nur eine von vielen, die im Krieg verletzt wurden. Doch es gab etwas, was noch viel mehr schmerzte, auch wenn ich erst später davon erfuhr, und vielleicht erklärt dir das alles, was du wissen willst.« Sie holte tief Luft. »Ich sagte, dass ich verraten worden war, und das stimmt. Als ich dieses dritte Mal über Frankreich abgesetzt wurde, wussten die Deutschen, dass ich auf dem Weg war, und erwarteten mich. Aber erst später fand ich heraus, dass die SOE von Anfang an davon gewusst hatte. Sie wussten, dass man mich verhaften, verhören und wahrscheinlich töten würde. Es gab ganze Netzwerke – Stockbroker, Prosper und viele mehr –, die von den Deutschen unterwandert worden waren. Doch die SOE trieb ein doppeltes Spiel. Sie wollten nicht, dass die Deutschen wussten, dass sie es wussten. Sie wollten sie von den Landungen in der Normandie ablenken und dafür nahmen sie in Kauf, Leute wie mich zu opfern. Und glaub mir, ich war nicht die Einzige.

Ja, James, ich lebe noch. Aber als ich aus Ravensbrück, wo man mich festgehalten hatte, nach England zurückkehrte und verstand, was mir angetan worden war, wie man mich manipuliert hatte, starb ein Teil von mir. Und er hat sich nie wieder erholt.«

Sie hatte genug von ihrer Zigarette und drückte sie aus. Um ihre Fingerspitzen stoben Funken auf.

»Da entschied ich, niemals wieder auf einen Mann zu hören«, fuhr sie fort. »Ich würde niemandem verbunden sein – weder Personen noch Ländern. Ich würde mich selbstständig machen. Ich würde reich werden und es war mir egal, wie ich es anstellte. Ich behielt den Namen Sixtine, weil es auch eine Nummer war und es mir richtig erschien, einen Teil meiner Menschlichkeit abzulegen. Das ist etwas, dass du und ich gemeinsam haben. Sie nennen dich 007, weil sie wissen, dass es dir dadurch leichter fällt, brutal und ohne Reue zu töten. Es ist ihnen wichtig, dass du eine Doppelnull bist. Sie haben auch dir einen Teil deiner Menschlichkeit genommen.«

Bond glaubte nicht an das, was Sixtine sagte. Er wusste, dass es in der Special Operations Executive Doppelagenten gegeben hatte. Er selbst hatte mit Henri Déricourt gesprochen, der für die Lufteinsätze verantwortlich gewesen und nach Kriegsende wegen Verrats angeklagt worden war. Bond war der französische Pilot unsympathisch gewesen, doch am Ende war Déricourt freigesprochen worden. Er konnte einfach nicht glauben, dass es eine Verschwörung in den höheren Rängen der Organisation gegeben hatte, und er war versucht, Sixtine zu widersprechen.

Doch letztendlich beschloss er, den Mund zu halten. Er brauchte immer noch Informationen von ihr. Er musste es bis zum Ende durchziehen.

»Ich denke von mir selbst nicht als Nummer«, sagte er. »Ich habe dir bereits gesagt, warum ich mich für die Arbeit entschieden habe, die ich tue. Aber es gibt zwei Dinge, die ich von dir wissen will. Das erste ist – was ist aus deinem Sohn Julian geworden? Du hast ihn nicht erwähnt.«

Sie machte eine vage Geste. »Er ist auf den Bahamas. Ich habe dort ein Haus und er ist glücklicher, wenn er nicht in meiner Nähe ist. So ist es besser für uns beide.«

»Und du hast mir immer noch nicht gesagt, warum du in Südfrankreich bist. Was ist mit Irwin Wolfe? Ich weiß, dass du ihn nicht liebst. Ich habe den Eindruck, du kannst ihn nicht mal leiden. Also was willst du von ihm?«

Bond wartete. In gewisser Hinsicht hatte die gesamte Unterhaltung zu diesen Punkt geführt.

»Ich erzähle es dir«, sagte sie. »Weil ich nicht will, dass es zwischen uns Geheimnisse gibt, und vielleicht können wir einander ja sogar helfen. Ich hatte gedacht, du hättest es ohnehin schon erraten.« Sie machte eine Pause. »Als Erstes solltest du wissen, dass Irwin ein kranker Mann ist. Ich glaube, er stirbt. Er nimmt täglich ein Dutzend Pillen ein, aber sie helfen ihm nicht mehr. Das Seltsame ist, dass ihn seine Krankheit nur noch entschlossener macht. Sie treibt ihn an. Er hat ein neues Produkt entwickelt, mit dem er erneut ein Vermögen machen könnte – selbst wenn er es nicht mehr ausgeben können wird.« Sie zögerte. »Weißt du etwas über Technicolor-Film?«

»Ein bisschen. Ich gehe nicht oft ins Kino. Ich habe immer interessantere Dinge gefunden, die man im Dunkeln machen kann.«

Sie nickte. »Kann ich mir vorstellen. Nun, der grundlegende Prozess von Technicolor ist sehr einfach. Die Farben werden in drei Grundkomponenten aufgeteilt: Rot, Grün und Blau. Doch dafür benötigt man drei verschiedene Negative und das verursacht Probleme.«

Sie war jetzt ganz geschäftsmäßig, leidenschaftslos, als sei alles, was sie in der letzten halben Stunde erzählt hatte, vergessen. Bond beobachtete sie mit einer Bewunderung, die er nur selten für eine Frau empfunden hatte. Kind, Waise, Ehefrau, Mutter, Witwe, Geheimagentin, Gefangene und bekennende Kriminelle. Es war ihr gelungen, mit einer Skrupellosigkeit ihr Leben in einzelne Bereiche aufzuteilen, die nicht nur ihr Überleben, sondern auch ihren Erfolg gesichert hatte. Ihm fiel Reade Griffith ein, der fast so etwas wie Ehrfurcht für sie zu empfinden schien. »*Eins kann ich Ihnen sagen – die ist vielleicht 'ne Nummer!*« Und es stimmte. Bond hatte noch nie zuvor jemanden wie sie getroffen.

»Vervielfacht man die Negative, teilt man das Licht auf«, fuhr sie fort. »Also muss man beim Dreh mehr Licht verarbeiten. Und dadurch wird es teurer. Doch Irwin, oder eher die Leute, die für ihn arbeiten, haben einen 35-mm-Farbfilm entwickelt, der einen viel größeren Belichtungsspielraum hat. Er ist für Innen- und Außenaufnahmen geeignet. Er nennt ihn G-Vision und er wird Technicolor und alle anderen vom Markt verdrängen. Und hier komme ich ins Spiel. Ich kenne gewisse Leute, die an der Formel interessiert sind. Sie haben mir eine beträchtliche Summe gezahlt, um sie zu stehlen.«

Das war es also: Industriespionage, ganz einfach. Bond musste schmunzeln. Gleichzeitig fragte er sich, wer Sixtines Auftraggeber waren, wusste aber, dass sie es ihm nicht verraten würde. »Er produziert dieses neue Filmmaterial in seiner Fabrik in Menton«, folgerte er.

»Das ist richtig. Oder zumindest glaube ich das. Ich habe mich bei ihm eingeschmeichelt und versuche, ihn dazu zu bekommen, mir eine Tour zu geben, aber Irwin schweigt sich über das, was er in seiner geheimen Fabrik mitten im Wald macht, komplett aus. Es macht mich vollkommen verrückt, weil er Frankreich, wie du ja weißt, am Dienstagmorgen verlassen wird, und ohne ihn bekomme ich keine weitere Chance. Ich bin sogar mal heimlich hingefahren und habe einen Blick riskiert, aber man könnte meinen, dass er Atombomben herstellt, so viele Sicherheitskräfte sind vor Ort. Es gibt zwei Zäune, der innere steht unter Strom. Er hat bewaffnete Wachleute, die rund um die Uhr mit ihren Hunden das Gelände patrouillieren. Ich kann es ihm nicht verübeln. Er hockt da auf etwas, was viele Millionen Dollar wert sein könnte.

Heute war meine letzte Chance. Ich wusste, dass er heute Nachmittag nach Menton wollte, und als ich ihn auf der *Mirabelle* traf, war ich fest davon überzeugt, dass er mich mitnehmen würde. Er hatte es mehr oder weniger versprochen.«

»Und wenn er dich mitgenommen hätte – was dann?«

»Ich bin gut im Improvisieren. Ein paar Minuten allein, mehr hätte ich nicht gebraucht. Ich weiß, wonach ich suche, und ich habe eine Minikamera. Es geht nur darum, die richtigen Leute zu treffen und die richtigen Aufnahmen zu machen. Jedenfalls sieht es jetzt so aus, als müsste ich mir einen neuen Plan ausdenken.« Sie sah Bond neugierig an. »Und das Lustige ist, dass dich zu treffen genau die Chance sein könnte, die ich brauche.«

»Denkst du, ich helfe dir dabei, Betriebsgeheimnisse zu stehlen?«

»Warum nicht? Vielleicht kann ich dir dabei helfen herauszufinden, was hier vor sich geht. Du hast gesagt, dass dieser Teil der Welt vergiftet ist. Ich stimme zu. Es liegt auf jeden Fall etwas Hässliches in der Luft. Scipio mag aussehen, als sei er geradewegs aus einem Zirkus gekommen, aber er ist äußerst gefährlich. Glaub mir, du willst dich nicht allein mit ihm anlegen.«

Bond musste an seine Konfrontation mit Jean-Paul Scipio denken und fühlte wieder, wie ihm die Flüssigkeit ins Gesicht geschleudert worden war. Er fragte sich immer noch, warum es Wasser und keine Säure gewesen war. So oder so war es wohl eine Untertreibung, ihn als gefährlich zu bezeichnen. Er war ein Monster.

»Warum hast du dich mit ihm im La Caravelle getroffen?«, fragte Bond.

»Das habe ich dir doch schon gesagt«, erwiderte Sixtine. »Scipio kam zu Ohren, dass ich in Marseille war. Er wusste, wer ich bin. Er lud mich ein, ihn zu treffen, nur dass es weniger eine Einladung als eine Aufforderung war. Ich konnte keinesfalls ablehnen. Er wollte die Gewissheit, dass ich nichts vorhabe, was sein Geschäft beeinträchtigen könnte.«

»Was ist denn sein Geschäft? Soweit ich weiß, hat er das Rauschgift aufgegeben.«

»Ich habe keine Ahnung. Ich habe nicht gefragt und er hat nichts gesagt.«

»Hast du ihm erzählt, warum du hier bist?«

»Nein. Normalerweise gebe ich keine Informationen weiter, schon gar nicht auf die Art, wie ich es bei dir getan habe. Ich habe ihm gegenüber den Eindruck erweckt, ich sei eine Goldgräberin, die versucht, Irwins Vermögen in die Finger zu bekommen. Und er hat mir geglaubt. Es passt zu seinem Frauenbild. Ich glaube, er mag uns nicht besonders.«

Sie gähnte und Bond warf einen Blick auf seine Uhr. Es war erst zehn. Er hatte das Gefühl, dass er schon viel länger in Antibes war. »Ich sollte gehen«, sagte er.

»Ich hatte gehofft, du würdest bleiben.« Sie sah ihn amüsiert an. »Ich gehe jetzt ins Bett und du wirst mitkommen. Ich will, dass du mich noch mal liebst, aber diesmal langsamer. Du machst es wie ein Schuljunge. Ich bin mir sicher, dass du schon viele Mädchen hattest, aber du hattest noch nie eine Frau und musst noch viel lernen.« Er wollte protestieren, doch sie stoppte ihn. »Sag nichts. Wir haben genug geredet. Wenn noch mehr gesagt werden muss, tun wir das morgen früh.«

Gegenüber der Küche lag eine Treppe und sie ging nach oben. Bond folgte ihr. Das Schlafzimmer war genau so, wie er es sich vorgestellt hatte, klein und hübsch, mit Ormulu-Wandlampen, einem antiken Bett und zwei Fenstern, die auf den Balkon hinausgingen, den er vor dem Haus gesehen hatte. Als er hereinkam, drehte sie sich um. »Genug geredet«, sagte sie.

Erst am nächsten Morgen, als die Sonne aufging, sprachen sie erneut. Bond wurde wach, als Sixtine aus dem Bett schlüpfte und barfuß aus dem Raum tapste. Als sie zurückkehrte, trug sie ein langes, gestreiftes Oberteil mit hochgekrempelten Ärmeln. Sie hatte etwas in der Hand. »Ich wollte, dass du das hier bekommst«, sagte sie. »Was ich gestern Abend zu dir gesagt habe, bevor wir nach oben gegangen sind, war unfair. Dies soll ein Andenken an unsere gemeinsame Zeit sein. Du kannst es benutzen, wenn du dir mal anständige Zigaretten kaufst.«

Es handelte sich um ein flaches, quadratisches Zigarettenetui aus Metall. Als Bond es öffnete, sah er, dass im Deckel vier Worte eingraviert waren, jedoch nah am Rand, wo sie schwer zu sehen waren.

EWIG UND EIN TAG

»Ich habe es für Danny gekauft«, erklärte sie. »Am Tag unserer Hochzeit hat er mir gesagt, dass er ewig mit mir zusammenbleiben wolle, doch ich erwiderte, dass ewig nicht lang genug sei. Ich wollte ewig und einen Tag. Also habe ich das hier für unseren Hochzeitstag anfertigen lassen, doch er war tot, bevor ich es ihm geben konnte. Also sollst du es nun haben.«

»Ich dachte, du hasst Danny«, sagte Bond und klappte den Deckel zu.

»Habe ich das gesagt? Nein. Wie kann ich ihn hassen? Er ist Teil meiner Geschichte und diese Geschichte hat mich zu dir gebracht.«

Bond streckte seine Arme nach ihr aus und während sich das erste Licht der Morgensonne über dem Holzboden ausbreitete, schlüpfte sie in seine Arme und die beiden schmiegten sich unter der Decke aneinander.

(15)

BIS ZUM BITTEREN ENDE

Die Straße nach Menton war ein Geschenk für Adrenalinjunkies. Sie stieg in einer Reihe von Haarnadelkurven mit atemberaubendem Blick auf das tiefblaue Mittelmeer steil an, bevor sie sich in die dichten Wälder der Seealpen stürzte und die Orangen- und Zitronenbäume von Oliven, Zypressen und Pinien abgelöst wurden. Abgesehen vom Asphalt und dem gelegentlichen Telegrafenmast fühlte es sich an, als hätte sich hier in tausend Jahren nichts verändert. Sarazenenburgen oder zumindest ihre Ruinen wachten immer noch über felsige Klippen und Dörfer klammerten sich an Bergspitzen, während Glockengeläut aus unwahrscheinlich großen Kirchen drang. Die Häuser waren rosa, weiß und grün und viele von ihnen hatten keinen Stromanschluss. Es war eine vollkommen andere Welt als die Riviera. Eine Bahnlinie führte durch Tunnel im Fels, den sie nicht umgehen konnte, in das Städtchen Sospel. Aber nur in einem Cabrio erlebte man die Hitze, den Duft der Kräuter und Wildblumen und das Gefühl der Ruhe, die man gerade störte, während die moderne Welt durch die alte raste.

Bond und Sixtine hatten in Menton ein spätes Frühstück eingenommen. Sie hatten Eier gehabt, die noch legewarm gewesen waren, als man sie in die Küche gebracht hatte, Brot, das an diesem Morgen erst gebacken worden war, und starken italienischen Kaffee. Die Stadt mochte sich »die Perle Frankreichs« nennen, aber da sie weniger als anderthalb Kilometer von der Grenze entfernt war, verband sie das Beste beider Welten. Die Sonne brannte heißer als je zuvor und die Berge hatten einen überfürsorglichen Arm um die kleine Gemeinde gelegt, um zu verhindern, dass eine Brise die engen Gassen erreichte. Nachdem sie ihr Mahl beendet und die Rechnung bezahlt hatten, waren sie froh, wieder im Wagen zu sitzen und den Fahrtwind über ihre Schultern streifen zu spüren.

Bond wollte einen Blick auf die Fabrik werfen, in der Wolfe Europe sein neues Filmmaterial herstellte, und Sixtine hatte eingewilligt, ihn hinzubringen. Es war immer noch schwer zu glauben, dass Irwin Wolfe in kriminelle Aktivitäten verwickelt sein sollte, doch gleichzeitig schien er sich im Zentrum des Netzes zu befinden, das sich über den Süden von Frankreich erstreckte. Ein britischer Agent war geschickt worden, um die Aktivitäten der korsischen Syndikate zu untersuchen. Er war in Marseille getötet worden, in der Nähe einer Chemiefirma, die Jean-Paul Scipio, ein örtlicher Verbrecher, der einst achtzig Prozent des Drogenhandels kontrolliert hatte, entweder besaß oder leitete. Als Bond Ferrix Chimiques besucht hatte, war er fast umgebracht worden, doch er hatte erfahren, dass Wolfe dort Kunde war. Es spielte keine Rolle, dass die Chemikalie, die er kaufte – Essigsäureanhydrid –, vollkommen harmlos zu sein schien. Die Verbindung war da. Scipio und Wolfe. Zur Fabrik zu fahren, wenn es vielleicht nicht einmal möglich war, den Zaun zu überwinden, schien absolute Zeitverschwendung zu sein, doch es war Sonntag, das Wetter war herrlich und in diesem Moment wäre Bond nirgendwo lieber gewesen.

Die Straße führte sie durch Castellar, eines von vielen *villages perchés*, wo sie gezwungen waren, hinter einem Esel und einem Wagen voller Wassermelonen herzuschleichen. Der MG brummte, doch das Tier ignorierte es.

»Eines Tages«, sagte Bond, »will ich mit dir mal eine ganze Woche in einem solchen Dorf verbringen. Wir sitzen in der Sonne, trinken Rotwein und tun so, als gäbe es keine schlechten Menschen auf der Welt.«

»Eine Woche?« Sixtine sah ihn skeptisch an. »Du würdest dich nach drei Tagen zu Tode langweilen.«

Der Esel trottete voran. Als sich eine Gelegenheit bot, trat sie aufs Gas und steuerte das kleine Auto in einer weiten Kurve um ihn herum.

Es war unglaublich, wie schnell sie die Landschaft verschluckt hatte. Die Straße führte immer weiter bergauf und mäanderte so stark, als versuche sie, das Auto abzuschütteln. Sie wand und verdrehte sich ohne offensichtlichen Grund, machte dann plötzlich einen Knick und führte in die Richtung, aus der sie gekommen waren. Sie kamen an ein paar verlassen wirkenden Häuschen aus Naturstein vorbei, die verloren am Rand eines Waldes standen, der sich bis zu den Bergen erstreckte, einen Großteil des Himmels verdeckte und das Licht hellgrün einfärbte. Selbst das Auto klang gedämpft, so als wäre es nervös, weiter hineinzufahren.

Fast hätten sie die Abzweigung verpasst. Vielleicht war das beabsichtigt. Es gab ein tief hängendes Schild mit den Initialen »W. E.« und einen Pfeil, aber es war die Straße selbst, die am deutlichsten den Weg wies. Der Belag war brandneu und das Gras am Rand war stark zurückgeschnitten worden.

Sixtine fuhr vorbei und hielt dann auf einer Lichtung zwischen zwei Bäumen. Der Wagen stand zwar nur ein paar Meter von der Hauptstraße entfernt, doch er war vollkommen unsichtbar, und Bond erinnerte sich, dass dies nicht ihr erster Besuch war.

»Ab hier gehen wir zu Fuß«, sagte sie. »Es sind nur etwa achthundert Meter, aber der Weg führt nur zu Wolfe Europe und wenn sie den Motor hören, wissen sie, dass wir kommen.«

Vor ihrem Aufbruch hatte Sixtine Bond zurück in sein Hotel in Nizza gefahren und er hatte sich ein kurzärmliges Baumwollhemd, eine Leinenhose und Sportschuhe aus Nubukleder angezogen. Er hatte bewusst die Farben Braun und Grau gewählt, um nicht aufzufallen. Außerdem hatte er seine Beretta mitgenommen, die nun beruhigend in seinem Hosenbund steckte.

Er nickte. »Nach dir.«

Sie gingen los und achteten darauf, eine Baumreihe Abstand zum Weg zu halten. Der Boden war ein weiches, schwammiges Bett aus Piniennadeln und sie achteten darauf, kein Geräusch zu machen. Im Wald war es kühler als in Menton. Ein paar Bienen summten herbei, fanden sie uninteressant und flogen wieder davon. Vögel raschelten im Blattwerk, blieben aber ungesehen. Ohne den Weg hätte man sich leicht verirren können. Mit jedem Schritt, den sie machten, eröffnete sich ihnen eine Auswahl aus einem Dutzend identisch aussehender Richtungen.

Nach etwa zehn Minuten hob Sixtine eine Hand und blieben stehen. »Da ist es«, flüsterte sie. »Sie arbeiten, obwohl Sonntag ist. Ich glaube, die hören niemals auf.«

Bond spähte durch ein Loch im Blattwerk und sah einen Metallzaun in der Sonne funkeln. Er war etwa drei Meter hoch und verschwand auf beiden Seiten hinter den Bäumen. Es gab eine solide aussehende Schranke, die sich elektrisch hob und senkte, und daneben ein zweistöckiges Verwaltungsgebäude aus grauem Beton mit Suchscheinwerfern und Funkantennen auf dem Dach. Davor standen zwei Männer, beide in dunkelblaue Uniformen gekleidet. Bond konnte die Initialen W. E. auf ihren Jacken erkennen. Es sah mehr nach dem Eingang eines Hochsicherheitsgefängnisses aus als nach einer Produktionsanlage, aber das Seltsame war, dass die Männer überhaupt nichts zu bewachen schienen. Die Straße führte einfach weiter in den Wald hinein.

»Das ganze Ding ist wie ein Donut geformt«, flüsterte Sixtine neben ihm. »Dies ist der äußere Ring. Dann kommen vierhundert Meter Wald und dann ein zweiter Zaun. Das ist der, der unter Strom steht. Die eigentliche Fabrik liegt im Zentrum.«

»Wann warst du hier?«

»Vor zwei Wochen. Folge mir. Und pass auf, wo du hintrittst.«

Sie wandten sich nach links, fort von der Straße, und bewegten sich im Uhrzeigersinn am Zaun entlang. Alle paar Meter waren am Zaun Schilder befestigt, auf denen in Knallrot BETRETEN VERBOTEN stand, sowohl auf Englisch wie auf Französisch. Sixtine ignorierte sie. Sie suchte nach etwas und nach etwa zehn Minuten fand sie es: ein weißes Kreuz an einer Tanne. Der Zaun war direkt neben ihnen und sie trat näher heran.

»Ab hier wird es interessant«, sagte sie.

Bond sah, dass der Draht sorgfältig durchgeschnitten war. Es war praktisch unsichtbar, aber er konnte an einer bestimmten Stelle wie eine Katzenklappe geöffnet werden.

Nun befanden sie sich im inneren Ring mit dem Elektrozaun irgendwo vor sich. Die Bäume schienen hier dichter zu stehen und die Vegetation war wilder, der Boden mit Brennnesseln, Moos und Pilzen in schrillen Farben bedeckt, die wie Pusteln aussahen.

Sixtine hob einen Finger an die Lippen und sie bewegten sich schweigend fort. Dabei achteten sie sorgfältig darauf, nicht auf lose Zweige oder sonst etwas zu treten, das ein Geräusch machen würde. Nach ein paar Schritten verstand Bond auch, warum. Sixtine deutete auf den Stamm eines Baums und er sah, dass ein dickes Kabel zu einem fächerförmigen Mikroskop hinaufführte. Der ganze Wald wurde abgehört! Sie hatte recht mit dem, was sie gesagt hatte. Irwin Wolfe war extrem in seinen Sicherheitsmaßnahmen. Sie hatten Glück, dass nirgendwo Überwachungskameras zu sein schienen.

Danach bewegten sie sich langsamer weiter. Bond begann zu schwitzen. Die Luft schien sehr stickig zu sein, eingeengt von so vielen Bäumen. Nichts anderes bewegte sich. Selbst die Vögel und Schmetterlinge schienen gewarnt worden zu sein, sich fernzuhalten. Sixtine deutete auf eine dichte Ansammlung herzförmiger dunkelgrüner Blätter. Es schien sich um eine ungewöhnliche Art von Brennnesseln zu handeln und er wusste, dass sie hier fremd war, dass sie nicht in einen europäischen Wald gehörte. Sixtine brachte ihre Lippen sehr nah an sein Ohr und flüsterte: »Gympie-Gympie.« Bond war sofort klar, was sie meinte. Es war ein ziemlich einprägsamer Name, auch wenn er ihn bisher nur einmal im Zusammenhang mit Dschungelkriegsführung in Australien und Indonesien gehört hatte. Gympie-Gympie, auch bekannt als Australische Brennnessel. Auch bekannt als die schmerzhaftest brennende Brennnessel der Welt. Wenn die winzigen, mit Kieselsäure benetzten Härchen in Kontakt mit der Haut kamen, verspürte man innerhalb von Minuten einen Schmerz, den man nicht für möglich gehalten hätte, die Art Schmerz, die jeden Zentimeter des Körpers mit einer Reihe elektrischer Stromstöße malträtierte, durch die man leicht einen anaphylaktischen Schock bekommen konnte. Sein Ausbilder hatte von einem Soldaten erzählt, der eins der Blätter unwissentlich als Toilettenpapier benutzt hatte. Eine halbe Stunde später hatte der Mann sich erschossen, weil er es nicht mehr ausgehalten hatte.

Und hier wuchs sie nun, nur ein paar Kilometer vom ruhigsten und modischsten Urlaubsort der Riviera entfernt. Bond hatte keinen Zweifel daran, dass sie jemand absichtlich nach Frankreich gebracht und hier eingepflanzt hatte, um unachtsame Eindringlinge zu bestrafen, und er stellte sich die Frage, ob solch drastische Maßnahmen wirklich notwendig waren, um einen Ersatz für den Technicolor-Film zu schützen. Viele Industrielle hatten ihre Geheimnisse. Nur wenige waren bereit, andere zu verletzen oder sogar zu töten, um sie zu beschützen.

Mit einem unguten Gefühl im Magen ging er weiter. Vom zweiten Zaun war immer noch keine Spur zu entdecken, doch der Wald hatte noch einen letzten Trick auf Lager. Sixtine hob eine Hand und deutete mit der anderen auf den Boden. Dort war ein Stolperdraht, in etwa fünfzehn Zentimetern Höhe, dessen Enden sich im Gestrüpp verloren. Fasziniert verfolgte Bond den Draht und schob mit einem Stock vorsichtig die Blätter auseinander, da er sie nicht mit den Händen berühren wollte. Der Draht war mit einer grauen Metallkiste verbunden, die nicht weit entfernt an einem Baum angebracht war.

An der Seite befand sich eine Miniaturarmbrust mit einem teuflisch scharfen Bolzen. Jemand, der den Mechanismus auslöste, würde diesen in den Knöchel geschossen bekommen und wahrscheinlich für immer verkrüppelt werden. Bond konnte sich den Schmerz und die Verwirrung des Opfers nur zu gut vorstellen, während er durch das Gebüsch stolperte, wahrscheinlich direkt in die tödlichen Brennnesseln.

Bond hatte genug gesehen. Er wollte fort von hier. Doch stattdessen gingen sie weiter.

Bond hörte den Zaun, bevor er ihn sah – oder genauer gesagt, die zweitausend Volt, die durch ihn hindurchpulsierten. Es gab keine Warnschilder. Sie wurden auch nicht benötigt. Jeder, dem es gelungen war, sich bis hierhin durchzuschlagen, hatte mit Sicherheit feindliche Absichten und würde sich von höflichen Hinweisen nicht abhalten lassen. Plötzlich hatten sie den Wald hinter sich gelassen. Der Boden war geräumt und die Bäume in einem Umkreis von etwa zehn Metern gefällt worden, um es unmöglich zu machen, näher zu kommen. Abgesehen davon, dass hier vermutlich weitere Fallen lauerten – und Bond hätte es nicht weiter überrascht, wenn der gesamte Bereich vor ihm sogar vermint gewesen wäre –, gab es keine Deckung und sie würden zu schnell entdeckt werden. Es spielte ohnehin keine Rolle. Von hier hatten sie eine einigermaßen gute Aussicht auf die geheime Welt des Irwin Wolfe.

Der Haupteingang, mit einer Sicherheitsschranke und einem Kontrollhäuschen ähnlich denen, die sie bereits gesehen hatten, lag zu ihrer Rechten. Die Straße tauchte aus dem Wald auf und führte schließlich zu einem breiten asphaltierten Bereich, auf dem zwei Geländewagen parkten und ein Wasserturm stand. Bei den Wagen handelte es sich um Willys

MBs, die von der französischen Armee genutzt wurden und mit Maschinengewehren und Munitionskisten beladen waren. Nicht weit von ihnen entfernt, auf der anderen Seite des Zauns, sahen sie das erste einer Reihe langer, rechteckiger Gebäude aus dunklem Holz auf einem Ziegelfundament, mit Schrägdächern aus Metall und Fenstern, die bewusst so eingebaut worden waren, dass man weder hinein- noch heraussehen konnte. Die Gebäude standen in einer Linie und jedes war mit einem weißen Buchstaben beschriftet, wie ein Kriegsgefangenenlager. Ein einzelner Wachturm erhob sich in der Ferne, auf dem sich die Silhouette zweier Männer gegen den Himmel abzeichnete. Einer von ihnen suchte die Baumkronen durch ein Fernglas ab. Die Anlage schien etwa so groß zu sein wie das Bergdorf, an dem sie vorbeigekommen waren.

»Genug gesehen?«, flüsterte Sixtine.

»Warte!«

Alles war falsch. Bewaffnete Jeeps. Wachen. Elektrozäune. Die Position – mitten im Wald, viele Kilometer von der nächsten Stadt entfernt. Und da war noch etwas. Als Bond die Anlage genauer studierte, sah er, dass sie in zwei Hälften aufgeteilt war. In einem Bereich standen Gebäude, die man wohl erst vor Kurzem hinzugefügt hatte, denn sie waren in einem anderen Stil erbaut. Sie hatten überhaupt keine Fenster, dafür aber Klimaanlage. Große Stahlkisten hingen an den Holzwänden und silberne Schlote ragten aus ihren Dächern.

Wurde hier das neue Filmmaterial hergestellt? Das Fehlen von Fenstern ergab Sinn. Nicht entwickelter Film benötigte absolute Dunkelheit. Bond nahm einen scharfen chemischen Geruch in der Luft wahr. Eine Tür war geöffnet worden und ein Mann in einem weißen Laborkittel kam heraus. Er streifte die Atemmaske ab, die Mund und Nase bedeckt hatte, und zündete sich eine Zigarette an. Bond hatte eine Minox-Minikamera mitgebracht und machte ein halbes Dutzend Fotos. Dann nickte er Sixtine zu. Es hatte keinen Sinn mehr, noch länger zu bleiben.

Die beiden drehten sich um und wollten zurück in den Wald.

Doch sie waren nicht mehr allein.

Vor ihnen standen drei Männer in Khakiuniformen, bewaffnet mit Maschinenpistolen. Sie waren lautlos aus dem Dickicht aufgetaucht und hatten sich an Bond und Sixtine herangeschlichen, während die beiden die Anlage studiert hatten. Sie hatten die gleichen dunklen Züge wie die Korsen, die Bond bei Ferrix Chimiques umzingelt hatten, und mit sinkendem Mut sah er, dass sie genauso professionell waren und genau den richtigen Abstand zueinander einhielten, um freies Schussfeld zu haben. Wodurch hatten sie sich verraten? Hatten die Mikros ihre Schritte erfasst? Oder vielleicht gab es noch andere Sicherheitsmaßnahmen, die ihnen beiden entgangen waren. Bonds Gedanken begannen zu rasen. Die Beretta steckte immer noch in seinem Hosenbund, doch er würde tot sein, bevor er danach greifen konnte. Er würde es anders versuchen müssen.

Er hob die Hände über den Kopf und lächelte. »Guten Tag«, sagte er in fließendem Französisch. »Vielleicht können Sie mir helfen. Meine Frau und ich wollten im Wald spazieren gehen und scheinen uns verlaufen zu haben.«

Doch die Männer kauften es ihnen nicht ab. Einer von ihnen, der Anführer, spuckte ins Gras und forderte: »Lassen Sie die Hände oben. Sie werden uns jetzt begleiten.«

»Sie müssen wirklich nicht so aggressiv sein.« Bond spielte immer noch den unschuldigen Touristen. Sixtine neben ihm sah verängstigt aus, als hätte sie noch nie zuvor eine Schusswaffe gesehen. »Wir sind der Straße gefolgt und dann falsch abgebogen. Sie sollten wirklich nicht diese Waffen auf uns richten. Ich kann Ihnen versichern, dass wir uns beim britischen Konsulat beschweren werden.«

Einer der Männer hatte ein Funkgerät und hob es an den Mund. Ein Rauschen ertönte, als er die Verbindung herstellte. Bond wurde klar, dass er sofort handeln musste, wenn sie noch irgendwie aus dieser Sache herauskommen wollten. Wenn sie sich zur Anlage bringen ließen, war es vorbei. Diese Männer arbeiteten nicht für Irwin Wolfe, davon war er überzeugt. Sie mussten für Jean-Paul Scipio arbeiten. Und Bond war gewarnt worden. Eine zweite Konfrontation mit dem Gangster würde seine letzte sein. Seine Hand ging nach hinten zu seiner Beretta. Er musste sie herausziehen, bevor sie Verstärkung anfordern konnten. Es waren drei Maschinenpistolen auf ihn gerichtet. Die Chancen standen gegen ihn. Aber wenn er sich zu Boden warf und die beiden Männer rechts ausschaltete, um den Mann mit dem Funkgerät als Letztes ausschaltete …

»Hände da, wo ich sie sehen kann!«

Einer von ihnen hatte bemerkt, was er tat. Die Mündung seiner Maschinenpistole hob sich und das schwarze Auge forderte Bond heraus, ihm zu trotzen. Bond erstarrte. Seine Finger waren nur wenige Zentimeter von der Beretta entfernt.

Und dann funkelte etwas Silbernes in der Luft, hell vor dem dunklen Hintergrund des Waldes. Es bewegte sich so schnell, dass es sein Ziel gefunden hatte, bevor Bond wusste, was es war. Der Mann mit dem Funkgerät ächzte und brach zusammen, als seine Knie unter ihm einknickten. Der Griff eines Messers ragte aus seinem Hals. Die anderen beiden drehten sich gerade rechtzeitig um, um ihrem eigenen Tod zu begegnen. Zwei weitere Messer flogen auf sie zu. Einer der Männer wurde in der Kehle getroffen, der andere in der Brust. Beide gingen zu Boden und rührten sich nicht mehr.

Drei weitere Personen traten aus dem Wald. Wieder wanderte Bonds Hand zu der Beretta, doch Sixtine hatte gesehen, was er tat, und stieß nur ein einziges Wort aus: »Nicht!«

Es war gut, dass sie so schnell reagiert hatte, denn sonst hätte er bereits geschossen. Doch nun wurde Bond klar, dass er die Neuankömmlinge kannte. Er hatte sie schon einmal gesehen. Einer sah aus wie ein Lehrer, jung, mit dicken Brillengläsern und ordentlich gekämmten Haaren. Einer war klein und untersetzt und hätte als Geschäftsmann durchgehen können, auch wenn er keinen goldenen Siegelring mehr trug. Der dritte war schäbig und unrasiert. Er stand lässig und mit einem schiefen Grinsen da. Bei Bonds letzter Begegnung mit ihnen hatten sie nebeneinandergesessen und *vingt-et-un* im Casino von Monte Carlo gespielt. Es handelte sich um Sixtines Komplizen. Doch wie waren sie hierhergekommen?

Der Jüngste von ihnen – der Lehrer – begutachtete die Wachen. Er sah auf und sagte auf Englisch: »Dieser hier lebt noch.«

»Dann beende es bitte, Marco«, entgegnete Sixtine.

Der Überlebende war der Letzte der Wachleute, der getroffen worden war. Er war derjenige, der mit Bond gesprochen hatte. Langsam zog Marco das Messer aus seiner Brust und stach ihm damit in den Hals. Dabei drehte er es leicht in der Wunde. Die Beine des Wachmanns zitterten, aber er gab keinen Laut von sich.

»Alles in Ordnung, Madame?«, erkundigte sich der Geschäftsmann. Bond fragte sich, was aus der Frau geworden war, die seine Gattin gespielt hatte. Oder waren sie wirklich verheiratet? Bei dieser Gruppe war alles möglich.

»Alles bestens, danke, Frédéric.« Sixtine sah sich um. Sie wirkte von dem, was gerade passiert war, vollkommen unbeeindruckt.

»Wir müssen die Leichen loswerden«, murmelte Frédéric. »Wenn Sie wollen, können wir sie im Wald begraben.«

»Nein. Ich finde, wir sollten den Boden an diesem elenden Ort nicht stören. Sucht ein paar dichte Büsche – die mit den giftigen Brennnesseln – und werft sie da rein. Mit ein bisschen Glück wird sie niemand dort finden, zumindest nicht bis wir fertig sind. Dann kehrt nach Nizza zurück. Ich werde euch dort kontaktieren.«

»Sollen wir Sie von hier weg begleiten, Madame?«, fragte der dritte Mann. »Es lauern immer noch ein paar äußerst unangenehme Dinge zwischen den beiden Zäunen.«

»Nein, danke, Georges. Ich finde mich allein zurecht. Außerdem habe ich ja auch Mr Bond, der auf mich aufpasst.« Sie wandte sich an Bond und lächelte. »Hast du genug gesehen?«

»Mehr als genug, denke ich«, antwortete Bond.

Sie ließen die drei Männer zurück, damit sie sich um die Leichen kümmern konnten, und kehrten schweigend und vorsichtig zum äußeren Zaun zurück. Bond hob die Klappe an, während sie hindurchkletterte. Schließlich erreichten die zwei wieder den Wagen.

»Sie sind uns hierher gefolgt«, sagte Bond, während sie den Hügel hinunterfuhren. Zumindest konnten sie jetzt wieder reden.

»Eigentlich waren sie schon hier. Ich habe sie gebeten, auf mich zu warten und uns dann in den Wald zu folgen.«

»Hast du mir nicht vertraut?«

»Ich vertraue niemandem, James. Nicht mal den Männern, mit denen ich geschlafen habe.« Sie korrigierte sich. »*Besonders* nicht den Männern, mit denen ich geschlafen habe. Aber das ist nicht der Grund, warum ich sie hergebeten habe. Die Jungs folgen mir, wohin ich auch gehe. Sie passen gern auf mich auf.«

»Sie haben mit dir im Casino Karten gespielt.«

»Ja. Marco ist sehr gut in *vingt-et-un* und Baccara. Er könnte allein gewinnen, zieht es aber vor, mich zu unterstützen.«

Nach ein paar Minuten erreichten sie Castellar und fuhren langsam durch die schmalen Straßen. Diesmal blockierte kein Esel den Weg. Bond dachte darüber nach, was sie gesehen hatten: die alten und neuen Gebäude, den Elektrozaun, die verschiedenen Fallen im Wald, die mit Maschinenpistolen bewaffneten Wachen. Er wusste, dass er zurückgehen musste. Er drehte sich zu Sixtine um. »Gestern Abend hast du gesagt, dass du einen Weg in die Fabrik gefunden hättest – aber dass du dafür meine Hilfe bräuchtest.«

Sixtine nickte. »Stimmt. Aber es ist sehr gefährlich und wir wären vollkommen auf uns allein gestellt.«

»Willst du es versuchen?«

»Absolut.«

»Dann erzähl es mir.«

16

SELBSTMÖRDERTÜREN

Sixtine hatte zwei Wochen gebraucht, um den Bäcker ausfindig zu machen, der die Kantine von Wolfe Europe belieferte, und weitere zwei Wochen, um ihn zu überreden, ihr zu helfen. Paul Remy war ein nervöser Mann. Er hatte das Geschäft von seinem Vater übernommen und widmete sich seiner Arbeit hingebungsvoll. Jeden Morgen stand er um halb fünf auf, um die Öfen anzufeuern, und begann den langwierigen, fast künstlerischen Prozess, die Baguettes, Croissants, *pain de campagne* und *fougasses* zu erschaffen, die das Schaufenster seines kleinen Ladens auf der Avenue Boyer in Menton füllen würden. Als er das Vertragsangebot des Filmherstellers bekommen hatte, war es ihm fast zu schön vorgekommen, um wahr zu sein: eine garantierte Großbestellung dreimal die Woche und das Renommee, ein großes internationales Unternehmen zu beliefern. Doch inzwischen grauste ihm vor seinen Fahrten zur Fabrik oder was immer es war, das da so tief im Wald verborgen lag. Er verstand nicht, warum Maschinengewehre notwendig waren. Er hatte eine Vertraulichkeitsvereinbarung unterschreiben müssen. Warum wurde so ein Aufwand betrieben, wenn er doch nur Brot auslieferte?

Jedes Mal, wenn er auf das Gelände fuhr, fühlte es sich wie eine Falle an. Jedes Mal zählte er die Minuten, bis er wieder gehen konnte.

Und um die Sache noch schlimmer zu machen, war plötzlich aus dem Nichts diese seltsame, wunderschöne Frau aufgetaucht. Sie hatte ihm eine hohe Geldsumme geboten, um etwas zu tun, das mit ziemlicher Sicherheit sein Leben in Gefahr brachte. Warum hatte sie ihn gewählt? Er musste verrückt gewesen sein, auch nur mit ihr zu sprechen.

Das Problem war, das Paul Rémy verzweifelt Geld brauchte. Er war ein paar Monate mit der Miete im Verzug. Anfang des Sommers hatte eine der Knetmaschinen in seiner Backstube den Geist aufgegeben und die Kosten für einen Ersatz waren exorbitant. Einer seiner Angestellten, ein Patissier, drohte zu kündigen, wenn er keine Gehaltserhöhung bekam. Was also sollte er tun? Wenn er ein paar Centimes auf den Preis seiner Waren aufschlug, würden ihm die Kunden den Rücken kehren.

Und dann war da noch Jeanette. Er hatte sich vor Kurzem in die hübsche blonde, junge Frau verliebt, die im Blumenladen gegenüber arbeitete, und auch das stellte ihn vor ein Problem. Jeanette war mit dem Besitzer des Blumenladens verheiratet. Sie beide trafen sich regelmäßig, wenn ihr Ehemann fort war – entweder auf dem Markt oder zu Besuch bei seinen Eltern. Ständig sprachen sie davon, zusammen durchzubrennen, aber auch das erforderte Geld. Jeanette hatte einen teuren Geschmack. Rémy wusste, dass er keine Schwierigkeiten haben würde, sie dem Blumenhändler auszuspannen, doch sie zu halten würde sehr viel schwieriger werden.

Und darum saß er am Sonntagabend nach ihrem Besuch auf dem Fabrikgelände mit der Frau, die sich Madame 16 nannte, und dem Engländer, den sie mitgebracht hatte, in seiner winzigen Wohnung über der Bäckerei und trank Wein mit ihnen. Ein Deckenventilator drehte sich langsam, wälzte die Luft aber nur um, ohne sie zu kühlen.

»Was können Sie uns über Wolfe Europe erzählen?«, fragte der Engländer. Er sprach ausgezeichnet Französisch.

Rémy breitete die Hände aus. »Nur sehr wenig, Monsieur. Ich sehe nichts. Der Ort ist voller *petits malfrats*. Das habe ich Madame bereits gesagt.« Kleinganoven. Doch Bond wusste, dass sie mehr als das waren. »Ich komme. Ich gehe.« Er sah dem Engländer fest in die Augen. Es war an der Zeit, sich zu behaupten. »Ich kann Madame in meinem Lieferwagen verstecken. Aber das ist alles. Sie dürfen mich nicht um mehr bitten.«

Sixtine hatte Paul Rémy versprochen, ihm zweihunderttausend Franc zu zahlen, wenn sie ihn aufs Fabrikgelände brachte. Die Wachleute waren daran gewöhnt, ihn zu sehen, und untersuchten seinen Wagen nie. Es gab viel Platz, um jemanden unter einem der Regale im Frachtraum zu verstecken. Während Rémy mit seinen Broten und Kuchen in die Küche ging, würde sie sich hinausschleichen und sich ein Versteck suchen. Sollte sie entdeckt werden, würde niemand genau sagen können, wie sie hereingekommen war. Darauf hatten sie sich geeinigt, doch jetzt hatte sich wohl alles geändert.

»Dieser neue Plan ist viel besser, Monsieur Rémy«, unterbrach Sixtine. »Sie haben immer noch Bedenken, dass man Ihren Transporter untersuchen wird, obwohl man das nie zuvor getan hat. Dann ist es sicherer für Sie, wenn Sie nicht selbst fahren. Mein Freund wird Ihren Platz einnehmen. Wir betreten morgen früh um acht das Gelände. Eine Stunde später, um neun Uhr, rufen Sie die Polizei an und melden, dass der Wagen gestohlen wurde. Auf diese Art kann Ihnen niemand die Schuld geben.«

»Aber wie soll er meinen Platz einnehmen?« Rémy musterte Bond.

»Es besteht eine gewisse Ähnlichkeit ... das gleiche Alter, die gleichen dunklen Haare. Wenn er Ihren Kittel trägt und Mehl im Gesicht hat, wird es niemandem auffallen. Ich werde mich wie vereinbart hinten verstecken. Vielleicht gelingt es uns sogar, wieder zu verschwinden, bevor jemandem etwas auffällt. Aber wenn wir aus irgendeinem Grund geschnappt werden sollten, brauchen Sie keine Angst zu haben. Wir werden sagen, dass wir Ihren Wagen gestohlen haben.« Rémy dachte darüber nach. »Warum sollte ich Ihnen vertrauen?«

»Warum sollte ich Sie anlügen? So ist es leichter für Sie, Paul, weil Sie gar nichts machen müssen. Und da wir nun zu zweit in die Fabrik wollen, verdopple ich die Summe, die ich Ihnen angeboten habe: vierhunderttausend Franc. Was sagen Sie?«

Bond sah in den Augen des Bäckers, wie Gier und Angst miteinander rangen. Paul Rémy war ungefähr so alt wie er. Auch wenn er jetzt seinen besten Anzug trug, um gleich in die Abendmesse zu gehen, war er immer noch mit Mehl bestäubt. Sixtine hatte die Wahrheit gesagt. Bond konnte seinen Platz einnehmen und niemandem würde es auffallen. Aber würde er einwilligen?

»Vierhunderttausend Franc ...« Noch nie hatte der Bäcker so viel Geld verdient. Noch nie hatte er diese Worte ausgesprochen.

»Wenn Sie jetzt einwilligen, runde ich die Summe auf fünfhunderttausend auf. Und Sie müssen nicht mehr tun, als uns die Schlüssel zu geben.«

Am nächsten Tag, früh am Montagmorgen, saß Bond in Bäckerkittel und Mütze am Steuer eines Citroën H und fuhr die Hügel um Menton hinauf. Der Lieferwagen war eine graue Metallkiste mit der typisch geriffelten Fassade und der hässlichen, schlichten Fahrerkabine, die es aussehen ließ, als wäre der Wagen entzweigeschnitten worden. Mit dem Vorderantrieb und dem Drei-Gang-Getriebe war er schlecht zu fahren – Bond kam kaum über fünfzig Stundenkilometer –, doch gleichzeitig schien er verlässlich, wie ein alter Lastesel. Bond hatte sich nicht rasiert und nun waren seine Wangen und sein Kinn mit dunklen Stoppeln bedeckt. Außerdem hatte er sich Mehl in Gesicht und Haare geschmiert.

Sixtine saß neben ihm auf dem Beifahrersitz. Noch musste sie sich nicht verstecken. Erst als sie sich der Abbiegung näherten, hielt Bond an.

»Wenn etwas schiefgeht, verschwinde so schnell du kannst«, sagte sie.

»Mit diesem Wagen wird das nicht sehr schnell sein.«

»Ich weiß.« Sixtine trug ein locker sitzendes Seidenhemd und eine Caprihose. Sie zog eine Waffe heraus, eine maßgefertigte Baby Browning mit Elfenbeingriff, überprüfte sie und steckte sie sich wieder in die Tasche. Bond fand sie gut. Es war eine kleine, leichte Pistole, die mühelos zu verstecken und schnell zu ziehen war. Eine Frauenwaffe.

»Sobald wir drin sind – angenommen, wir kommen überhaupt so weit –, bleibt uns nicht viel Zeit«, mahnte Bond. »Ich will, dass du dich umsiehst, und vielleicht finden wir ja diese Geheimformel oder was immer es ist, wonach du suchst, aber nach dem, was gestern passiert ist, hat Wolfe wahrscheinlich seine Sicherheitsmaßnahmen verstärkt – und soweit ich das beurteilen kann, waren sie schon vorher ziemlich effizient.«

»Keine Sorge. Ich werde nicht trödeln.«

Sie stieg aus. Der Lieferwagen hatte breite Türen, die nicht vorne, sondern hinten angeschlagen waren, sodass sie sich in die falsche Richtung öffneten. Man nannte sie Selbstmördertüren. Bond hoffte, dass sich der Name nicht als prophetisch erweisen würde. Der Lieferwagen schaukelte leicht, als Sixtine hinten einstieg, und er hörte das Klicken, als sie die Türen hinter sich wieder zuzog. Er legte einen Gang ein und fuhr weiter Richtung Wolfe Europe.

Er fuhr mit konstanter Geschwindigkeit durch den grünen Tunnel bis zu der Sicherheitsschranke, die er am Tag zuvor gesehen hatte. Dies war sein erster Test und er spürte, wie sein Puls immer schneller schlug, während das zweistöckige Gebäude näher kam. Gleichzeitig rief er sich ins Gedächtnis, dass dies der ungefährlichste Teil von Sixtines Plan war. Wenn die Wachen nach einem Ausweis fragten oder erkannten, dass er nicht Paul Rémy war, würde er sich mit Leichtigkeit aus der Affäre ziehen können. »Tut mir leid, *messieurs*. Paul ist krank. Er hat mich gebeten, für ihn einzuspringen.« Doch sobald die Kontrollstelle hinter ihnen lag, saßen sie in der Falle, und wie er gestern im Wald festgestellt hatte, war diesen Leuten alles zuzutrauen.

Doch zu Anfang lief alles nach Plan. Als sich der Citroën H näherte, wurde die Schranke geöffnet. Die Wachen hatten den Wagen erkannt – schließlich kam er seit Monaten um genau die gleiche Zeit – und ihre Augen sagten ihnen, dass die dunkelhaarige Gestalt am Steuer der Bäcker sein musste. Bond sah nicht zur Seite, während er hindurchfuhr, um sein Gesicht so gut wie möglich zu verbergen. Er achtete darauf, nicht zu schnell zu fahren. Er lieferte Brot aus, mehr nicht. So sollte er sich auch verhalten.

Die Straße führte durch den Wald mit den tödlichen Brennnesseln und Fallen, auch wenn er bei einem Blick durchs Fenster des Wagens vollkommen normal wirkte. Bond fragte sich, was aus den drei Wachen geworden war, die am Ende ihrer Schicht nicht wieder aufgetaucht waren. Suchte man jetzt gerade nach ihnen? Wenn Irwin Wolfe oder seine Leute weiteren Ärger befürchteten, fuhren sie vielleicht geradewegs in eine Falle.

Andererseits war es keine vierundzwanzig Stunden her, dass die Männer getötet worden waren. Es war immer noch möglich, dass derjenige, der sie eingestellt hatte, davon ausging, dass sie einfach Feierabend gemacht hatten und nach Hause gegangen waren. Es waren keine Schüsse gefallen. Die drei Männer waren einfach verschwunden.

Vor ihm ragte bedrohlich der Elektrozaun mitsamt dem zweiten Kontrollhäuschen auf. Hier waren mehr Wachleute – insgesamt vier – und die Schranke blieb unten, als er sich näherte. Bond rutschte tiefer in seinen Sitz und ließ den Kragen des Arbeitskittels nach oben rutschen. Er wünschte, er hätte sich eine Zigarette angezündet. Das hätte ihm nicht nur den Eindruck verliehen, vollkommen entspannt zu sein, sondern er hätte auch einen Teil seines Gesichts mit der Hand verdecken können. Doch jetzt war es zu spät. Er kurbelte das Fenster herunter und rief fröhlich – in einer hoffentlich guten Imitation von Rémys Stimme: »*Bonjour!*«

Einer der Wachmänner musterte ihn neugierig, dann schien ihm einzufallen, wer er war, und er stieß einen Befehl aus. Die Schranke hob sich. »*Merci!*« Bond winkte und fuhr weiter. Ein einzelner Schweißtropfen rollte hinter seinem Ohr seinen Hals hinab.

Er steuerte den Wagen auf den Parkplatz neben dem Wasserturm. Die Geländewagen mit ihren Maschinengewehren und Munitionsboxen parkten immer noch genau dort, wo sie sich am Tag zuvor befunden hatten. Bei einem stand die Motorhaube auf und ein Mann in einem Arbeitsanzug beugte sich über den Motor. Sonst war niemand zu sehen. Bond stieg aus. Er öffnete die Selbstmördertür und sagte leise: »Die Luft ist rein.«

Sixtine rollte sich aus ihrem Versteck. Sie und Bond nahmen Bleche voller Baguettes und gingen schnell zum nächstgelegenen Gebäude. Hier befand sich die Küche. Rémy hatte eine Karte der Anlage gezeichnet – oder zumindest der Teile, die er kannte –, bevor er gegangen war. Bond hielt seinen Kopf gesenkt. Er konnte den Schatten des Wachturms über sich spüren und fragte sich, ob er gerade von Ferngläsern beobachtet wurde. Hoffentlich sprachen die Bleche für sich. *Ich liefere etwas aus. Ich habe eine Assistentin mitgebracht. Kein Grund zur Sorge.* Er war froh, als er die Tür erreichte und sie offen war. Sixtine und er gingen hinein.

Sie fanden sich in einer Großküche wieder. Riesige Töpfe mit Suppe oder Eintopf blubberten auf Gasflammen vor sich hin. In der Luft hing stickiger Kochdunst. Köche schwitzten in ihren Schachbretthosen und weißen Kitteln, während sie Zutaten hackten und vermengten. Bond und Sixtine stellten die Bleche ab und gingen weiter, ohne anzuhalten. Sie mussten den Eindruck erwecken, genau zu wissen, was sie taten. Zu zögern würde Aufmerksamkeit auf sie lenken und das würde zu Fragen führen. Neben einer großen Durchreiche befand sich eine Tür und auf der anderen Seite war ein Raum mit zwanzig langen, schmucklosen Holztischen. Bond bekam bereits einen guten Eindruck vom Arbeitsklima bei Wolfe

Europe. Man machte seine Arbeit, man aß, man wurde fertig, man ging. Es gab keine Boni.

Sie durchquerten die Kantine und betraten einen Korridor mit weißgetünchten Wänden. Auf halbem Weg fand Bond, wonach er gesucht hatte. Es gab zwei Toiletten, eine für Männer und die andere für Frauen, sowie einen Bereich, in dem sich die Angestellten vor dem Essen umziehen konnten. Dort hing ein halbes Dutzend weißer Laborkittel und Mützen. Ohne zu reden, streiften Bond und Sixtine sie über. Nun sahen sie genauso aus wie alle anderen, während sie sich im Gebäude umsahen.

Sie gingen bis zum Ende des Korridors weiter. Aus dem nächsten Gebäude war bereits der Klang von Maschinen zu hören. Sie traten durch die Doppeltüren einer Luftschleuse. Bond bemerkte Staubfilter an der Wand und eine Maschine, um Staub von seinen Schuhen zu entfernen. Die zweite Tür führte in einen viel größeren Bereich mit mindestens fünfzig Personen, die alle Schutzanzüge trugen und sich um verschiedene Maschinen kümmerten. Der Raum lag im Halbdunkeln, was Bond entgegenkam. Es fiel sogar schwer, die Männer und Frauen auseinanderzuhalten, und das machte es praktisch unmöglich, dass jemand Sixtine und ihn erkannte. Dennoch blieben die beiden in Bewegung. Über ihnen verlief eine Gerüstbrücke mit Beobachtungsfenstern aus dickem Glas. Alle wurden permanent von Gestalten in weißen Kitteln mit Schutzbrillen und Klemmbrettern überwacht. Niemand sprach. Die Menschen hier wurden genauso streng reguliert wie die Maschinen.

Auf einem Tisch entdeckte Bond ein herrenloses Klemmbrett und schnappte es sich. Sofort hatte er sich von einem Arbeiter in einen Aufseher verwandelt und dies verschaffte ihm einen Vorwand, länger zu verweilen. Er begutachtete die rostfreien Stahlplatten, Aufnahmegeräte, Plattformen, Leitern und Rohrleitungen. Da er das Endprodukt kannte, konnte er sich einen gewissen Reim aus all dem machen. In einem Teil der Fabrik kam Emulsion von oben heruntergeflossen und bedeckte eine Rolle Zellulose, die mindestens neunzig Zentimeter breit war. Die Zellulose wurde auf riesige Zylinder gewickelt und dann ins nächste metallische Biest befördert, eine Trockenkammer, die heulte und erzitterte, während sie gefüttert wurde. Momente später wurde die Filmbasis wieder herausgewürgt, in Streifen geschnitten und dann in Rollen von gelbem Schutzpapier gewickelt. Die ganze Zeit über dröhnten die Maschinen vor sich hin. Die Lampen flackerten. Die Nadeln tanzten. Alles war mit allem verbunden und das Endprodukt und die Erfüllung der Quote waren alles, was zählte.

Bond beugte sich über eine Frau, die ein Stück Film durch einen Infrarotbetrachter inspizierte. »Alles in Ordnung?«, brüllte er fröhlich auf Französisch, um sich über dem endlosen Lärm Gehör zu verschaffen.

Sie nickte nervös und fragte sich augenscheinlich, warum man gerade sie herausgepickt hatte, dann ging sie wieder an die Arbeit.

Ein paar Minuten später kehrten Bond und Sixtine durch eine weitere Doppeltürschleuse wieder an die frische Luft zurück. Hier waren sie nicht mehr im Blickfeld des Wachturms. Vor ihnen stapelte ein Mann in einiger Entfernung Kisten mit einem Gabelstapler.

»Was denkst du?«, fragte Bond.

Sixtine schüttelte den Kopf. »Da ist nichts«, sagte sie. »Es ist eine klassische Filmproduktionsfabrik. Wolfe macht dort nichts Revolutionäres. Tatsächlich ist die Hälfte der Ausstattung sogar ziemlich veraltet.«

»Dann probieren wir es in einem der neuen Gebäude.«

Sie gingen über das Gelände zu dem Bereich, der erst vor Kurzem errichtet worden war. Dabei hielten sie sich nah an den Mauern, während sie gleichzeitig immer noch versuchten, den Eindruck zu erwecken, sie wüssten, was sie hier taten. Zwei Männer und eine Frau kamen ihnen entgegen. Sie waren in ein Gespräch vertieft und beachteten sie nicht weiter. Sie kamen an eine breite Straße, die die beiden Bereiche voneinander abgrenzte. Dort sahen sie ein weiteres Warnschild: PERSONNEL AUTORISÉ SEULEMENT. Nur für autorisiertes Personal. Bond hörte Schritte, presste sich gegen die nächstgelegene Mauer und erstarrte. Zwei Wachmänner mit Gewehren gingen nur ein paar Meter von ihnen entfernt vorbei, bemerkten sie aber nicht.

Sie betraten die nächste Zone und ließen damit jegliches Gefühl von Sicherheit hinter sich. Vor sich sahen sie das erste der neuen Gebäude mit einer unbeschrifteten Metalltür. Bond fiel auf, dass sie genau mit der Mauer abschloss und kein Schlüsselloch zu sehen war. Er fluchte leise. Sie konnte nur von innen geöffnet werden. Er musste einen anderen Weg hineinfinden. Doch gerade als er weitergehen wollte, wurde die Tür geöffnet und ein Mann kam heraus, eine nicht angezündete Zigarette in der Hand. Sixtine griff nach der Tür, bevor sie wieder zufallen konnte. Gleichzeitig sprach Bond den Mann an, wobei ihm nicht entging, dass es sich um einen Korsen handelte.

»Brauchen Sie Feuer?«, fragte Bond.

»Was?« Der Korse sah ihn gelangweilt an.

Bond schlug ihm zweimal hart mit der Faust ins Gesicht, erst aufs Kinn, dann gegen die Schläfe. Der Mann brach zusammen und Bond zerrte ihn schnell hinein. Es war die leichteste Methode gewesen, dennoch ärgerte er sich. Denn gerade hatte er ihrem Aufenthalt ein Zeitlimit gegeben. Früher oder später würde jemandem auffallen, dass der Mann verschwunden war. In spätestens einer Viertelstunde würde er wieder zu sich kommen und Alarm schlagen. Bis dahin mussten Sixtine und er weg sein.

Doch jetzt hatten sie es erst einmal hineingeschafft. Sie folgten einem hell erleuchteten Gang mit gefliesten Wänden und Gummiböden. Dicke Rohre schlängelten sich an der Decke entlang und deuteten auf ein ausgeklügeltes Belüftungssystem hin. Bond schlich weiter und kam an einem halben Dutzend Feuerlöschern vorbei. Alles an dieser Umgebung – die außergewöhnliche Sauberkeit, der Geruch von Chemikalien – sagte ihm, dass hier etwas anders war. Bei Wolfe Europe ging etwas vor, das nichts mit Film zu tun hatte. Vor ihnen lag eine Doppelschwingtür mit kleinen runden Fenstern, wie man sie vielleicht in einem Krankenhaus finden würde.

»Was ist das hier für ein Ort?«, flüsterte Sixtine.

Statt einer Antwort stieß Bond die Tür auf. Und es lag direkt vor ihm. Es war das Letzte, was er erwartet hatte, und doch ergab es sofort Sinn: Irwin Wolfe und Jean-Paul Scipio, die *Mirabelle* und Ferrix Chimiques.

Es hätte von Anfang an klar sein sollen.

⑰

IN TEUFELS KÜCHE

Alles war weiß: die Wände, die Arbeitsflächen, die Porzellanspülbecken, die Schutzkleidung und Atemmasken, das Neonlicht – selbst die Luft, die aus Metallgittern strömte, nachdem eine verborgene Maschinerie sie gekühlt und gereinigt hatte. Zwischen den Leuten, die hier arbeiteten, und denen auf der anderen Seite des Geländes lagen Welten. Dies waren vollkommen lautlose Phantome, die sich so langsam bewegten, dass es wie ein makabrer Tanz zwischen den Reagenzgläsern und Bunsenbrennern wirkte.

Bond war geradewegs in Teufels Küche gelandet. Ihm fiel keine andere Beschreibung dafür ein. Denn in diesem Labor hatten Jean-Paul Scipio und Irwin Wolfe, die gemeinsame Sache machten, mit einer Kompetenz und Raffinesse, die die Welt noch nicht gesehen hatte, eine Massenproduktion von Heroin höchster Qualität aufgebaut.

Bei der Heroinproduktion in Südfrankreich hatte es sich in den letzten zwanzig Jahren um eine Heimindustrie gehandelt. Es gab winzige Dörfer rund um Marseille, in denen heruntergekommene Bauernhäuser und Villen übernommen und zu provisorischen Produktionsstätten umgebaut worden waren, die sofort geschlossen werden konnten, sobald die Polizei ihnen zu nahe kam. Sie versteckten sich in Kellern oder unbenutzten Küchen, in denen für den Trocknungsprozess Propangasbrenner in alte Kühlschränke eingebaut worden waren und ausgediente Waschmaschinen als Mixer benutzt wurden. Die Produktionsbedingungen waren dreckig und die Angestellten häufig so ungeschickt, dass es ein Wunder war, dass überhaupt etwas Brauchbares dabei herauskam.

Es dauerte vierundzwanzig Stunden, um zehn Kilo pures Heroin herzustellen, und der Prozess war kompliziert und gefährlich. Wenn man die Morphinmischung zu stark erhitzte, explodierte sie. Die Dämpfe reichten aus, um einen Elefanten umzuhauen, und ein Leck konnte alle im Raum töten. Die Reinheit des Produkts variierte von Charge zu Charge – und außerdem streckte man es viele Male, bevor es auf die Straße gelangte.

Natürlich gab es eine Handvoll Kriminelle, die sich als Meister ihrer Kunst erwiesen hatten. Antoine Guerini war berühmt für die Qualität seiner Ware, während Joseph Cesari, der seine Fähigkeiten in Bandol gelernt hatte, so reines Heroin produzierte, dass es ihm den Spitznamen »Monsieur 98 Pour Cent« eingebracht hatte. Es hieß, dass er unglaubliche acht Kilo Morphium auf einen Schlag verarbeiten konnte. Aber das waren Ausnahmen. Die Mehrheit der Heroinproduzenten waren Amateure.

James Bond wusste, dass dieses Labor einzigartig war. Was er sah, hob die Heroinproduktion auf eine vollkommen neue Ebene.

Der Raum war riesig und voll mit teurer, brandneuer Ausstattung. Vakuumpumpen, elektrische Mixer, Dunstabzugshauben und ein hochentwickeltes Lüftungssystem. Nahe der Tür lehnte ein Mann im weißen Kittel über einem topmodernen Rücklaufkondensator und untersuchte den Inhalt durch eine Scheibe, während neben ihm ein anderer Mann schimmernde Fläschchen und Reagenzgläser in einen Autoklav stellte, um sie zu sterilisieren. Es gab Regale voller Messbecher, Spritzen, Saugpumpen, Trichter und Filterpapier, und Bond nahm an, dass über jeden einzelnen Gegenstand genau Buch geführt wurde. Dies war eine perfekt durchgeplante Operation, das IBM der Rauschmittel.

Und da war das Endprodukt. Bond sah vier Frauen in weißen Kitteln, mit Haarnetzen und Gummihandschuhen, die das feine weiße Pulver gelangweilt in Tüten abfüllten, wogen und versiegelten. Dies war die letzte Station einer Reise, die in den Opiumfeldern der Türkei oder Afghanistans begonnen hatte. Die Morphinbase war nach Marseille geschmuggelt worden, wahrscheinlich in Fischerbooten, bevor man sie hierhergebracht hatte. Sie war mit Alkohol und Aktivkohle gereinigt worden, bis sich die kostbaren Flocken gebildet hatten. Und wohin als Nächstes? Bond dachte, dass er eine gute Antwort auf diese Frage hatte.

Doch es ergab immer noch keinen Sinn.

Die französische Polizei ermittelte und M hatte zwei Agenten zur Riviera geschickt, weil die Drogenlieferungen zum Erliegen gekommen waren. Sie alle waren besorgt, dass die kriminelle Aktivität von etwas anderem ersetzt würde. Doch jetzt, wo er den Beweis direkt vor Augen hatte, konnte Bond nur mutmaßen, dass die Versorgungskette absichtlich gestoppt worden war, während Tonnen von Drogen in die Produktion gegangen waren. Die offensichtliche Schlussfolgerung lautete, dass Scipio sie hortete. Aber zu welchem Zweck?

Bond stand erst seit ein paar Sekunden am Rand des Labors und während ihm noch diese Gedanken durch den Kopf gingen, wurde ihm klar, dass Sixtine und er in größter Gefahr waren. Sie hatten eine kriminelle Operation innerhalb eines respektierten internationalen Unternehmens demaskiert. Hineinzukommen war das eine gewesen, wieder herauszukommen etwas ganz anderes. Am allerwichtigsten war Bond, die Information, auf die er gestoßen war, so schnell wie möglich an M in London weiterzugeben.

Sixtine legte ihre Hand auf seinen Arm. »Das ist doch irre«, flüsterte sie. Ihr war ebenfalls klar, was hier vor sich ging. »Wolfe ist doch bereits Multimillionär. Er ist krank ... vielleicht liegt er sogar im Sterben. Warum sollte er sich auf Drogengeschäfte einlassen?«

»Später«, sagte Bond. »Jetzt müssen wir erst mal hier weg.«

Doch es war bereits zu spät. Ein Mann in einem langen weißen Kittel kam auf sie zu. Auf die Entfernung hatte er wie ein Arzt ausgesehen, doch als er näher kam, sah Bond, dass es sich um einen unrasierten, unfreundlich dreinblickenden Aufseher handelte. Er hatte die Augen eines Hais. Er wusste bereits, dass etwas nicht stimmte.

Der Mann blieb vor Bond und Sixtine stehen und deutete nach unten. »*Vos soliers*«, sagte er.

So einfach war das. Alle im Labor trugen Schutzhüllen über ihren Schuhen. Bond und Sixtine hatten zwar ihre gestohlenen Kittel und Mützen, doch der Mann hatte die fehlenden Schutzhüllen bemerkt und das war es, was ihn hergebracht hatte.

»*Vos cartes d'identité!*«, schnauzte der Mann.

»*Certainement!*« Bond griff in seine Tasche, als wollte er nach einem Ausweis greifen. Doch stattdessen schlug er zu, stach mit drei Fingern gegen die Kehle des Mannes und schnitt ihm damit die Luftzufuhr ab. Bond fing ihn auf, als er umkippte, und legte ihn vorsichtig auf den Boden.

Für einen Sekundenbruchteil hatte er gehofft, dass die anderen im Raum zu beschäftigt sein würden, um zu bemerken, was gerade geschehen war ... und tatsächlich folgte ein Moment der Stille, bevor die Arbeit wie zuvor fortgesetzt wurde. Doch dann kam ein halbes Dutzend Männer von allen Seiten des Labors auf ihn zugestürmt und einen Moment später ertönte ein Alarmsignal in der ganzen Anlage.

Bond wollte wegrennen, überlegte es sich dann aber doch anders. Er wirbelte herum, zog seine Beretta heraus und feuerte ein paar Schüsse ab. Jedoch nicht auf die Männer, sondern auf die Apparaturen. Was auch immer in den nächsten Minuten aus Sixtine und ihm werden würde, er war fest entschlossen, diesen abscheulichen Ort zu zerstören. Die ersten Kugeln trafen Glasfläschchen, die nächsten schlugen in die Schalttechnik der Mixer und Zentrifugen ein und durchtrennten ein paar Stromkabel. Das Ergebnis war, wie er es sich vorgestellt hatte. Funken sprühten, es gab einen Kurzschluss und aus den zerschossenen Behältern liefen Flüssigkeiten aus. Er konnte die Dämpfe riechen, die er freigelassen hatte. Was als Nächstes geschah, war unvermeidlich. Während die Labormitarbeiter schrien und auseinanderliefen, dehnte sich im Raum ein großer Feuerball aus. Das wiederum aktivierte die Sprinkleranlage. Wasser regnete herab und schuf einen Vorhang zwischen Bond und den Wachen, die auf ihn zurannten. Er gab zwei weitere Schüsse ab, bis sein Magazin leer war, dann zog er sich durch die Schwingtür zurück.

Sixtine war bereits vor ihm. Das Seltsame war nur, dass sie nicht in Eile zu sein schien. Sie war ihre Optionen mit der gleichen Konzentration durchgegangen, die sie beim Kartenspiel an den Tag gelegt hatte, und wusste bereits, was sie tun würde.

»Der Lieferwagen«, sagte Sixtine. Als sie die Ecke erreichten, erschien ein Wachmann und rannte auf sie zu. Sixtine hatte ihre eigene Waffe in der Hand und erschoss ihn. »Oder einer von den Geländewagen. Einen anderen Weg hinaus gibt es nicht.« Sie beendete ihren Satz, als hätte es die Unterbrechung nie gegeben.

»Gut.«

»Wie sieht es bei dir mit Munition aus?«

»Leer.«

Sie verzog ihr Gesicht. »Daran hättest du denken sollen, bevor du das ganze Labor zerschossen hast.«

Sie erreichten die nächste Tür und öffneten sie vorsichtig. Draußen waren überall Leute. Die Mitarbeiter mussten die Anweisung haben, bei Alarm zu einem allgemeinen Treffpunkt zu gehen. Und doch hatte sich der Feind zum ersten Mal verrechnet. Wenn alle an ihren Arbeitsplätzen geblieben wären, wenn die Anlage leer gewesen wäre, hätte man Bond und Sixtine leicht ergreifen können. Doch so konnte das Paar gut untertauchen. Sie mussten sich nur unauffällig verhalten und sich im gleichen Tempo wie die anderen bewegen, so konnten sie quasi mit der Menge verschmelzen.

Sixtine war zu dem gleichen Schluss gekommen. Sie steckte ihre Pistole in die Tasche und ging los, den Blick auf den Boden gerichtet. Gleichzeitig wurde der Alarm abgestellt. Er hatte seinen Zweck erfüllt.

»Wolfe kann nichts davon gewusst haben«, murmelte sie im Gehen. »Er hat ein Vermögen mit Film gemacht. Warum sollte er alles riskieren, um ins Drogengeschäft einzusteigen?«

»Er *muss* davon gewusst haben«, erwiderte Bond. »Eine Heroinfabrik in einer Filmproduktionsstätte mitten im Nirgendwo zu verstecken ... Das ist einfach brillant. Aber er muss kooperiert haben. Willst du etwa behaupten, er hätte das nicht bemerkt?«

»Es würde auf jeden Fall erklären, warum er mich nie mitnehmen wollte.«

»Und da ist noch was ...«

»Nämlich?«

»Die *Mirabelle* ...«

Doch bevor er ihr erklären konnte, was er sich zusammengereimt hatte, drängten drei bewaffnete Männer durch die Menge auf das Labor zu. Bond und Sixtine trennten sich, da sie instinktiv wussten, dass die Wachen nach zwei Eindringlingen suchten. Es war sicherer für sie, sich zu trennen.

Erst als der Lieferwagen des Bäckers in Sicht war, kamen sie wieder zusammen, doch Bond sah sofort, dass sie ihn nicht mehr benutzen konnten. Jemand musste bemerkt haben, dass er dort viel zu lange geparkt hatte. Ein Wachmann mit Maschinengewehr war an der Fahrerkabine postiert worden und wartete auf die Rückkehr des Bäckers. Nicht weit davon entfernt arbeitete der Mann, den Bond schon bei ihrer Ankunft gesehen hatte, immer noch an dem Willys MB. Doch als sich die beiden näherten, schlug er die Motorhaube zu und wischte seine Hände an einem Lumpen ab. Bond traf eine Entscheidung. Er hoffte nur, dass der Mechaniker gute Arbeit geleistet hatte.

Er ignorierte den Lieferwagen und marschierte auf den Küchenbereich zu, dann bog er im letzten Moment nach rechts ab. Der Mechaniker starrte ihn an. Er schien zu spüren, dass irgendetwas nicht stimmte. Bond stützte sich auf den

Geländewagen und trat dem Mann mit voller Wucht gegen den Kopf. Der Wachmann am Lieferwagen hatte gesehen, was passiert war, brüllte etwas und hob sein Maschinengewehr. Sixtine schoss ihm in die Brust.

Der Klang von Schüssen änderte alles. Die Fabrikarbeiter rannten in alle Richtungen davon und nun waren sie doch allein auf dem leeren Gelände, während die Sonne auf sie schien und sie zu einem leichten Ziel machte. Es folgten drei Schüsse vom Wachturm, die direkt neben ihnen einschlugen. Bond hechtete auf den Fahrersitz des Jeeps und startete den Motor. Sixtine setzte sich neben ihn und verdrehte sich, um auf die beiden Männer zu schießen, die auf sie zurannten. Einer von ihnen ging zu Boden. Der andere ging in Deckung.

Sixtine lud nach.

Ein weiterer Schuss schlug gegen die Tür und prallte mit einem scharfen Klang ab. Bond legte den Rückwärtsgang ein, während zwei weitere Kugeln in die Seitenwand einschlugen. Der Mechaniker lag bewusstlos vor ihm. Die Wache, die Sixtine niedergeschossen hatte, lag mit dem Gesicht nach unten auf einer Seite. Bond manövrierte den Jeep rückwärts von seinem Parkplatz, dann raste er auf die Schranke und die Freiheit zu.

»Runter!«, rief er.

Vor ihnen waren zwei Männer. Sie waren aus dem Wachhäuschen gekommen und leerten ihre Magazine auf die Windschutzscheibe. Sixtine duckte sich. Ohne die Hände vom Lenkrad zu nehmen, lehnte sich Bond zur Seite und ging halb hinter dem Armaturenbrett in Deckung. Die Windschutzscheibe zerbrach. Eine Sekunde später raste der Jeep gegen die Schranke und zerschmetterte sie. Bond spürte, wie der Wagen erst einmal erzitterte, und dann noch einmal, als er die zwei Männer aus dem Weg rammte. Wieder ertönte ein Schuss vom Turm. Die Kugel schlug hinter ihm in den Sitz ein. Doch dann waren sie frei, rasten die Straße entlang und ließen das leere Wachhäuschen, die bewusstlosen Männer und die zerbrochene Schranke hinter sich.

Bond und Sixtine richteten sich wieder auf. Bond hatte gedacht, dass sie erschüttert sei, doch sie wirkte regelrecht beschwingt.

»Wir müssen zurück nach Menton«, sagte sie und schaute nach hinten. Noch wurden sie nicht verfolgt. »Wenn wir weiter in die Hügel fahren, geht die Straße noch kilometerweit und sie könnten uns einholen. Aber wenn wir uns für die andere Richtung entscheiden, gibt es nicht viel, was sie tun können, sobald wir das Meer erreichen.«

Sixtine hatte recht. Sie hatten die Wahl zwischen einer kurvenreichen Fahrt in die Berge, immer tiefer in Einöde und Wälder, oder einer kurzen Strecke zu einer belebten Küstenstraße mit dichtem Verkehr, Polizeiautos und vielen Zeugen. Der Geländewagen schien die Beschädigungen durch das Maschinengewehrfeuer zu ignorieren, doch Bond wäre es lieber, wenn es bergab gehen würde. Wie lange würde es dauern, bis die Wachleute sie verfolgen würden? Der Motor stotterte und er warf einen Blick auf die Tankanzeige. Die Nadel war im roten Bereich, der Tank war fast leer. Das war eine Komplikation, die er nicht erwartet hatte.

Äste und Blätter rasten an ihnen vorbei und verschmolzen zu einer einzigen grünen Masse. Ohne Frontscheibe schlug ihnen der Wind ins Gesicht und ließ Sixtines Haare flattern. Sie hatte ihre Browning nachgeladen und drehte sich nach hinten, bereit, sie einzusetzen. Doch fürs Erste waren sie allein. Die äußere Barriere und das Verwaltungsgebäude aus Beton erhoben sich vor ihnen. Zwei weitere Wachen warteten auf sie, doch sie waren jung und nervös. Sie hatten zu schnell zu feuern begonnen, hatten nun keine Munition mehr und konnten nur noch zur Seite springen, während der Geländewagen durch die Schranke raste und eine Minute später die Hauptstraße erreichte. Mit quietschenden Reifen bog er ab.

Bond begann sich zu entspannen. Der Geländewagen fuhr einwandfrei, auch wenn er gerade die letzten Tropfen Benzin verschlingen musste. Castellar, das erste Dorf, war nur ein paar Kilometer entfernt. Es begann so auszusehen, als seien sie in Sicherheit. Was nun? Er würde am Abend M Bericht erstatten und danach konnte die ganze Sache an die französische Polizei übergeben werden. Man würde die Fabrik schließen und Irwin Wolfe verhaften. Scipio zu finden würde sich als schwieriger erweisen, doch das war nicht seine Aufgabe. Im Grunde genommen hatte er genau das getan, was ihm aufgetragen worden war.

Vielleicht würde er sogar eine Beurlaubung beantragen. Warum nicht? Er wollte Sixtine in eine Großstadt bringen, die er gut kannte, um gewissermaßen einen Heimvorteil zu haben. Vielleicht Rom. Das Hotel Majestic in der Via Veneto. Abendessen im Alfredos, die berühmten Fettuccine, ein nächtlicher Spaziergang am Tiber und dann später …

»James!«

Er hörte die Besorgnis in ihrer Stimme und warf einen Blick in den Rückspiegel. Er sah sie sofort. Sie waren etwa achthundert Meter hinter ihnen, nicht mehr als dunkle Flecken, kamen aber näher. Keine Autos. Motorräder. Mindestens drei von ihnen. In der Ferne hörte er das Dröhnen der Motoren. Zentimeter für Zentimeter wurden sie im Rückspiegel größer. Ihm blieben vielleicht noch zwei, drei Minuten, bevor sie aufholten.

Er trat aufs Gaspedal, doch der Jeep gab bereits alles. Sie hatten Castellar erreicht. Nun waren die Würfel gefallen. Die Straße ging schnurgeradeaus und ließ ihnen keine andere Möglichkeit, als ihr den Hügel hinunter ins Dorfzentrum zu folgen. Es gab keine Abzweigungen. An einer Seite erstreckten sich Olivenhaine und Gemüsegärten, auf der anderen befand sich die Steinmauer einer Kirche. Sie fuhren um eine Kurve zwischen üppigen Büschen und einem steilen Abhang. Die Räder wirbelten Schotter und Staub auf. Je weiter sie fuhren, desto schmaler wurde die Straße. Die Motorräder füllten jetzt den ganzen Rückspiegel aus. Schwarze BMWs. Bond konnte die geduckten Gestalten der Fahrer erkennen, die sich über die Frontscheiben lehnten.

Nein! Vor ihnen befand sich das größtmögliche Pech. Der verdammte Esel mit seinem Wagen voller Melonen, der gleiche, den sie am Tag zuvor gesehen hatten, blockierte schon wieder die Straße! Sein Besitzer zog an den Zügeln und drängte ihn vorwärts, doch das Tier schien gerade nicht in der Stimmung zu sein zu kooperieren. Bond fluchte. Er konnte nicht bremsen, aber es gab auch keine Möglichkeit, den Esel zu umfahren. Die eine Seite der Straße bestand aus dicht gedrängten Häusern mit Balkonen, Außentreppen und bunter Wäsche, die zum Trocknen aufgehängt war. Keine Gassen, keine Lücken. Die andere war mit Metallpollern begrenzt, dahinter Hänge, eine Reihe von Gärten und Obstplantagen. Das ganze Dorf schien auf den Beinen zu sein. Frauen kauften ein, alte Männer saßen vor Cafés und spielten Backgammon, Kinder jagten einander um die Tische. Zwei

Stände waren aufgebaut. Der eine verkaufte Käse, der andere *saucissons*. Um noch zur Atmosphäre beizutragen, saß ein Großvater auf einem Hocker und spielte Akkordeon. Bond dachte grimmig, dass es jetzt nur noch Hühner und ein paar Körbe mit Geranien bräuchte und er würde ein Vermögen mit dem Postkartenmotiv verdienen.

Er wurde langsamer. Die Motorräder waren direkt hinter ihm. Es waren insgesamt fünf. Sie waren schwarz und silberfarben und summten wie wütende Wespen. Einige der Fahrer zielten mit Waffen auf sie. Plötzlich merkte er, dass Sixtine nicht mehr auf dem Beifahrersitz saß, sondern nach hinten geklettert war. Ein Blick über die Schulter verriet ihm, dass sie die Munitionskiste aufgerissen hatte und ein Magazin in das Maschinengewehr rammte. Dann ließ sie den Ladegriff einrasten. Bonds Hände umklammerten das Lenkrad.

Sekunden später ertönte eine Maschinengewehrsalve, die aus dieser Nähe fast ohrenbetäubend war. Die zwei Fahrer, die ihnen am nächsten waren, wurden von ihren Maschinen geschleudert. Ihre Körper wirbelten durch die Luft, während die Motorräder umfielen und wegrutschten. Gleichzeitig leerte sich die Straße vor dem Jeep wie vom Tornado getroffen. Leute liefen in alle Richtungen davon. Der Esel wieherte und rannte vorwärts. Die Melonen fielen vom Wagen. Kinder wurden gepackt und in Häuser gezogen. Während Sixtine eine zweite Salve abfeuerte, rief Bond: »Halt dich fest!«, trat das Gaspedal durch und wich den herumpurzelnden Melonen aus. Der Jeep riss einen Tisch vor einem Café um. Gläser und ein Kartenspiel flogen umher. Als Nächstes traf es den Käsestand. Er hörte Schreie, doch er fuhr so schnell, dass er keine Einzelheiten mehr in seiner Umgebung wahrnehmen konnte. Sein Blick war starr auf die Straße vor ihm gerichtet.

Die Schüsse hörten auf. Als sie das Dorf auf der anderen Seite verließen, kletterte Sixtine zurück auf den Beifahrersitz.

»Es klemmt!«, rief sie.

»Hat doch gereicht«, antwortete Bond.

Doch das hatte es nicht ganz. Zwei Motorradfahrer verblieben. Sie hielten nun Abstand, ließen den Jeep aber nicht aus den Augen. Bond war fest entschlossen, sie abzuhängen, und nahm die erste Haarnadelkurve bei halsbrecherischer Geschwindigkeit. Die Räder des Wagens verloren fast den Bodenkontakt, während sie dem slalomartigen Straßenverlauf folgten. Noch bevor sie sich erholen konnten, schleuderte er sie heftig in die nächste Kurve. Der Geländewagen schwankte hin und her, als wollte er gegen die grobe Behandlung protestieren. Ganz kurz kam das vordere Schutzblech in Kontakt mit der Mauer an einer Seite der Straße. Metall quietschte auf und Bond musste das Auto mit aller Kraft davon abhalten, sich zu überschlagen. Der Motor stotterte erneut. Die Nadel war jetzt fast am Ende der Anzeige angelangt. Bond fluchte. Der Tank war leer. Wie viel weiter würden sie noch kommen, bevor der Wagen einfach stehen blieb? Er riss am Lenkrad und sie gingen in die nächste Kurve. Die Straße wurde immer steiler.

Vor ihnen lag das Mittelmeer, ein funkelndes Blau, das sich von den willkürlichen Konturen der Küstenlinie bis zum schnurgeraden Horizont erstreckte. Bond hielt mit einem Affenzahn darauf zu. Er wollte diese Hügel hinter sich lassen, vielleicht sogar ganz Frankreich. Das war die Idee! Wenn er es bis zur italienischen Grenze schaffte, würde dort Grenzpolizei warten. Er fragte sich, was sie von einem Geländewagen mit Maschinengewehr und voller Einschusslöcher halten würden, der versuchte, das Land zu verlassen. Sie würden die

Insassen natürlich verhaften. Doch in diesem Moment klang eine Nacht im Gefängnis – weggeschlossen hinter soliden Türen und umgeben von Polizei – fast verlockend.

»Sie fallen zurück«, rief Sixtine.

Es stimmte. Die beiden überlebenden Motorradfahrer schienen den Mut verloren zu haben. Die Entfernung zwischen ihnen und dem Jeep hatte sich verdoppelt. Dennoch wurde Bond nicht langsamer. Er warf einen Blick auf den Tacho. Hundertfünf Stundenkilometer. Viel weiter ging die Anzeige nicht. Zwei weitere Kurven und sie waren auf Meereshöhe. Sie mussten einfach entkommen!

»Wenn wir es bis Menton schaffen, kaufe ich dir …«, begann Bond.

»James!«

Sie hatte es vor Bond gesehen, doch jetzt bemerkte er es ebenfalls. Etwas blitzte in der Sonne. Objekte in Pyramidenform, aus denen spitze Metallstachel ragten, jeder etwa zehn Zentimeter lang. Sie waren von mittelalterlichen Wurfeisen inspiriert, die eingesetzt worden waren, um Pferde zu verkrüppeln, doch als die Deutschen sie im letzten Krieg auf Landeplätzen und Straßen ausgelegt hatten, hatten sie sie als Krähenfüße bezeichnet. Er erkannte sie erst, als es zu spät war.

Er trat zwar auf die Bremse, doch der Jeep fuhr bereits darüber und die Reifen explodierten. Das Gummi wurde in Fetzen gerissen. Er verlor sofort die Kontrolle. Es war, als sei die Lenksäule durchgetrennt worden und das Steuer drehe sich nutzlos in seinen Händen. Sie würden entweder gegen den Berg prallen oder die Klippen hinabstürzen. Nun lag ihr Schicksal in der Hand der Götter.

»Halt dich fest!«, rief Bond.

Sixtine klammerte sich bereits mit einer Hand ans Armaturenbrett, mit der anderen an den Rand der zerbrochenen Windschutzscheibe. Er sah ein letztes Bild von ihr, entschlossen und furchtlos. Dann erreichte der Jeep die Kurve. Statt sie zu nehmen, fuhr er weiter geradeaus – mitten ins Nichts. Eine winzige Ewigkeit lang hingen sie in der Luft. Dann wurde der Himmel vom Meer ersetzt und Bond sah es auf sie zurasen, immer näher und näher, eine blaue Wand, die plötzlich so massiv wie Stahl wirkte. Er spürte, wie er nach vorne kippte, und presste seine Hände gegen das Steuer, um sich im Sitz zu halten. Sie fielen und fielen, vollkommen lautlos in den letzten Momenten vor dem Ende.

Sie schlugen mit der Wucht eines Raketenangriffs auf. Bond war sich bewusst, wie das Wasser auf sie einströmte. Ohne die schützende Windschutzscheibe wurde sein Kopf nach hinten gerissen und fast von seinen Schultern getrennt. Sofort gingen sie unter. Der Jeep, der sie gerettet hatte, war nun zu einem Werkzeug des Todes geworden und drohte, sie in die Tiefe zu reißen. Im letzten Moment gelang es Bond, etwas Luft in seine Lungen zu bekommen, aber er wusste, dass er nur Sekunden hatte, um zur Wasseroberfläche zurückzukehren. Wasser füllte seine Sicht. Er hörte wütendes Blubbern. Er versuchte, seine Beine zu befreien, doch sie waren unter dem Steuer eingeklemmt. Er spürte, wie der Druck in seinen Ohren stieg, während er immer tiefer gezogen wurde. Er krümmte und wand sich und versuchte verzweifelt, sich zu befreien. Und Sixtine? Sie war nicht mehr bei ihm. Wenn Bond starb, würde er allein sterben.

Er beugte sich vor und streckte sich über das Lenkrad. Er spürte den stumpfen Rand der Windschutzscheibe, der in seinen Bauch schnitt, dann in seine Oberschenkel und schließlich seine Knöchel. Er war frei! Wie tief war er schon? Er hatte keine Luft mehr in seiner Lunge und musste atmen. *Nein! Lass deinen Mund zu. Erspüre die Richtung. Schwimm, verdammt noch mal! Es kann nicht so weit sein.*

Bond stellte sich vor, wie der Jeep unter ihm immer weiter sank und schließlich im Nichts verschwand. Er begann zu schwimmen, mit einer Hand über dem Kopf. Mit geschlossenen Augen drängte er immer weiter aufwärts. Es schien unmöglich weit zu sein. Er trat sechsmal mit den Beinen aus, bevor er spürte, wie seine Finger die Wasseroberfläche durchbrachen. Dann schnappte er nach Luft, während ihm das Wasser übers Gesicht lief. Er sah sich um. Sixtine war da. Sie hatte es hinausgeschafft. Er schwamm zu ihr.

»Bist du okay?«

Sie war zu erschöpft, um zu sprechen, nickte aber.

Bond sah sich um. Nachdem die Reifen zerfetzt worden waren, hatten sie die Straße verlassen und waren fast dreißig Meter in die Tiefe gestürzt. Während er sich die Höhe ansah, war Bond überrascht, dass sie überlebt hatten. Er nahm an, dass ihnen die Metallkarosserie des Jeeps ein wenig Schutz geboten hatte. Das Wasser war warm. Entlang des Kliffs gab es einen schmalen Strand aus Sand und Kies, aber keine Badegäste. Alles war so schnell passiert, dass vielleicht niemand es mitbekommen hatte. Sie waren allein.

»Kannst du zurückschwimmen?«, fragte Bond.

Sixtine trat Wasser. »Mir fällt keine andere Möglichkeit ein«, sagte sie.

Sie schwammen zusammen los. Der Strand war ganz in der Nähe. Sie brauchten nicht lange, um das Ufer zu erreichen, und schleppten sich auf den Sand. Einen Moment lang lagen sie keuchend da und spürten den warmen

Sonnenschein auf ihrem Rücken. Bond war erleichtert. Es hätte noch viel schlimmer kommen können. In gewisser Hinsicht war die ganze Operation ziemlich plump und unbedacht gewesen: sich ohne richtigen Plan auf das Fabrikgelände zu schmuggeln, ziellos umherzulaufen und sich dann die Flucht mit brachialer Gewalt zu erzwingen. Sie hatten zwar erfahren, was sie wissen mussten, doch dass sie überlebt hatten, war pures Glück gewesen.

Ein Knirschen auf dem Kies ließ ihn aufblicken. Vor ihnen waren zwei Männer, beide in gewachsten Lederjacken, die Pistolen im Anschlag. Sie waren von ihren Motorrädern gestiegen und hatten sie am Straßenrand zurückgelassen. Hinter ihm erklang das Geräusch eines Außenbordmotors. Bond drehte sich um und sah ein Schnellboot auf sie zurasen. Bemannt wurde es von den zwei Schlägern, denen er bereits in Ferrix Chimiques begegnet war. Carlo und Simone. So hatte Scipio sie angesprochen. Der mit der gebrochenen Nase stand am Steuer. Der andere hielt ein Gewehr. Bond warf einen Blick zu Sixtine und sah in ihren Augen, was er selbst bereits wusste.

Es hätte schlimmer kommen können. Und das tat es nun.

18

NUMMER VIER

Es war eine Touristenklassekabine für die Sorte von Touristen, die nicht zu viel erwartete, was Platz und Komfort anging. Eines Tages würden mehr als sechshundert von ihnen den Zauber der *Mirabelle* erleben, des Kreuzfahrtschiffs, das Irwin Wolfe nach seiner ersten Frau benannt hatte. Es gab zwei Schlafkojen, eine über der anderen, zwei Korbsessel, eine Kommode und eine Spüle. Der Raum war gerade groß genug, dass zwei Personen komfortabel sitzen konnten, doch wenn sie sich bewegen wollten, mussten sie sich Ausweichrouten ausdenken. Die Toilette lag auf der anderen Seite des Korridors und wurde mit den fünf umliegenden Kabinen geteilt. Es gab ein Bullauge, doch es ließ sich nicht öffnen und es war auch nicht groß genug, um so etwas wie eine Aussicht bieten zu können.

Es war keine vierundzwanzig Stunden her, seit Bond und Sixtine hergebracht worden waren. Sie waren getrennt voneinander angekommen. Man hatte deutlich gemacht, wenn einer von ihnen Ärger machte, würde der andere dafür büßen. Aber da man sie in zwei getrennte Wagen gesteckt hatte, umgeben von bewaffneten Männern, war das ohnehin keine Option gewesen. Scipios zwei Handlanger Carlo und Simone begleiteten Bond. Sie hatten nicht wieder mit ihm gesprochen, aber ihre bloße Anwesenheit bestätigte, was er bereits wusste. Sie arbeiteten für Scipio. Wolfe gehörte die *Mirabelle*. Scipio und Wolfe steckten unter einer Decke. Aber etwas fehlte noch. Es ging hier nicht nur um das Schmuggeln von Drogen, selbst wenn die fraglichen Mengen enorm waren. Was war ihr gemeinsames Ziel?

Die ganze Nacht lang war die *Mirabelle* auf ihr Auslaufen vorbereitet worden. Es hatte allein mehr als zwölf Stunden gedauert, um die Maschinen anzufeuern. Schließlich war Bond kurz vor Sonnenaufgang von einem Dröhnen und einer Reihe von Erschütterungen aufgewacht, die durch die Kabine gegangen waren. Er schwang sich von der Koje und ging zum Bullauge. Es gab keine Aussicht. Sixtine und er waren absichtlich auf der Meeresseite untergebracht worden, weg vom Hafen von Nizza. Ihm kam der Gedanke, dass ein Haufen Leute nach ihnen suchen würde. Sixtines Team würde wissen, dass etwas nicht stimmte, und Reade Griffith musste ebenfalls bemerkt haben, dass Bond verschwunden war. Sie hatten das letzte Mal am Freitagabend vor Wolfes Party miteinander gesprochen. Hatte er vielleicht seine Kollegen von der CIA alarmiert? Bond hielt das für eher unwahrscheinlich.

Und es war so oder so zu spät. Während Bond aus dem Bullauge blickte, stellte er fest, dass sie sich bewegten. Wolfe hatte ihm gesagt, dass die *Mirabelle* am Dienstagmorgen den Anker lichten würde, und das tat sie nun, genau nach Plan. Das Schiff würde eine Woche vor der Küste von Frankreich auf seine Seetauglichkeit geprüft werden und dann für seinen Galaempfang nach Amerika reisen. Und Sixtine und er würden – zumindest für einen Teil dieser Reise – unfreiwillige

Passagiere sein. Niemand wusste, wo sie waren. Bond sollte sich erst in vierundzwanzig Stunden in London melden und er hatte Reade Griffith nicht gesagt, wohin Sixtine und er wollten. Soweit es den CIA-Mann anging, hatten sich die beiden einfach in Luft aufgelöst.

»Wir sind unterwegs«, ertönte Sixtines Stimme hinter ihm.

»Sieht so aus.« Bond sah zu, wie sie von ihrer Koje herunterkletterte.

»Und was jetzt? Vielleicht gibt es ja eine Auslaufparty. Womöglich werden wir noch an den Tisch des Kapitäns geladen.«

»Das wäre eine nette Abwechslung zu Bohnen und Kartoffeln.« Das war alles, was sie bis jetzt bekommen hatten, von einem finster dreinblickenden Besatzungsmitglied auf einem Tablett hereingebracht.

Bond konnte die Bewegung unter seinen Füßen spüren. Es war ein leichtes Schwanken. Sie hatten den Hafen verlassen und steuerten jetzt aufs offene Meer hinaus. Diese Tatsache ließ ihre Situation noch gefährlicher werden. Solange sie noch vor Anker gelegen hatten, hatte immer noch die Chance bestanden, dass ihnen die Flucht gelingen und sie jemanden finden könnten, der ihnen helfen würde. Das war nun unmöglich geworden. Die Kabine auf der *Mirabelle* war ein Gefängnis innerhalb eines Gefängnisses und die Weite der See verlieh ihm die Einsamkeit und Unentrinnbarkeit der Teufelsinsel. Schlimmer noch, sie waren allein. Es gab keine anderen Passagiere und Bond hatte keinen Zweifel daran, dass die gesamte Mannschaft der *Mirabelle*, vom Kapitän bis zum Schiffsjungen, bezahlt oder gezwungen wurde, ganz genau das zu tun, was ihnen gesagt wurde. Zwei Schüsse in der Nacht, zwei Leichen, die über Bord geworfen wurden. Es würde in der großen Leere des Ozeans keine Bedeutung haben.

Sixtine kam zu ihm und sah ebenfalls aus dem Fenster. Er legte einen Arm um sie. »Hör mir zu«, sagte er. »Was auch immer passiert, du musst überleben. Vielleicht hat Wolfe ja doch noch eine Schwäche für dich. Er hat erst vor ein paar Tagen davon gesprochen, dich zu heiraten. Und Scipio weiß, wer du bist. Er will keinen Krieg mit dir beginnen. Was ich sagen will, ist, mach dir keine Sorgen um mich. Wenn du die Chance hast, aus dieser Situation herauszukommen, musst du sie ergreifen.«

»Sei nicht albern, James. Erstens ist Wolfe ein schrecklicher Mann, dem niemand am Herzen liegt. Er wird mir gegenüber keine Nachsicht zeigen und es hat bestimmt auch nicht geholfen, dass er mich bei dir gefunden hat. Was Scipio angeht, kann ich vielleicht mit ihm reden – aber ich bezweifle es. Nein. Wenn wir eine Möglichkeit finden, von hier wegzukommen, dann nur zusammen. Ich denke, die größte Chance hätten wir, wenn wir es in den Funkraum schaffen würden. Ich kann meine Gruppe kontaktieren oder wir senden ein allgemeines Mayday. Ansonsten bleibt uns nur, an Deck zu kommen, über Bord zu springen und zu hoffen, dass wir nicht zu weit schwimmen müssen!«

»Sie haben uns am Leben gelassen«, sagte Bond. »Dafür muss es einen Grund geben. Vielleicht brauchen sie uns für etwas.«

Sixtine erschauderte. »Vielleicht hast du recht«, stimmte sie zu. »Aber ich würde lieber nicht herausfinden, was es ist.«

Es vergingen weitere acht Stunden, bevor sie hörten, wie jemand die Tür aufschloss und öffnete. Es waren die gleichen Männer, die sie auf die *Mirabelle* geschafft hatten.

»Raus«, knurrte der Mann mit der gebrochenen Nase.
»Welcher bist du?«, fragte Bond. »Carlo oder Simone?«
»Bewegung!«
»Schade. Es wäre nett, deinen Namen zu kennen, wenn ich dich töte.«

Wie zuvor wussten die beiden Männer, wohin sie gingen. Sie führten Bond und Sixtine aus der Kabine und einen langen Korridor entlang, der sich scheinbar kilometerweit vor ihnen erstreckte. Brandneuer Teppichboden, unbenutzte Handläufe, Tür um Tür mit Chromgriffen und Zimmernummern im mittleren dreistelligen Bereich, Deckenlampen in exakten gleichen Abständen und die zahllosen Feuerlöscher, die Bond schon beim ersten Mal aufgefallen waren. Die Luft war warm. Die Vibration war stets spürbar, schien nun aber schwächer zu sein. Wolfe hatte damit geprahlt, dass dieses Schiff mit Rollstabilisatoren ausgestattet war, und Bond musste zugeben, dass er gerade überhaupt kein Schwanken mehr feststellen konnte.

Sie gingen eine Treppe hinauf und hinaus aufs Deck. Bond sah die Küste von Frankreich mit den Hotels, den Wohnblöcken und den Geschäften, die um den besten Platz wetteiferten, und die grünen Hügel, die sich friedlich dahinter erhoben. Er nahm an, dass sie mindestens anderthalb bis zwei Kilometer entfernt waren. Es wäre noch möglich, zurück zum Ufer zu schwimmen, doch ein Sprung war gerade ausgeschlossen. Er würde von Kugeln durchsiebt werden, noch bevor er das Geländer erreicht hatte.

Eine zweite Treppe führte zum Promenadendeck hinauf, das eines Tages für die Passagiere der ersten Klasse reserviert sein würde. Dort hatte Wolfe ihn bei seinem ersten Besuch begrüßt. Wenn die *Mirabelle* erst einmal im Dienst war, würde dort oben ein Angestellter neben einer diskreten Absperrung stehen und dafür sorgen, dass jeder wusste, wo er hingehörte. Doch jetzt hielt sie niemand auf, als sie hinaufgingen und den Speisesaal der ersten Klasse betraten. Nun, wo es auf See war, hatte das leere Kreuzfahrtschiff etwas Unheimliches an sich und erinnerte an die *Marie Celeste*. Der Speisesaal hatte mehr als fünfzig Tische, verdoppelt und verdreifacht durch die allgegenwärtigen Spiegelwände. Marmorsäulen teilten den Raum in verschiedene Bereiche auf, doch die identischen Stühle, die niedrige Decke und der dicke, rote Teppichboden betonten nur, dass es sich um einen wirklich riesigen Saal handelte. Dies war ein weiterer Grund, warum Bond niemals auf die Idee gekommen wäre, eine Kreuzfahrt zu machen – außer mit vorgehaltener Waffe. Denn trotz des ganzen Brimboriums handelte es sich im Grunde genommen um eine Mästanlage. Frühstück, Mittagessen, Abendessen, in jeweils zwei Sitzungen, zu viel Essen und die Band spielte den ganzen Tag über Stimmungsmusik. Es war einfach nicht Bonds Stil.

Sie durchquerten den Speisesaal und betraten den Ballsaal, ein Mann vor ihnen, vier weitere hinter ihnen. Hier ging man statt auf Teppichboden auf Walnussparkett und ihre Schritte erklangen in einer Art Rhythmus ... jedoch eher ein Trauermarsch als ein Walzer. Eine weitere Tür führte in die Bar – die Wolfe Bar –, die Bond bereits besucht hatte. Dort wartete Wolfe höchstpersönlich auf sie. Er saß in einem Ohrensessel aus Samt, einen niedrigen Tisch aus dunklem Holz vor sich und zwei weitere Sessel gegenüber. Jean-Paul Scipio saß an der Bar, ein dreieckiges Glas in der riesigen Hand, umgeben von den glitzernden Steinen seiner vielen Ringe. Die Flüssigkeit im Glas war cremig-weiß und mit etwas Dunklem – Muskatnuss vielleicht – bestreut. Ein Brandy Alexander? Neben ihm stand sein Dolmetscher. Bond spürte, wie er beobachtet wurde, als er den Raum betrat. Der Kannibalenkönig begutachtete seine nächste Mahlzeit.

»Setzen Sie sich«, sagte Wolfe. Es war keine Einladung, sondern ein Befehl.

Bond wählte einen der beiden freien Sessel. Der amerikanische Millionär wirkte ein wenig neben der Spur. Diesmal gab es kein »Jim«, keine Erwähnung von seinem »kleinen Mädchen«. Er trug einen grauen Flanellanzug und eine breite Seidenkrawatte – heute ging es rein ums Geschäft. Bond bemerkte interessiert, dass Wolfe sein Möglichstes tat, um Scipio nicht ansehen zu müssen. Es wirkte wie Abscheu, als sei der korsische Gangster ein Butler, der sich, seinem Stand unangemessen, der Familie auf einen Drink angeschlossen hatte.

»Irwin …« Sixtine war direkt zu ihm geeilt und kniete sich mit weit aufgerissenen, tränenfeuchten Augen vor ihn. »Ich verstehe überhaupt nicht, was los ist. Ich war nur an deiner Arbeit interessiert. Das ist alles. Ich wollte doch nicht …«

»Ich weiß, wer du bist«, unterbrach sie Irwin. »Laut Scipio bist du genauso kriminell wie er. Ich habe mich von Anfang an gefragt, warum du dich mir so an den Hals geworfen hast, aber ich habe gern mitgespielt. Warum auch nicht? Du bist eine attraktive Frau. Das Theater kannst du dir jetzt sparen. Ich weiß, in was für einer Branche du tätig bist, und habe eine ziemlich genaue Vorstellung davon, was du vorhattest. Es ist eine verdammte Schande, denn ich glaube nicht, dass du dieses Schiff lebendig verlassen wirst, aber dazu kommen wir später. Jetzt setz dich erst mal. Was wollt ihr trinken?«

»Ich hätte gern einen Bourbon mit ein bisschen Wasser und Eis«, sagte Bond. »Doch vorher gibt es etwas, das Sie wissen sollten. Miss Brochet hat nichts mit mir zu tun. Wir haben uns auch erst vor ein paar Tagen kennengelernt. Schicken Sie sie in die Kabine zurück und wir können besprechen, was besprochen werden muss. Aber lassen Sie sie da raus.«

»Sie bleibt«, erwiderte Wolfe barsch. »Ich glaube, man sagt ... sie hat sich die Suppe eingebrockt, nun muss sie sie auch wieder auslöffeln.«

»Ich gehe nirgendwohin«, murmelte Sixtine trotzig. »Ich war lange genug in dieser Kabine eingepfercht, vielen Dank.« Sie setzte sich neben Bond. »Und ich hätte auch gern einen Bourbon.«

Der Barkeeper bereitete die Getränke zu. Der Dolmetscher flüsterte bereits in Scipios Ohr und wiederholte alles, was gesagt worden war. Scipio richtete seinen Blick auf Bond.

»Sie wollen bestimmt wissen, was das alles hier soll«, begann Wolfe.

»Das weiß ich schon«, sagte Bond. »Genau wie meine Vorgesetzten. Auf Sie wartet in New York ein ziemlich unangenehmer Empfang. Sie haben zwar ein hübsches Schiff und viele reiche Freunde, aber die amerikanische Zollbehörde findet Heroinschmuggel nicht besonders witzig. Wie sich herausstellt, sind Sie auch nur ein gewöhnlicher Krimineller. Ihre Geschäfte müssen ja schlecht laufen, wenn das für Sie die einzige Möglichkeit ist, um noch Geld zu machen – aber das ist ja nicht mein Problem. Wolfe America, Wolfe Europe ... und demnächst dann Wolfe Alcatraz. Ihr Unternehmen ist erledigt, genau wie Sie.«

Zu Bonds Überraschung begann Wolfe zu lachen. Es war ein unangenehmes Geräusch, das ihn an Hundegebell erinnerte. »Das denken Sie also?«, fragte er. »Sie glauben wirklich, dass es hier ums Geld geht? Haben Sie eigentlich eine Vorstellung davon, wie reich ich bin? Denken Sie wirklich, dass ich noch mehr Geld brauche? Ich bin dreiundsiebzig. Selbst wenn mein Gesundheitszustand einwandfrei wäre, hätte ich höchstens noch zehn, fünfzehn Jahre. Und so wie es aussieht, bleibt mir höchstens die Hälfte davon.«

Er tippte sich an die Schläfe. »Ich habe etwas in meinem Gehirn. Die Ärzte nennen es einen ependymalen Tumor, ein ziemlich extravaganter Name für etwas, das dort wächst, wo es nicht soll. Fakt ist, dass es mich umbringen wird. Es gibt nichts, was ich tun kann, keine Behandlung, die ich mit all meinem Geld kaufen könnte. Ich habe mit Ärzten auf der ganzen Welt gesprochen und sie reden von Medikamenten und Operationen, aber ich kann es in ihren Augen sehen. Ich bin erledigt und sollte mich am besten an den Gedanken gewöhnen.

Die Diagnose bekam ich vor einem Jahr und da kam ich ins Grübeln. Ich dachte an den Krieg und an die zwei Jungs, die ich verloren habe. Es war ein dummer Krieg, ein unnötiger Krieg. Was für eine Rolle hätte es für uns gespielt, wenn die Nazis euch Briten den Hintern versohlt hätten? Ich kannte Präsident Woodrow Wilson, als er damals in den Dreißigern die Neutralitätsgesetze ins Rollen brachte, und sie sollten uns genau aus dieser Art Situation heraushalten. Ein europäischer Krieg ... kein amerikanischer.«

Die Drinks wurden serviert. »Ich hätte gern eine Zigarette, wenn es Ihnen nichts ausmacht«, sagte Bond.

»Es ist eine schmutzige Angewohnheit, aber meinetwegen.« Wolfe nickte und einer von Scipios Männern reichte Bond eine Packung Lucky Strikes.

Bond bot Sixtine ebenfalls eine an, doch sie schüttelte den Kopf. »Amerika ist nicht als Unbeteiligter in den Krieg eingetreten«, sagte er, während er sich seine Zigarette anzündete. »Ihr Land wurde am 7. Dezember 1941 angegriffen. Oder hat Ihnen der Gehirntumor dieses spezielle Detail aus dem Gedächtnis getilgt?«

»Ich glaube, ich kenne mich in Geschichte besser aus als Sie, Bond. Pearl Harbor war das Endergebnis einer Reihe feindlicher Manöver der Vereinigten Staaten, die zehn Jahre zuvor begannen – genauer gesagt 1931, als die Japsen in die Mandschurei eingefallen sind. Wieder ging uns das überhaupt nichts an, doch unsere Politiker missbilligten es. Also was taten wir? Wir drohten Ihnen mit einer Blockade. Das führte zu Japans Austritt aus dem Völkerbund, dem zweiten Japanisch-Chinesischen Krieg und schließlich zum Dreimächtepakt. Die Japaner wurden über Nacht zu unseren Feinden. Es war unsere Aggression und Einmischung, die sie dazu getrieben hatte.

Jedenfalls brauchte Roosevelt keinen Vorwand, um in den Krieg zu ziehen. Er hatte es von Anfang an gewollt. Das hatte er schon in seiner Rede vor der Universität von Virginia am 10. Juni 1940 gesagt – man nannte sie ›Dolchstoßrede‹ und meiner Meinung nach ist das absolut zutreffend. Ein paar Monate später verabschiedete er das Leih- und-Pacht-Gesetz, das im Widerspruch zu allem stand, was zuvor gewesen war, um Ihr Land, Frankreich und die Sowjetunion mit Gütern im Wert von fünfzig Milliarden Dollar zu beliefern. Und natürlich mussten diese Güter durch amerikanische Schiffe und amerikanische Leben beschützt werden. Also erzählen Sie mir nichts von Pearl Harbor. Es war ein europäischer Krieg und er hätte in Europa bleiben sollen, doch wir haben uns lange vor dem Dezember 1941 hineingestürzt.

Und jetzt machen wir in Korea das Gleiche. Sagen Sie mir – was hat die Nordkoreanische Volksarmee mit uns zu tun und warum sollte es uns jucken, wenn sich ein Haufen Schlitzaugen wegen des achtunddreißigsten Breitengrads gegenseitig umbringen will, einer Grenze, die künstlich erschaffen wurde und eigentlich überhaupt nicht existiert? Aber selbst in diesem Moment, während wir beide hier den Komfort der ersten Klasse genießen, sterben junge amerikanische Soldaten fern von zu Hause und hinterlassen amerikanische Eltern, die sich so fühlen wie ich, als mir gesagt wurde, dass meine beiden Jungs am Strand niedergeschossen worden waren.«

Wolfe saß jetzt sehr steif in seinem Sessel und atmete schwer. Bond konnte eine Ader an seiner Stirn pulsieren sehen und es ließ ihn an den bösartigen Tumor darunter denken. Wolfe hatte ein Glas Wasser vor sich. Jetzt trank er einen Schluck.

»Beruhigen Sie sich«, sagte Bond sanft. »Sonst werden Sie noch krank.«

»Ich *bin* krank.«

Es amüsierte Bond, wie leicht man den Amerikaner reizen konnte.

»Ich habe viel über mein Vermächtnis nachgedacht und was ich tun kann, um die Richtung zu ändern, in die mein Land steuert«, fuhr Wolfe mit rauer Stimme fort. »Wir bilden uns ein, dass wir alle Probleme der Welt lösen können, und während wir immer stärker werden und immer mächtigere Waffen entwickeln, sehen wir nicht, was wirklich passiert. Wir sehen nicht, dass wir zu einem Monster werden! Denken

Sie nur an Hiroshima und Nagasaki. Glauben Sie mir, ich habe für die Japsen nichts übrig. Aber ich hätte nie gedacht, dass ich mal erleben würde, wie wir uns zurücklehnen und Zehntausende Menschen töten, einschließlich Frauen und Kinder, nur um unsere Überlegenheit zu demonstrieren.

Etwas muss sich ändern. Was die Vereinigten Staaten von Amerika brauchen, ist ein Weckruf, eine Injektion mit gesundem Menschenverstand. Und genau das will ich ihnen geben.

Ich werde Ihnen nicht erzählen, wie ich Mr Scipio hier kennengelernt oder mit ihm ins Geschäft gekommen bin. Durch meine Arbeit in Marseille wusste ich natürlich von den korsischen Syndikaten und ihrer Macht. Ich erfuhr viel über das Drogengeschäft und mir wurde klar, dass es die Welt verändern würde. Ich würde sogar so weit gehen zu sagen, dass mit oder ohne meine Einmischung die Drogensucht die treibende Kraft des zwanzigsten Jahrhunderts werden wird. Die Menschen werden erkranken. Sie werden eine Behandlung brauchen. Sie werden sich der Kriminalität zuwenden. Das ist die Zukunft, wie auch immer Sie es betrachten wollen – doch sie könnte auch etwas Gutes mit sich bringen. Das ist der Gedanke, der mir gekommen ist. Wenn Amerika den Blick stärker nach innen richtet, wird es seine Position in der Welt vielleicht neu bewerten und die Welt dadurch zu einem besseren Ort werden.

Auf diesem Schiff sind etwa fünftausendfünfhundert Kilo der Substanz versteckt, die als Heroin Nummer vier bekannt ist – mit einem Reinheitsgrad von neunzig bis neunundneunzig Prozent. Um Ihnen eine Vorstellung zu geben: Der durchschnittliche Heroinsüchtige nimmt weniger als fünfzehn Gramm am Tag und in den meisten Fällen ist die Droge mit vielen anderen Substanzen gestreckt. Ich bin nicht daran interessiert, an diesem Arrangement zu verdienen, Mr Bond. Darum habe ich vorhin über Ihre Mutmaßung gelacht. Was ich hier liefere, ist das größte Lockvogelangebot aller Zeiten. Auch wenn ich Scipio einen angemessenen Marktpreis für sein Produkt gezahlt habe, werde ich es mehr oder weniger verschenken. Natürlich wird mich das früher oder später in den Bankrott treiben. Es ist finanzieller Selbstmord. Aber ich liege ohnehin im Sterben und habe keine Freunde. Und dank Mr Roosevelt auch keine Familie.

Können Sie sich vorstellen, was für einen transformativen Effekt so viel hochwertiges Heroin auf die amerikanische Gesellschaft haben wird? Es gibt im ganzen Land bereits ein riesiges Netzwerk von Dealern, doch das neue Produkt wird schon bald schonungslos in jede Stadt und jede Gemeinde fließen, und zwar für einen so lächerlich niedrigen Preis, dass es unwiderstehlich sein wird, die Droge zumindest mal zu probieren. Und natürlich wird eins zum anderen führen. Ich habe vor, eine Nation von Heroinsüchtigen zu erschaffen, Mr Bond, eine Million zukünftiger Kunden für Mr Scipio.«

Bond sah, wie der Dolmetscher diesen letzten Satz in Scipios Ohr flüsterte, und das enorme Gesicht des Mannes verzog sich zu einem Lächeln. Wolfes Plan war abscheulich, selbstzerstörerischer Irrsinn, doch was immer auch geschah, Scipio würde davon profitieren. Wolfe hatte die Herstellung von Heroin höchster Qualität ermöglicht. Er hatte dafür bezahlt. Und er hatte Scipio ein Geschäftssystem geliefert, das über Generationen bestehen würde.

»Es sind natürlich nur die Schwächsten, die der Versuchung erliegen werden, die ich ihnen präsentiere. Die Bildungsfernen, die Straffälliggewordenen, die Kleinkriminellen. Dies tröstet mich ein wenig. Familien, die sich um ihre Jüngsten kümmern, haben nichts zu befürchten. Doch schon bald werden die Straßen mit Opfern übersät sein. Wenn die Preise steigen und der Nachschub schwindet, wird eine ungekannte Verbrechenswelle folgen. Die Regierung wird gezwungen sein, all ihre Ressourcen auf heimischem Terrain einzusetzen und weder das Geld noch die Energie für ein weiteres Omaha Beach, ein weiteres Okinawa, ein weiteres Busan haben. Sie wird anfangen, ihren jungen Leuten zu helfen, statt sie zu töten, sich kümmern, anstatt sich in der ganzen Welt einzumischen.

Und dadurch werde ich meinen Söhnen ein Denkmal errichten. Gleichzeitig werde ich in dem Wissen sterben können, dass ich die Zukunft Amerikas verändert habe, um andere Söhne zu retten.«

Er verstummte. Der Dolmetscher sprach noch eine Weile weiter, bis auch er schließlich fertig war.

Bond trank seinen Bourbon aus. Er sah zu Sixtine, die zunehmend ungläubig zugehört hatte und nun mit kreidebleichem Gesicht sehr aufrecht dasaß.

»Ich muss schon sagen, das wird ein interessanter Facharktikel im *Lancet*«, bemerkte Bond schließlich. »Ich frage mich, ob die Ärzte schon wissen, dass ein ependymaler Tumor dazu führen kann, dass der Erkrankte vollkommen seinen Verstand verliert.« Er lehnte sich vor. »Denken Sie wirklich, dass Sie Ihr Land zu einem besseren Ort machen, indem Sie Hunderttausende junger Menschen zu der Hölle auf Erden verurteilen, die die Heroinsucht darstellt?«

»Ich erschaffe einen Tunnel. Aber er wird sie ins Licht führen.«

»Sie erschaffen einen vollkommen sinnlosen und selbstzerstörerischen Albtraum, der niemandem außer Fettie da drüben nützen wird, und ich wette, dass er sich hinter all diesen Doppelkinnfalten über Sie kaputtlacht. Es wird ohnehin nicht funktionieren. Es gab in Amerika schon in den Dreißigern und Vierzigern Drogenepidemien. Marihuana, Methamphetamine, Kokain ... Das hatte keinen Einfluss auf den Kriegseintritt. Sie werden lediglich für Chaos sorgen. So viel ist sicher. Aber wenn Sie glauben, dass daraus etwas Gutes entstehen wird, machen Sie sich etwas vor.«

Wolfe kam steif auf die Beine. Er wirkte erschöpft. »Dann sehen Sie es einfach als Rache für das, was mit meinen Jungs passiert ist«, sagte er und wandte sich an Scipio: »Ich bin mit ihm fertig. Sie können mit ihm tun, was immer Sie wollen. Lassen Sie die Frau am Leben ... vorerst. Sie und ich haben uns noch ein paar Dinge zu sagen.«

Scipio wartete, bis Wolfe die Bar verlassen hatte. Dann rutschte er vom Barhocker und verlagerte sein enormes Gewicht vorsichtig auf seine Beine. Der Dolmetscher reichte ihm seinen Jagdstock. Langsam machte er ein paar Schritte vorwärts. Das Lächeln lag noch immer auf seinem Gesicht.

»Meester Bond«, sagte er.

# 19

GENUSS ... ODER SCHMERZ?

Scipio bellte einen Befehl und seine beiden Männer – Carlo und Simone – zogen einen der Barhocker in die Mitte des Raums.

»Dürfte ich Sie bitten, sich hierhinzusetzen?« Diesmal wurden die Worte für Bond übersetzt.

Langsam stand Bond auf. So allein wirkte der Hocker wie ein Galgen oder ein elektrischer Stuhl. Er bestand aus einem braunen Ledersitz auf einem Metallgestänge und zwei tiefen Armlehnen. Bond gefiel nicht, was er vor sich sah, doch er war von fünf Männern umgeben, von denen mindestens zwei bewaffnet waren, und wusste, dass er keine Wahl hatte. Er ignorierte das ungute Gefühl in der Magengegend, legte die kurze Distanz zum Barhocker zurück und setzte sich. Scipio baute sich vor ihm auf. Die beiden Männer waren nun gleich groß.

Doch bevor irgendetwas geschehen konnte, sprach Sixtine.

»Scipio!«, sagte sie. »Sie wissen, wer ich bin. Sie wissen, wie viel Geld ich habe. Hören Sie mir zu.« Sie wartete, bis der Dolmetscher alles übersetzt hatte. Das Licht reflektierte auf seiner Nickelbrille und verbarg seine Augen. Er trug den gleichen eintönigen Anzug mit schmaler Krawatte wie zuvor. Und wie zuvor stand er direkt neben Scipio, übersetzte aus dem Englischen ins Korsische und übermittelte die Botschaft, während er gleichzeitig überhaupt kein Interesse an ihrem Inhalt oder sonst etwas zu haben schien, was um ihn herum vor sich ging.

»Es war ein Fehler von Ihnen, mit Irwin Wolfe zusammenzuarbeiten«, fuhr Sixtine fort. »Sie wissen, dass er krank ist. Er stirbt, also ist es ihm egal, was in der Zukunft passiert – aber er kann Sie immer noch mit in den Abgrund reißen. Doch es ist noch nicht zu spät. Wenn Sie Mr Bond und mich gehen lassen, zahle ich Ihnen hunderttausend amerikanische Dollar. Sie können das Geld in Diamanten haben oder in welcher Währung Sie es auch immer bevorzugen. Dann ist da noch das Heroin an Bord dieses Schiffs ... mehr als fünf Tonnen davon. Wolfe will es verschenken, aber Sie könnten es verkaufen, zusätzlich zu dem, was er Ihnen bereits gegeben hat. Sie sind ein kluger Mann. Ihnen ist doch bestimmt klar, dass Sie Irwin Wolfe nicht brauchen. Lassen Sie uns gehen. Machen Sie mit Ihren Geschäften weiter. Sie schaffen sich hier die falschen Feinde.«

Sixtine verstummte. Ein paar Momente später hatte der Dolmetscher ihre letzten Worte übersetzt und wartete auf das, was als Nächstes kommen würde, Scipio schüttelte den Kopf. Dabei blitzte kurz die rote Narbe an seinem Hals auf.

»*Innò. Sò Corsu!*«

»Nein«, erklärte der Dolmetscher. »Ich bin Korse. In meinem Land ist ein Mann an sein Wort gebunden. Bitten Sie mich nicht noch mal darum, Madame.« Der Dolmetscher machte eine Pause und Scipio wackelte mit einem seiner Wurstfinger in ihre Richtung. »Wir haben in einer Bar in

Marseille zusammengesessen und ich habe Sie gewarnt … sich von diesem Teil der Welt fernzuhalten. Es ist zu bedauern … Es ist bedauerlich, dass Sie sich nicht an meinen Rat gehalten haben.«

Scipio wandte sich an seine Männer und sprach mit ihnen in seiner hohen Flüsterstimme. Der Dolmetscher hörte schweigend zu, dann richtete er seine nächsten Worte direkt an Sixtine: »Mr Scipio hat Anweisungen gegeben, dass Sie von hier entfernt und wieder eingesperrt werden, sollten Sie noch mal das Wort ergreifen«, erklärte er mit einer Spur Bedauern in der Stimme. »Man wird Ihnen sehr wehtun.« Er wandte sich an Bond: »Und Sie sollen wissen, dass Madame 16 erschossen wird, wenn Sie auch nur eine Bewegung machen. Sie müssen sitzen bleiben, wo Sie sind, und hinnehmen, was mit Ihnen gemacht wird. Haben Sie verstanden?«

»Bitte sagen Sie Mr Scipio, dass ich es nur zu gut verstehe und dass ihm alles, was mit mir in diesem Raum geschieht, zehnfach zurückgezahlt werden wird. Ich arbeite für sehr ernste Leute. Sie wissen, dass ich hier bin. Sie haben bereits einen unserer Agenten getötet. Wenn Sie mich umbringen, werden Sie für den Rest Ihres Lebens weglaufen.« Er drehte sich mit eisigem Blick zu Scipio. »Oder in Ihrem Fall wegwatscheln. Ich hoffe, Sie kennen das korsische Wort dafür.«

Bond konnte nicht sagen, wie viel von dem, was er gerade gesagt hatte, übersetzt wurde. Ausnahmsweise schien der Dolmetscher verunsichert, während er die Aussage wiederholte. Doch Scipio wirkte nicht weiter beeindruckt. Sein großer, runder Schädel zeichnete sich blass und ungerührt vor den farbigen Flaschen der Bar ab.

»Als wir uns das letzte Mal begegnet sind, habe ich Sie ebenfalls gewarnt, Mr Bond. Ich habe Ihnen das Gleiche gesagt wie Madame. Halten Sie sich aus meinen Angelegenheiten heraus. Um ehrlich zu sein, habe ich erwartet, dass Sie mich ignorieren. Es mag Sie überraschen, aber ich war auch sehr erfreut. Ich habe keinen Augenblick lang geglaubt, dass Sie … nach England zurückkehren werden, und ich hatte auch gehofft, dass wir uns erneut treffen, damit ich mit Ihnen endlich tun kann, was ich will, ohne mich zurückhalten zu müssen. Wir haben diesen Moment erreicht. Sie interessieren mich, Mr Bond. Sie sind jung, gut aussehend, einfallsreich … Sie sind in vielerlei Hinsicht ein erstklassiger Geheimagent. Nicht unähnlich dem Mann, der vor Ihnen hier war … Ihr Vorgänger. Ich habe ihn getötet. Ich habe ihm dreimal in die Brust geschossen. Aber ich habe ihn nicht gekannt. Diesmal wird es anders sein.«

Scipio sah seinen Dolmetscher an und sagte etwas.

»Mr Scipio sagt, dass er Ihre Freundin töten wird, wenn Sie sich wehren«, übersetzte der Dolmetscher.

»Das haben Sie mir bereits gesagt«, erwiderte Bond. »Aber Sie scheinen vergessen zu haben, dass der Mann, für den Sie arbeiten, sie lebendig haben will.«

Die Worte wurden auf Korsisch wiederholt.

»Ich arbeite nicht für Irwin Wolfe«, murmelte Scipio. Er trat einen Schritt vor, sodass er direkt vor Bond stand. Die Augen unter den dünnen Augenbrauen untersuchten ihn genau. Dann strich Scipio Bond mit zwei Fingern über die Wange. Bond zuckte angewidert zurück. Er konnte spüren, wie sich alle seine Muskeln anspannten und auf einen Angriff vorbereiteten. Er zwang sich dazu, sich nicht zu bewegen. Aus dem Augenwinkel konnte er sehen, wie Sixtine angespannt und ängstlich in dem übergroßen Samtsessel saß. Eine der Waffen war auf sie gerichtet. Die andere auf Bond.

Die Finger setzten ihre obszöne Reise über Bonds Lippen und sein Kinn fort. Nun ruhten sie auf seiner Brust. Bond konnte Übelkeit in sich aufsteigen spüren. Die Hand war ein rosafarbenes, fremdartiges Tier, das ihn erkundete und nach einer Stelle zum Zubeißen suchte.

Doch dann lächelte Scipio und trat zurück.

»Lassen Sie mich Ihnen sagen, was ich mit Ihnen tun werde, Mr Bond.« In Scipios Stimme schwang Zufriedenheit mit und das Wissen um seine absolute Macht. Der Dolmetscher klang wie immer gleichgültig. »Ich werde Sie verändern. Ich werde Sie zu meiner Schöpfung machen. Wir haben fast einen Monat zusammen auf diesem Schiff, mehr als genug Zeit, um Sie vollkommen zu brechen. Und wie Sie ja schon von Mr Wolfe gehört haben, ist die Methode ... das, was ich brauche, um dies zu erreichen, überall um uns herum. Wenn ich das Schiff ... die *Mirabelle* ... in New York verlasse, werden Sie mir so gehorsam folgen wie ein Hund seinem Herrn. Sie werden heroinsüchtig sein, Mr Bond. Angesichts der Reinheit meines Produkts wird das schneller geschehen, als Sie sich vorstellen können. Bereits in einer Woche werden wir Sie nicht mehr einschließen müssen. Sie werden jede wache Minute auf Ihren nächsten Schuss warten. Ihr Körper und Ihr Wille werden danach verlangen und alles andere – Madame 16, Ihr früheres Leben, Ihr kostbarer Geheimdienst – wird vergessen sein. Eine weitere Woche später werden Sie mich auf Knien anflehen, Ihnen zu geben, was Sie brauchen. Und vielleicht werde ich es Ihnen geben – im Austausch für Ihre totale Unterwerfung.

Doch eins sollte Ihnen klar sein. Dies ist, was Sie zerstören wird, wodurch Sie mir schlussendlich gehören werden. Sie werden nicht wissen, was ich tun werde, ob ich Ihnen Genuss ... oder Schmerz bereiten werde.«

Bond war von dem, was er hörte, so gefesselt, dass er nicht auf das vorbereitet war, was als Nächstes kam. Fast träge und doch mit einer Geschwindigkeit, die ihn überraschte, schwang der fette Mann seine Faust durch die Luft und schlug auf Bonds Schläfe ein. Es fühlte sich an, als würde er von einem Rammbock getroffen. Fast wurde Bond vom Barhocker geschleudert. Er wäre gefallen, wenn Scipio ihn nicht mit der anderen Hand gefangen, einen Moment gehalten und ihn dann wieder geschlagen hätte, diesmal in den Magen. Bond wurde nach hinten geschleudert, die Luft wurde aus seiner Lunge getrieben und er sah Sterne vor seinen Augen tanzen. Noch nie war er so fest geschlagen worden. Scipio ließ von ihm ab und Bond schnappte nach Luft. Er sah, wie Scipio seine Hände zusammenlegte, wie in einer Geste des Triumphs. Dann verschmolzen diese Kugeln aus Fleisch und Blut zu einer unscharfen Masse, während sie immer wieder auf seinen Kopf einprügelten. Er nahm ein helles Licht wahr und fiel seitlich vom Hocker.

Es war noch nicht vorbei. Dieses Mal trat ihn Scipio mit all dem Gewicht seiner gigantischen Beine. Und der Dolmetscher sah die ganze Zeit reglos zu. Bond erhaschte einen Blick auf die anderen Männer. Sie schienen sich vervielfacht zu haben, doch wahrscheinlicher war, dass dies die Auswirkungen der Schläge und Tritte waren. Unwillkürlich ächzte er und rollte sich auf die Seite, um seine Knie schützend vor seinen Körper zu ziehen. Scipio stand über ihm und trat zu. Bond spürte seine Rippe nicht nur brechen – er hörte es.

»Aufhören!«, schrie Sixtine. Ihre Stimme klang weit entfernt. Bonds Puls rauschte in seinen Ohren und übertönte jedes andere Geräusch. »Es reicht! Sie werden ihn noch umbringen!«

Schweigen. Bond lag schmerzerfüllt am Boden.

Er hörte die Worte, aber er verstand sie nicht. Scipio sprach, nicht mit ihm, sondern mit seinen Männern. Er gab Befehle.

Der Dolmetscher kniete sich neben ihn und erklärte: »Sie werden jetzt in Ihre Kabine gebracht. Ihre Freundin wird Sie begleiten. Der Schmerz ist vorerst vorbei. Mr Scipio ist sicher, dass er Ihnen nicht fremd ist. Aber er wird Sie mit einer Art von Genuss bekannt machen, der ... Er ist sicher, dass er neu für Sie ist und dass Sie ihn niemals vergessen werden. Haben Sie etwas zu sagen?«

Bond fluchte. Er konnte Blut schmecken.

Carlo und Simone zerrten ihn auf die Beine. Bond wollte sie abwehren, doch er war von den Prügeln, die er eingesteckt hatte, zu erschöpft. Eine Seite seiner Brust, wo die Rippe gebrochen war, brannte wie Feuer. Er wusste, dass sein Gesicht schwer in Mitleidenschaft gezogen war. Eins seiner Augen war teilweise zugeschwollen. Es musste irgendeine Möglichkeit geben, diesem Albtraum zu entkommen. Er dachte an den Wald um Wolfe Europe. Sixtines Leute würden jederzeit hereinplatzen. Sie würden erklären, dass sie von Anfang an mit an Bord gewesen waren. Bond sah sich um und erwartete halb, Springmesser durch die Luft fliegen zu sehen. Doch es passierte nichts. Es gab keine Kavallerie, die sie in letzter Sekunde rettete.

Die beiden Männer schleiften ihn über den Boden. Ein letztes Mal sah er Scipio, wie er zurück zum Tresen ging. Der Barkeeper schob ihm einen Drink zu ... einen weiteren Brandy Alexander. »An Ihrer Stelle würde ich auf die Kalorien achten«, sagte Bond, doch er murmelte die Worte durch geschwollene Lippen und niemand hörte ihn. Dann wurde er weggebracht, zurück durch den Ballsaal und den Speisesaal mit all dem Flitter und Pomp, hinaus aufs Deck und schließlich die Treppe hinunter zur Kabine. Er wurde aufs Bett geworfen und sofort war Sixtine bei ihm und nahm seinen Kopf in ihre Hände.

»James!« Sie versuchte, es zu überspielen, doch er wusste, dass sie Angst hatte.

»Keine Sorge«, flüsterte er. »Wir finden einen Ausweg …«

Ein dritter Mann kam in die Kabine. Er trug eine Gladstone-Tasche, die er auf den Tisch stellte. Bond erkannte die öligen Haare, die schlechte Haut und den schäbigen kleinen Schnurrbart. Es war Dr. Borghetti, der Mann, den ihm Wolfe als Schiffsarzt vorgestellt hatte. Diesmal musste er sich nicht freundlich geben. Er öffnete die Tasche und holte verschiedene Dinge heraus, die er ordentlich nebeneinander aufreihte. Das erste war eine Spritze, ein hässliches Ding aus Edelstahl, schmal und etwa zehn Zentimeter lang, und ein Glasbehälter. Daneben platzierte er einen Löffel, eine Kerze, einen Wattebausch und ein Glas, das er mit Wasser aus dem Waschbecken füllte. Schließlich nahm er ein Päckchen aus Wachspapier heraus und faltete es vorsichtig auseinander. Es enthielt eine kleine Menge eines weißen Pulvers.

»Könnten Sie ihn bitte vorbereiten?«, sagte er auf Englisch.

Bond fühlte seine Stärke zurückkehren und fragte sich, ob er sich wehren könnte. Es hieß jetzt oder nie. Doch als die beiden Männer in den Raum kamen, nahmen zwei weitere ihre Plätze an der Tür ein und er wusste, dass in diesem beengten Raum jeglicher Widerstand zwecklos war.

Als könnte er Bonds Gedanken lesen, fügte Borghetti hinzu: »Ich bin mir sicher, dass Sie nichts Dummes versuchen werden, Mr Bond. Nicht wenn Ihnen etwas am Wohlergehen der Dame liegt. Sie müssen akzeptieren, was mit Ihnen geschieht. Es ist der Beginn einer lebensverändernden Reise. Ihre erste Erfahrung mit Heroin. Schon bald wird Ihr Leben ohne nicht mehr vorstellbar sein.«

»Eines Tages werde ich Sie töten«, erklärte Bond. Es war keine Drohung, sondern eine Feststellung.

»Das denke ich nicht.«

Bond wurde von beiden Seiten gepackt. Einer der Männer riss seinen Ärmel auf, sodass er in Fetzen von seinem Arm hing. Gleichzeitig zündete Borghetti die Kerze an. Er schüttete das Pulver auf den Löffel und gab mithilfe der Spritze etwas Wasser hinzu. Er achtete sorgfältig darauf, dass er die richtige Menge hatte. Bond konnte nur mit grimmiger Faszination zusehen, während der Prozess voranschritt. Borghetti hielt den Löffel über die Flamme und rührte mit der Nadel in der Flüssigkeit herum, bis sich das Pulver aufgelöst hatte. Schließlich legte er den Wattebausch in die Mischung und saugte sie zurück in die Spritze. Dann nickte er den beiden Männern zu. Er war bereit.

»Sie werden nun die echte Welt verlassen und sich in einer ganz anderen wiederfinden. Madame 16 dabeizuhaben wird das Vergnügen nur verstärken. Bitte versuchen Sie nicht, sich zu wehren. Es wird nichts nützen.«

Es war ohnehin unmöglich. Der erste Mann hielt seinen Arm fest und zwang ihn nach vorne, sodass das Handgelenk entblößt war.

Borghetti kam zum Bett.

Sixtine wollte aufstehen, doch der Mann mit der gebrochenen Nase stieß sie brutal zurück und zielte mit der Waffe auf ihren Bauch.

»Nicht!«, warnte Bond. Er sprach mit ihr, nicht mit Borghetti.

Er blickte nach unten und sah die Spritze mit ihrem abscheulichen Inhalt näherkommen. Er sah, wie die Nadel sein Handgelenk berührte und spürte den Schmerz, als sie seine Haut durchbohrte. Borghetti schob die Nadel weiter hinein und fand die Vene. Er drückte auf den Stempel. Das Heroin wirbelte nach unten und drang in seinen Blutkreislauf ein. Die Spritze war leer. Borghetti zog sie heraus. Bond sah einen hellroten Blutstropfen an der Einstichstelle. Sixtine schluchzte auf, ignorierte die auf sie gerichtete Waffe und eilte an seine Seite.

»Fertig«, sagte Borghetti. Er blies die Kerze aus und packte sie zusammen mit der Spritze zurück in seine Tasche. Den Rest ließ er liegen. »Er wird die nächsten acht, neun Stunden hilflos sein«, erklärte er. »Dennoch sollte einer von euch immer vor der Tür stehen.« An Bond gewandt sagte er: »Ich komme morgen wieder.«

Die beiden Männer ließen Bond los, der in Sixtines Arme fiel.

Borghetti war der Erste, der die Kabine verließ. Die anderen folgten grinsend. Die Tür wurde zugeschlagen und abgeschlossen.

Bond und Sixtine waren allein.

20

SCHLECHTE MEDIZIN

Sixtine hatte sich eine Lösung überlegt. Lange bevor sich die Tür schloss, hatte sie sich an die Arbeit gemacht.

Für die Männer, die zusahen, wirkte es so, als hätte sie Bond nur ergriffen. Eine verängstigte Frau, die befürchtete, ihren Mann zu verlieren. In Wahrheit hatte sie mehr als das getan. Der zerrissene Stoff seines Ärmels hing lose herunter und noch während Dr. Borghetti seine Sachen einsammelte, hatte sie die Fetzen um Bonds Arm gewickelt und sie damit praktisch in einen Druckverband verwandelt. Nun zog sie ihn enger und verknotete ihn. Bond war immer noch benommen von der Gewalt, die ihm angetan worden war. Er bekam nur halb mit, was geschah.

»Nicht bewegen«, flüsterte sie und legte ihre Hand an seinen Kopf, um ihm Mut zu machen. »Ich werde dir wehtun müssen. Es ist die einzige Möglichkeit.«

Borghetti hatte sein Glas stehen lassen. Sixtine nahm es in die Hand und schlug es gegen die Wand. Die verbliebene Scherbe war scharf und gezackt wie ein Messer. Ohne zu zögern, nahm sie Bonds Hand und stach genau in die Stelle, wo kurz zuvor die Spritze gesteckt hatte. Bond schrie auf, doch ein Teil von ihm schien zu verstehen, was sie tat, und er bewegte sich nicht, als ein Schwall dunkelroten Bluts herausschoss. Sixtine drückte ihn zärtlich an sich, hielt seinen Arm und versuchte, das heraussprudelnde Blut aus seinem Blickfeld zu halten.

Sie hatte sich genau überlegt, was zu tun war, doch man konnte es nicht genau kalkulieren. Es hätte etwa fünfzehn Sekunden gedauert, bis das Heroin Bonds Herz erreicht hätte, und danach hätte es sich unaufhaltsam in seinem Kreislauf ausgebreitet und wäre schließlich in sein Gehirn gelangt. Der improvisierte Druckverband hatte das verhindert und die absichtlich zugefügte Wunde – die Ärzte des Mittelalters als Aderlass bezeichnet hätten – würde hoffentlich einen Großteil des Gifts aus seinen Venen spülen. Das Problem bestand darin, dass ihn ein zu großer Blutverlust umbringen würde, zu gering und die ganze Sache wäre umsonst gewesen. Außerdem war unmöglich abzuschätzen, wie viel Blut er bereits verloren hatte. Als Sixtine auf den Boden sah, wurde ihr übel. Bond war ein gesunder Mann in der Blüte seiner Jahre und sein Herz pumpte wie wild. Die Kabine sah bereits aus wie ein Schlachthaus. Doch sie wusste, dass der Schein trog. Selbst der kleinste Schnitt sieht schlimmer aus, als er in Wahrheit ist, und sie hatte schon Schusswunden verarztet, die zwar tödlich ausgesehen, sich aber als recht ungefährlich herausgestellt hatten. Ihr war schlecht von dem, was sie ihm hatte antun müssen – dass sie ihn hatte aufschneiden müssen. Doch in Wahrheit konnte er bis zu einem Liter Blut verlieren, ohne dass es ihm schadete. Blutspender taten das Tag für Tag.

Alles, was sie wollte, war der Inhalt eines Arms.

»Versuch, dich zu entspannen, James«, flüsterte sie. »Ich nehme jetzt den Druckverband ab.«

Der Blutstrom hatte nachgelassen und die letzten Tropfen fielen wie ein bösartiger Regen in die Lache darunter. Dies war der Moment der Wahrheit. Sixtine löste den Knoten, riss dann den Stofffetzen ab und presste ihn auf die Wunde, die sie ihm selbst zugefügt hatte. Während das Blut zurück in seinen Arm strömte, übte sie gleichmäßigen Druck auf die Wunde aus. Ihr Ziel war es, die Blutung zu stoppen. Wie viel Heroin hatte sie wohl entfernen können? Die Hälfte? Mehr? Es gab keine Möglichkeit, es festzustellen. Sie konnten nur warten.

Währenddessen stürmte die unsichtbare Armee die Festung von Bonds Bewusstsein.

Auch wenn Bond es nicht wissen konnte, befand sich sein Gehirn bereits im Hochbetrieb und kämpfte gegen die Wirkung der Schläge und Tritte an, die ihm Scipio verpasst hatte. Es verfügte über seinen eigenen Schmerzlinderungsmechanismus und schickte wie verrückt Botschaften an das geschundene Fleisch und die gebrochene Nase. Dafür nutzte es sein gesamtes zentrales Nervensystem als Verbindung und versuchte, alles zu beruhigen. Doch nun übernahm fröhlich das Heroin. Es war zehnmal mächtiger als das Gehirn, zehnmal effektiver. Schmerzen? Was für Schmerzen? Es war, als würde ein Himmelschor in ihm explodieren. Alles, was Scipio ihm angetan hatte, war mit einem Schlag wie ausgelöscht. Nur einen Moment zuvor hatte er gespürt, wie Sixtine ihm etwas um den Arm gebunden hatte, dann ein erneuter Schmerz, als sie ihm mit der Glasscherbe ins Handgelenk geschnitten hatte. Warum hatte sie das getan? Er hatte es vergessen. Das Handgelenk war nicht länger mit seinem Arm verbunden. Der Arm gehörte nicht mehr zu seiner Schulter. Sein ganzer Körper löste sich in seine Einzelteile auf und jedes seiner Moleküle kreiste glorreich im Äther.

»*Ich werde Ihnen Genuss bereiten ...*«

Das hatte Scipio gesagt, doch das traf es nicht einmal annähernd. Was Bond erlebte, ging weit über jeden Genuss hinaus, den er jemals gekannt hatte. Befriedigender als jedes Essen, jeder Wein, den er jemals gekostet hatte, lustvoller als all die Frauen, mit denen er geschlafen hatte. Es war wie der Rausch, der mit der ersten Zigarette am Morgen kam, nur tausendmal stärker und länger anhaltend. Zum ersten Mal in seinem Leben verstand er, was es bedeutete, er selbst zu sein – und es war klarer, einfacher, sicherer als alles, was er sich hätte vorstellen oder was man ihm hätte sagen können. Er war der größte Spion, der jemals gelebt hatte. Er war der erfolgreichste Auftragskiller der Welt. Warum hätte er einen Moment des Zweifels haben sollen, als er in Rolf Larsens Schlafzimmer geschlichen war und ihm ein Messer in den Hals gerammt hatte? Das war es, wofür er geboren worden war.

Er war James Bond, der Junge, der auf den eisigen Hängen über Chamonix stand und die eiskalte Luft einatmete – es spielte keine Rolle, dass dies der Ort war, an dem seine Eltern sterben sollten. Sie hatten ihm diese blendend weiße Welt hinterlassen und sie gehörte ihm. Er war Commander Bond, ein Kriegsheld, der mit dem Fallschirm über dem Zentralmassiv absprang – und wieder sah er es, die Erdkrümmung, den perfekten blauen Himmel ... all das gehörte ihm. Er war der Mann, mit dem jede Frau schlafen wollte, beginnend mit dieser ersten Eroberung, als er erst sechzehn Jahre alt gewesen und noch zur Schule gegangen war. Jedes Mal war perfekt, es gab niemanden, der besser war. Er war James Bond, 007, belohnt mit der Nummer, die ihn über das Gesetz erhob und ihn in jemanden verwandelte, den die Leute gleichermaßen respektieren und fürchten würden.

Sein ganzes Leben war zu einem Kaleidoskop geworden, das sich mit jeder Drehung veränderte und auseinanderfiel. Er fuhr Ski. Er schwamm. Er fuhr die schnellsten Autos. Er dachte nicht über diese Dinge nach. Es waren weniger Gedanken als pure Emotionen. Er wusste nur, dass er in seinem ganzen Leben niemals glücklicher gewesen war. Tatsächlich erfuhr er zum ersten Mal wahres Glück.

Die ersten Effekte der Heroininjektion dauerten nur fünf bis zehn Minuten an, doch für Bond war es ein Freudenfest, das eine Ewigkeit andauerte. Danach verfiel er in ein angenehmes Gefühl von Wärme und Wohlergehen. Er war sich bewusst, dass Sixtine ihn hielt, und wusste auch, dass sie beide Gefangene auf einem Kreuzfahrtschiff waren, das in Richtung Amerika unterwegs war. Und er wusste, dass man ihn töten würde. Doch selbst das spielte keine Rolle. Er war schon oft mit dem Tod bedroht worden, aber irgendwie war es nie dazu gekommen. Er würde einen Ausweg finden. Er zog Sixtine enger an sich und genoss ihre Weichheit und den Geruch ihrer Haut. Er wollte in diesem Moment am liebsten mit ihr schlafen, doch gleichzeitig war es genug, sie zu halten. Es würde ihm nichts ausmachen, wenn er sich nie wieder bewegen würde.

Nie wieder.

Nie wieder.

Stunden, Tage, Wochen vergingen und dann spürte er plötzlich, wie er den Hang hinunter in die Normalität zurückrutschte, mit all ihren Zweifeln und Unsicherheiten, und auch wenn er es nicht wollte, konnte er nichts dagegen tun. Er hatte gedacht, er würde nie wieder Schmerzen empfinden, doch nun kehrten sie als ungebetene Besucher zurück, zuerst in seinem Handgelenk, pulsierend und hämmernd, dann krochen sie seinen ganzen Arm hinauf. Etwas stimmte nicht mit seiner Brust. Er drehte sich zur Seite und schrie auf, als sich die gebrochene Rippe meldete. Seine gerade noch perfekte Sicht war eingeschränkt und ihm fielen die Schläge gegen seinen Kopf wieder ein, die all die Schwellungen verursacht haben mussten, die er in seinem Gesicht spürte. Seine Lippen waren aufgeplatzt. Sein Mund war vollkommen trocken. Und jemand sprach mit ihm.

»Du kommst wieder zu dir. Alles in Ordnung, James. Du bist wieder bei mir. Ich kümmere mich um dich.«

Es war Sixtine, die leise und nah an seinem Ohr mit ihm sprach. Bond hatte keine Ahnung, wie lange er schon hier war, doch als ihm wieder einfiel, was geschehen war, und ihm die Gefahr klar wurde, in der er sich befand, spürte er, wie er wieder zu Sinnen kam.

»Wie lange?« Mehr als diese zwei Worte brachte er noch nicht heraus. Und er wusste bereits, dass ihrer beider Leben von der Antwort abhingen.

»Es ist mir gelungen, einen Teil des Heroins aus dir herauszubekommen, James. Ich musste dich verletzen, aber es gab keine andere Möglichkeit. Und es hat funktioniert. Ich habe uns Zeit erkauft. Die haben gesagt, es würde etwa acht, neun Stunden dauern, aber es waren keine drei. Was du durchgemacht hast … war schrecklich. Aber du wirst wieder zu Kräften kommen.«

»Ich bin okay.« Aber das war er nicht. Er drehte seinen Kopf zur Seite und sah das Blut, das dunkel und klebrig auf dem Boden eintrocknete. Sofort wurde er von einer Welle der Übelkeit überrollt. »Muss mich übergeben.«

Er konnte nicht alleine stehen. Sixtine half ihm auf die Beine und stützte ihn, während er zum Waschbecken taumelte, wo er eine Minute lang stand, das Gesicht in die Hände gestützt. Er vermied es, sich im Spiegel anzusehen. Als er sich ein bisschen erholt hatte, stellte sie das Wasser an, spritzte ihm Wasser ins Gesicht und ließ ihn ein paar Schlucke aus ihrer hohlen Hand trinken. Bond fühlte sich entsetzlich. Er konnte kaum atmen. Er schwitzte. Seine Brust- und Bauchmuskeln krampften, was die gebrochene Rippe noch stärker schmerzen ließ. Ein Teil von ihm war erstaunt über die Geschwindigkeit, mit der er aus der heroininduzierten Euphorie, die er gerade noch verspürt hatte, in diesen Abgrund stürzte. Welche Person bei Verstand würde diese Reise machen wollen, wenn sie wusste, dass sie an dieses Ziel führen würde? Aber das war natürlich der Knackpunkt. Eine zweite Injektion war der leichteste Weg hinaus, dann eine dritte und vierte, bis das Verlangen unaufhörlich war. Solange Bond denken konnte, war er nach vielen Dingen süchtig gewesen, doch er hatte diese Süchte immer als die kleinen Freuden des Lebens empfunden, ob es um Alkohol, Zigaretten oder Frauen ging. Das hier war anders. Er spürte, wie es ihn entzweiriss. Er schwor sich, diese Lektion niemals zu wiederholen.

»Wie fühlst du dich?«, fragte Sixtine.

»Nicht gut. Brauche Zeit ...«

»James, wir haben keine Zeit. Wir haben eine einmalige Gelegenheit. Eine Stunde, vielleicht zwei. Du musst dich zusammenreißen.«

Er nickte. »Zehn Minuten. Zigarette ...«

Sie zündete ihm eine Zigarette an und er setzte sich in einen der Korbstühle. Dabei versuchte er, nicht auf das Blut am Boden zu achten, sondern konzentrierte sich darauf, wie ihn das Nikotin beruhigte. Gleichzeitig machte er eine Bestandsaufnahme. Er würde sich bewegen können, aber nicht rennen. Sixtine hatte dem Handgelenk seines rechten Arms einen ziemlich bösen Schnitt verpasst und selbst wenn es ihm gelang, eine Waffe zu halten, würde es seine Zielgenauigkeit beeinträchtigen. Ihm war vom Blutverlust schwindlig. Er spürte immer noch, wie die Droge in seinem Kopf kreiste und seine Gedanken benebelte. Jedes Gefühl von Unbesiegbarkeit war vollkommen verschwunden. Im Gegenteil, er war zu einer Last geworden. Er würde Sixtine nur aufhalten.

Als hätte sie seine Gedanken erahnt, sagte sie: »Wir werden hier zusammen rauskommen. Erst aus dieser Kabine, dann von diesem Schiff. Du und ich, James. Wir machen das zusammen. Wage es ja nicht, zu widersprechen.«

Bond nickte. Der Geschmack der Zigarette war ein alter Freund. Er half ihm, sich zu erholen. »Wir können nicht einfach ... schwimmen.« Er musste seine Sätze immer noch kurz halten. »Zu weit draußen. Und ich will sie aufhalten. Das Heroin. Tonnen davon. Das Schiff versenken.«

»Das Schiff versenken?« Sie starrte ihn an. »Und wie sollen wir das machen? Bitte entschuldige, aber ich habe vergessen, eine Handgranate einzupacken.«

Bonds Gedankenprozesse waren immer noch unzusammenhängend. Es kostete ihn Kraft, sich zu konzentrieren. Es gab Dinge, die er bei seiner Arbeit für den Geheimdienst während des Krieges gelernt hatte – Sabotagetechniken. Er dachte an die Feuerlöscher, die er in der Fabrik von Wolfe Europe gesehen hatte. Und da war noch etwas anderes. Was war es? Ach ja. Die Kisten, die an Bord der *Mirabelle* gebracht worden waren, als er das erste Mal hier gewesen war, vor einem gefühlten Jahrhundert. Und Wolfe, der ihm gesagt hatte: »*Wir werden an Bord eine Party feiern, die Sie sich nicht vorstellen können.*«

Irgendwie fügte sich alles zusammen.

»Ich habe eine Idee«, sagte Bond.

21

DIE TIEFBLAUE SEE

Es war kurz nach Mitternacht, als das Hämmern ertönte – und mit ihm eine Stimme von der anderen Seite der Tür.

»Hilfe!« Es war die Frau. Sie klang verzweifelt. »Jemand muss mir helfen ... bitte. Er atmet nicht. Ich glaube, er ist tot!«

Es standen zwei Wachmänner, nicht einer, im Korridor – und einen Moment lang wussten sie nicht genau, was sie tun sollten. Sie waren angewiesen worden, die Kabine nicht vor dem nächsten Morgen zu betreten. Dann sollten sie den Engländer zurück aufs Promenadendeck bringen, wo ihn Scipio erneut verprügeln würde. Der Schmerz würde Bond, der immer noch unter der Wirkung der ersten Heroininjektion stand, über das Maß des Erträglichen hinaustreiben. Sie hatten es schon einmal miterlebt. Das letzte Mal, als Scipio diese Behandlung angewendet hatte, war sein Opfer in nur einer Woche zu einem stammelnden Idioten geworden.

»Ist da jemand? Bitte!«

Es könnte sich um einen Trick handeln. Doch die Frau klang ziemlich überzeugend. Richtiggehend panisch. Und sie hatten gehört, was der Arzt gesagt hatte. Der Spion würde noch fast fünf weitere Stunden berauscht sein. Jetzt gerade würde er nicht einmal stehen können. Wenn jedoch etwas schiefgegangen war, wenn er irgendwie falsch auf die Droge reagierte, die man ihm gespritzt hatte, und sein Herz zu schlagen aufgehört hatte, würde Scipio wütend werden. Sie wussten, was er mit Bond vorhatte.

Alle anderen arbeiteten entweder im Maschinenraum oder schliefen. Die Männer mussten die Entscheidung selbst treffen und letztendlich war sie nicht schwierig. Sie waren zu zweit. Sie hatten Waffen. Eine unbewaffnete Frau und ein bewusstloser Spion stellten keine Gefahr dar und außerdem würden sie sehr vorsichtig sein. Sie schlossen die Tür auf und gingen hinein.

Der Anblick, der sich ihnen bot, war genauso düster, wie sie es sich vorgestellt hatten – auch wenn Fantasie noch nie eine ihrer Stärken gewesen war. Sixtine kniete neben der Tür, ihr ganzer Körper schlaff, und Tränen liefen ihr übers Gesicht. Bond lag ausgestreckt auf dem Boden. Er schien sich beim Sturz den Kopf angeschlagen zu haben. Überall war Blut. Es war unmöglich zu erkennen, ob er noch atmete, aber es schien unwahrscheinlich. Seine Muskeln waren angespannt, seine Arme ausgestreckt, die Hände zu Fäusten geballt.

»Er ist hingefallen!«, schluchzte Sixtine. »Ich konnte nichts tun. Er ist einfach hingefallen und liegen geblieben. Ihr habt ihn getötet.«

War er tot? Ein Mann blieb an der Tür und behielt Sixtine im Auge, während der andere weiter in die Kabine hineinging, um den Spion zu untersuchen. Er hatte keinen Zweifel daran, dass Sixtine recht hatte und Bond nicht mehr zu helfen war. Die Menge an Blut sprach für sich.

Also war er unvorsichtig, als er sich herunterbeugte, um den Puls zu prüfen. Im Bruchteil eines Augenblicks sah er, wie sich Bonds zuvor lebloser Arm plötzlich bewegte – doch bevor er reagieren konnte, war es bereits zu spät. Bond rollte sich auf die Seite und trieb seine Faust mit Wucht nach oben, was seinem Gegner den Kiefer ausrenkte und ihn bewusstlos schlug. Der Mann an der Tür wirbelte herum und zielte auf Bond, wobei er Sixtine aus den Augen ließ. Sofort packte sie seinen Arm, riss ihn herum und biss ihm mit aller Kraft ins Handgelenk. Der Mann schrie auf und ließ seine Waffe fallen. Bond war bereits auf den Beinen und stürmte auf ihn zu. Der Mann sah zwei pechschwarze Augen, erfüllt mit einer primitiven Wildheit. Sixtine war ebenfalls aufgesprungen. Sie verdrehte ihm den Arm hinterm Rücken und brach ihn fast. Als er unwillkürlich einknickte, trat Bond gegen seinen Kopf. Sixtine ließ los und der Wachmann brach zusammen.

Bond atmete schwer und schwankte. Selbst dieser kurze Kampf war fast zu viel für ihn gewesen. Sixtine wusste, dass das, was er in den letzten Stunden durchgemacht hatte – die Prügel, die Injektion, die improvisierte Operation –, die meisten Männer erledigt hätte. Bond kämpfte, doch die Situation war fast hoffnungslos. Sie waren auf See. An Bord befanden sich mindestens fünfzig Besatzungsmitglieder und sie alle standen auf Scipios Gehaltsliste. Momentan hatten sie noch das Überraschungsmoment auf ihrer Seite, doch das konnte sich ändern, sobald jemand kam, um die beiden Wachen an der Tür abzulösen. Sixtine war überzeugt, dass es am besten wäre, über Bord zu springen und an Land zu schwimmen, und das sagte sie auch.

Bond schüttelte den Kopf. »Nein. Das ist zu gefährlich. Wir wissen nicht, wie weit wir vom Land entfernt sind. Vielleicht schaffen wir es nicht.«

»Und was sonst?«

»Fessle die beiden da. Und dann folge mir.«

Sixtine kniete sich neben den Mann, der sie bewacht hatte. Sie nahm seinen Kopf zwischen ihre Hände und verdrehte ihn mit einem heftigen Ruck. Sein Genick brach. Bond starrte sie an. »Ich habe kein Seil«, sagte sie. »Und uns läuft die Zeit davon.« Bevor er protestieren konnte, hatte sie beim zweiten Wachmann das Gleiche getan. Bond war zu erschöpft, um zu diskutieren. Irgendwo in seinem benebelten Hirn wurde ihm klar, dass er ihre Namen kannte. Sie lauteten Carlo und Simone. Er hatte nie herausgefunden, wer wer war.

»Und wohin geht es jetzt?«, fragte Sixtine.

»Zum Gepäckraum. R-Deck. Achtern.«

»Und warum?«

»Vertrau mir.«

Sie schlossen die Tür hinter sich und schlichen über den langen, verlassenen Korridor, der sanft von schwachen Nachtlichtern erhellt wurde, die zwischen den einzelnen Kabinentüren angebracht waren. Bond konnte das leise Summen der Maschinen hören und spürte die Vibration unter seinen Füßen. Es war schwer, sich in der warmen, klaustrophobischen Atmosphäre, umgeben von so viel Metall, nicht gefangen zu fühlen. Sixtine und er waren jetzt beide bewaffnet. Bond hatte einem der beiden Wachleute das Hemd abgenommen. Dennoch fühlte er sich immer noch entblößt. Wenn jemand fünfzig oder hundert Meter entfernt um die Ecke kam, würde man sie sofort entdecken, und sie wären perfekte Zielscheiben am Ende eines sehr langen Schießstands. Man konnte sich nirgendwo verstecken. Das ganze Schiff war ein riesiges Netzwerk aus miteinander verbundenen Räumen, Gängen, Korridoren, Türen und Torbögen. Sie hatten nicht die geringste Ahnung, was vor ihnen lag. Bond war sich auf einmal unsicher, ob er geradeaus schießen konnte. Sein Mund war trocken und seine Sicht verschwommen. Sein Herz schlug zu schnell. Das Heroin war immer noch in seinem Kreislauf und er wusste, dass es Wochen dauern konnte, bis er es endlich los war. Gott sei Dank hatte Sixtine gewusst, was sie tat. Sie war die außergewöhnlichste Frau, der er je begegnet war.

Sie erreichten eine Treppe und stiegen weiter hinunter in die Eingeweide des Schiffs. Bond war sich nach seiner kurzen Führung nicht ganz sicher, aber er meinte, dass sich das R-Deck direkt unter der Etage befinden musste, auf der man sie festgehalten hatte. Glücklicherweise gab es Schilder, die ihnen die Richtung wiesen, und schließlich prangte tatsächlich der Buchstabe R an einer Wand. Sie folgten einem zweiten Korridor, der mit dem darüber beinahe identisch war, auch wenn der Teppich eine andere Farbe hatte, vielleicht um den Passagieren auf dem Weg zu ihren Kabinen eine Orientierung zu bieten. Alle zehn Meter kamen sie an einem Feuerlöscher vorbei. Es war genau, wie Bond zuvor vermutet hatte. Irwin Wolfe schien eine Feuerphobie zu haben.

Ihr Weg führte sie durch das Restaurant der Touristenklasse, das viel einfacher und trostloser war als das, das Bond in der ersten Klasse gesehen hatte. Die nackten Tische waren in Dunkelheit gehüllt. Das völlige Fehlen von Leben und Bewegung war verstörend. Das Schiff war wie eine verlassene Stadt und nur das unablässige Summen erinnerte daran, dass sie tatsächlich in Bewegung waren. Sie kamen an einem Kiosk vorbei, einem Raucherzimmer, einer Vorratskammer, einem Gemüselager und schließlich an einer Küche mit unterschiedlichen Messern, die an Haken über einer polierten Arbeitsfläche hingen. Für das, was Bond im Sinn hatte, würde er sie brauchen. Er ging hinein, nahm sich ein paar und steckte sie sich in den Gürtel.

Trotz der allgegenwärtigen Schilder sahen die verschiedenen Bereiche des Schiffs im Halbdunkel ziemlich gleich aus. Bond wusste, dass sie nach achtern gingen, aber es gab so viele Türen. Welche von ihnen führte zum Gepäckraum? Er konnte überall sein, an den Seiten oder irgendwo in der Mitte verborgen. Passagiere würden Tage brauchen, um sich zurechtzufinden. Sein Leben hing davon ab, dass es ihm innerhalb weniger Minuten gelang.

Ganz am Ende des Gangs stieß er darauf, umgeben von den Büros für den Schiffsbäcker, den Restaurantleiter, den Lagerverwalter und die Stewards. Der Gepäckraum war ausgeschildert und nicht verschlossen. Er öffnete die Tür und schaltete das Licht an. Und da war es, direkt vor ihm – genau das, wonach er gesucht hatte.

Irwin Wolfe hatte ihm gesagt, dass es einen Galaempfang geben würde, wenn sie in Amerika eintrafen, und hatte mit den tausend Dollar geprahlt, die er allein für die Feuerwerkskörper ausgegeben hatte. Zufällig hatte Bond bei seinem ersten Besuch an Bord der *Mirabelle* mitbekommen, wie sie geliefert worden waren, und hatte gehört, wie der Chefsteward Anweisungen zur Lagerung gegeben hatte. Es handelte sich um ein Dutzend großer Kisten mit der Aufschrift FEUX D'ARTIFICE, die hier im trockenen, leeren Gepäckraum gelagert wurden. Für die Feier im Hafen von New York, die Wolfe im Sinn hatte, mussten einige der Feuerwerkskörper riesig sein. Und in ihnen steckte jede Menge explosives Schießpulver, zusammen mit all den anderen Chemikalien, um die Funken und Farben zu erzeugen, die die Skyline der Stadt erhellen sollten.

Sixtine war dahintergekommen, was er vorhatte. Bond wollte eine Explosion hervorrufen, die groß genug war, um die *Mirabelle* zu versenken. Er plante, Wolfes Heroin auf den Meeresboden zu schicken und ihn selbst im besten Fall gleich hinterher. Und die Mittel dazu befanden sich direkt hier vor ihnen. »Okay«, sagte sie. »Du willst eine Bombe bauen. Das ist keine schlechte Idee. Aber wo willst du sie platzieren? In den Heizöfen?«

Bond schüttelte den Kopf. »Das wird nicht funktionieren. Wir müssen die Wasserkühlanlage zerstören ... das Einlassventil.«

»Weißt du, wo das ist?«

»Ich kann es finden.« Bond hatte auf Schiffen gedient. Und als Lieutenant einer Spezialeinheit der RNVR hatte er auch gelernt, wie man sie zerstörte.

»Wird es funktionieren?«

»Vielleicht.«

Sixtine starrte die Kisten mit Feuerwerkskörpern an, die sich im Gepäckraum übereinander türmten. »Das ist eine Menge Schwarzpulver. Aber du brauchst noch so etwas wie eine Hülse.«

»Einen der Feuerlöscher.«

»Okay. Aber nur so aus Interesse – wie willst du den aufbekommen?«

»Warte hier.«

Bond ließ Sixtine im Gepäckraum und kehrte auf den Korridor zurück. Kurz darauf kam er wieder, unterm Arm einen der zahlreichen roten Zylinder, mit denen die Gänge des Schiffs gesäumt waren. Er drehte ihn auf die Seite.

»Von denen gibt es hier viel zu viele«, erklärte er. »Das müssen Hunderte sein. Und die gleichen Modelle habe ich auf dem Fabrikgelände von Wolfe Europe gesehen. Die müssen die Antwort sein ... darauf, wie er es anstellt.« Während er sprach, untersuchte er die Metalloberfläche – und mit einem triumphierenden Lächeln fand er, wonach er gesucht hatte. Der Mechanismus hätte nicht einfacher sein können. Der Boden war abschraubbar.

Doch im Zylinder war kein Wasser oder Natron. Bond zog einen Plastikbeutel heraus und hielt ihn in der Hand. Sixtine und er hatten im Heroinlabor beobachtet, wie genau solche Beutel gefüllt worden waren. Und nun waren sie hier und warteten auf die Überfahrt nach Amerika. Irwin Wolfe hatte gesagt, dass sich etwa fünftausendfünfhundert Kilo der Droge an Bord befanden. Wenn man das in Beutel von jeweils neun Kilo aufteilte, machte das sechshundert Feuerlöscherfüllungen. Wenn sie in New York ankamen, würde niemand das Schiff durchsuchen. Ganz im Gegenteil, man würde es mit einer Feier begrüßen und man würde übersehen, was sich hier direkt vor aller Augen abspielte. Spottbilliges Heroin für jeden, der es wollte. Und schon bald würde es jeder wollen.

Bond wurde wieder übel, als er daran dachte, wie wenig ihm verabreicht worden war und was für eine Verwüstung es in seinem Kopf angerichtet hatte. Er riss den Plastikbeutel auf und ließ einen Großteil des Inhalts auf den Boden rieseln. Dann schleuderte er das, was übrig war, in eine Ecke. Es war nur eine kleine Geste, aber eine, durch die er sich besser fühlte.

»Ich werde deine Hilfe brauchen«, sagte er und reichte ihr eins der Messer, die er aus der Küche mitgenommen hatte. »Wir müssen die Feuerwerkskörper öffnen. Und wir brauchen eine Zündschnur ...«

»Es ist ein Uhr, James. Wie lange haben wir noch?«

»Das weiß ich genauso wenig wie du. Lass uns besser schnell anfangen.«

Sixtine und er rissen die Deckel von den Kisten. Darin befanden sich auf Stroh gebettete bunte Feuerwerkskörper. Es gab die unterschiedlichsten Sorten und Größen. Sie nahmen ein paar heraus und öffneten sie mithilfe der Messer. Bond hatte ein Stück Pappe zu einem Trichter umfunktioniert und nutzte ihn nun, um das Schwarzpulver in den leeren Feuerlöscher zu füllen. Schließlich drückte er alles fest, steckte eine der Zündschnüre hinein und schraubte den Zylinder wieder zu. Er hoffte, damit eine funktionierende Bombe gebaut zu haben. Er fragte sich, wie er es Sixtine erklären sollte, wenn ihm nicht mehr als ein hübsches rosa Feuerwerk gelang.

»Wie viele davon werden wir brauchen?«, fragte Sixtine.

»Eine sollte genügen.« Bond warf einen Blick auf seine Uhr. Es war Viertel nach zwei. Ihre Arbeit hatte über eine Stunde gedauert. Er dachte an die Männer, die sie in ihrer Kabine zurückgelassen hatten. War es zu viel des Guten, zu hoffen, dass sie die ganze Nacht als Wache eingeplant gewesen waren? Bond hatte die Tür abgeschlossen und den Schlüssel mitgenommen. Doch sobald man herausfand, dass sie geflohen waren, würde jemand Alarm schlagen.

»Ich nehme nicht an, dass du ein Streichholz hast«, sagte er.

»Nur mein Feuerzeug.« Sie holte es aus ihrer Jackentasche. »Sie haben es bei meinen Zigaretten gelassen.«

»Wie umsichtig.« Mühsam hob Bond den Feuerlöscher auf seine Schulter.

»Ich kann ihn nehmen«, bot Sixtine an.

»Nein. Das schaffe ich schon.« Er grinste sie an. »Wenn das alles hier vorbei ist, bringe ich dich nach Rom. Ich gehe mit dir zur Piazza Navona und kaufe dir das größte Eis, das du je gegessen hast, dann gehen wir zurück ins Hotel, trinken Martinis, so wie du sie magst, und bleiben eine Woche im Bett.«

»Ich nehme dich beim Wort«, erwiderte sie. »Wenn wir hier lebend rauskommen ...«

Sie gingen zurück auf den Korridor. Nichts hatte sich verändert. Im Inneren eines Kreuzfahrtschiffs wie der *Mirabelle* waren Tag und Nacht nicht zu unterscheiden und die Atmosphäre hatte immer etwas Ödes und Steriles an sich. Sie gingen an den ganzen Büros vorbei zurück, bis sie an eine Treppe kamen, die sie zwei weitere Decks nach unten brachte. Je tiefer sie kamen, desto weniger luxuriös war ihre Umgebung. Schließlich erreichten sie eine Tür mit der Aufschrift NUR PERSONAL und stießen sie auf. Sofort schlug ihnen eine Welle heißer Luft entgegen, die nach Öl roch. Der Klang einer Dreifach-Expansionsdampfmaschine wurde lauter. Begleitet wurde er vom Surren der Lüftungsventilatoren und dem unregelmäßigen Scheppern von Stahl.

Dies war die geheime Welt eines Luxuskreuzers.

Es gab mindestens drei verschiedene Räume: den Maschinenraum, den Kesselraum und den Generatorraum. Doch mit so vielen Rohren und so vielen Maschinen konnte man unmöglich sagen, wo der eine aufhörte und der andere begann. Der ganze Bereich erstreckte sich über drei Decks, verbunden durch breite Metalltreppen, Gerüstbrücken und weitere der U-Boot-artigen Luken, die Bond schon bei seinem ersten Besuch aufgefallen waren. Alles war grob, grell beleuchtet, unglaublich heiß und ohne jeden Luxus. Die Luft wurde umgewälzt, aber ohne dass es große Wirkung gezeigt hätte. Bond stand auf der obersten Ebene und seine Augen begannen bereits zu brennen, während er sich auf den Weg nach unten machte und dabei die Dämpfe einatmete, die aus den Zwillingskesseln von Lobnitz & Co. drangen.

Die *Mirabelle* bewegte sich gemächlich die Küste von Frankreich entlang. Hätte sie bereits ihre Fahrt über den Atlantik begonnen, wären hier vierzig bis fünfzig Leute an der Arbeit und der Lärm wäre ohrenbetäubend. Stattdessen war der Maschinenraum gespenstisch leer. Nur ein paar Gestalten in Overalls waren in ihre Arbeit vertieft – und niemand bekam mit, als Bond und Sixtine an den Lüftungsrohren, den Turbinen und den Hauptkondensatoren vorbeigingen. Bond trug den Feuerlöscher auf der Schulter und verdeckte damit sein Gesicht. Sixtine ging dicht neben ihm und benutzte ihn als Deckung. Er würde kaum erkannt werden, aber eine Frau im Maschinenraum würde mit Sicherheit Aufsehen erregen. Sie sprachen nicht. Sie mussten so wirken, als würden sie genau wissen, was sie taten, es tun, und dann so schnell wie möglich von dort verschwinden.

Aber wo war das verdammte Einlassventil? Bond wusste, dass es wie ein gewöhnliches rundes Ventil an einem Rohr aussehen würde, mit etwa dreißig Zentimetern Durchmesser. Es war verbunden mit der Hülle und sog einen beständigen Strom Meerwasser an, der durch die Maschine floss und die Zylinderköpfe, Auslassventile und Turbolader kühlte. Wenn dies eine Korvette oder ein Kampfkreuzer gewesen wäre, hätte Bond genau gewusst, wo es lag. Doch dies war ein brandneues, speziell angefertigtes Kreuzfahrtschiff. Bond erkannte die Hälfte der Maschinen nicht einmal. Auch wenn er das vor Sixtine niemals zugeben würde – sie war ihm den ganzen Weg über ohne Fragen gefolgt –, würde er eine Riesenportion Glück brauchen, um zu finden, wonach er suchte.

»Weißt du, wohin wir müssen?«, flüsterte Sixtine. Es war, als könnte sie seine Gedanken lesen.

»Natürlich ...«

Er verstummte, als ein Mechaniker mit einem Korb voll schmutziger Lappen an ihnen vorbeiging. Für den Bruchteil einer Sekunde war Bond versucht, ihn nach dem Weg zu fragen – wenn nötig, mit vorgehaltener Waffe. Doch dann entdeckte er das Ventil. Das Glück hatte ihn also doch nicht verlassen. Das Einlassventil befand sich zwischen zwei Plattformen im Bilgenbereich, am gebogenen Schott der Außenwand. War ihre selbst gebastelte Bombe stark genug, um die Nieten und Schweißnähte zu sprengen, die alles zusammenhielten? Bond bezweifelte es, aber es spielte keine Rolle. Das Ventil befand sich zehn Meter unter dem Meeresspiegel. Das bedeutete, dass der eindringende Wasserdruck etwa zwei Bar betrug. Wenn das Rohr brach, war das der Beginn eines Lecks, das die *Mirabelle* ziemlich schnell versenken würde, außer die hydraulischen Türen würden sofort geschlossen. Und um das zu verhindern, hatte Bond ebenfalls eine Idee.

Der Mechaniker, der gerade an ihnen vorbeigegangen war, blieb stehen. Er drehte sich um und starrte sie mit fragendem Blick an. »Wer sind Sie? Und was machen Sie hier?«

Sixtine zog ihre Waffe und schoss ihm ins Bein. Der Schuss wurde vom Lärm der Maschinen fast übertönt ... aber nur fast. Allgemeines Chaos brach aus, als die Besatzungsmitglieder über ihnen in verschiedene Richtungen davonliefen. Niemand wusste, wo der Schuss hergekommen war. Dass einer gefallen war, reichte aus.

Bond wusste, dass er schnell handeln musste. Er nahm den Feuerlöscher von der Schulter und stellte ihn zwischen

Hülle und Einlassventil ab. Die Zündschnur legte er in seine Richtung. Sixtine reichte ihm ihr Feuerzeug.

»Bereit?«, fragt er.

Sie nickte.

»Wir haben eine Minute.«

»Um wohin zu gehen?«

»In den Generatorraum.« Er hielt die Flamme an die Zündschnur.

Ein weiterer Mann erschien. Bond sah auf und stellte überrascht fest, dass es sich um Dr. Borghetti handelte, der in seiner weißen Kleidung auf sie zukam. Was machte er mitten in der Nacht hier unten im Maschinenraum? Vielleicht war einer der Arbeiter krank geworden oder er war auf dem Weg, um nach Bond zu sehen. So oder so, es spielte keine Rolle. Sixtine schoss auf ihn und zielte auf seinen Bauch. Sie sah zu, wie er vor ihnen zusammenbrach und sich auf dem Metallboden zu winden begann. Bond wusste, dass sie ihn leiden lassen wollte. In ihren Augen lag eiskalte Wut.

»Genau die richtige Medizin«, murmelte sie.

Doch die Aktion hatte wertvolle Sekunden verschwendet. Während die Zündschnur wütend zischte und Funken sprühte, zogen sich Bond und Sixtine zurück. Sie sahen eine Leiter, die auf das nächsthöhere Deck führte. Es war der schnellste Weg, um dorthin zu kommen, wo Bond hinwollte. Er hatte die Generatoren gesehen, als sie den Maschinenraum betreten hatten. An der Wand hing eine Feueraxt und er schnappte sie sich. Sie würde später noch nützlich sein.

Sie erreichten die Leiter und kletterten hinauf. Als sie durch die runde Luke die nächste Ebene erreicht hatten, war Bond besorgt. Die sechzig Sekunden waren doch inzwischen mit Sicherheit vorbei. Was würde er tun, wenn die Bombe nicht zündete? Er verfluchte sich dafür, keine zweite Zündschnur mitgenommen zu haben. Aber es spielte keine Rolle. Ein Stofffetzen, vielleicht in Öl getränkt, würde es ebenso tun. Und wenn er sich dabei mit in die Luft sprengte, würde es wenigstens in dem Wissen sein, dass er Wolfe, Scipio und die fünftausendfünfhundert Kilo Heroin versenkt hatte. »Er hat uns gerettet, er trägt die Kron« und so weiter.

In diesem Moment ging unter ihnen die Bombe hoch. Die Explosion war unglaublich laut, da sie an so viel Metall widerhallte. Als Bond hinunterblickte, sah er einen leuchtend roten Feuerball. Bizarrerweise war darin auch Blau, Grün und Silber zu erkennen und die Funken tanzten durch die Luft, während die unterschiedlichen Komponenten des Feuerwerks entzündet wurden. Er dachte bei sich, dass dies die schönste Explosion der Welt war. Aber hatte sie ihre Aufgabe erfüllt? Die Antwort folgte unmittelbar darauf. Das Einlassventil war zerstört. Wassermassen strömten aus dem Rohr und fluteten den Maschinenraum. Eine Sirene heulte auf und eine Reihe roter Warnlichter begann an den Wänden zu blinken.

Bond hielt immer noch die Axt gepackt. Sixtine und er erreichten eine komplizierte Wand aus elektrischen Anlagen mit Dutzenden Schaltern, Ventilen und Messanzeigen. Davor saß ein Mann in einem weißen Overall auf einem Hocker, doch er warf nur einen Blick auf sie und rannte davon. Bond wusste, dass dies die Hauptschaltanlage war. Er würde vorsichtig vorgehen müssen. Er wollte sie zerstören – allerdings ohne selbst dabei von einem Stromschlag niedergestreckt zu werden. Es gab ein halbes Dutzend Schalter, von denen wahrscheinlich jeder einen anderen Bereich der *Mirabelle* kontrollierte. Mit dem stumpfen Ende der Axt schlug er jeden einzelnen bedachtsam kaputt. Dann schwang er die Axt als Zugabe in die größte Glasscheibe. Es folgte ein befriedigender Ausbruch weißer und gelber Funken. Die Hälfte der Lichter im Maschinenraum erlosch. Die Ventilatoren blieben stehen. Alle Anzeigen der Schaltanlage fielen auf null.

Er hatte getan, was er konnte. Nun mussten sie gehen. Sein ganzer Körper – sein Kopf, sein Bauch, seine Kehle – schmerzte höllisch. Seine gebrochene Rippe brannte. Der Schnitt am Handgelenk, den ihm Sixtine zugefügt hatte, hatte sich geöffnet und blutete wieder. Bond wollte sich lieber nicht vorstellen, wie er aussah. Er hoffte nur, dass er genug Kraft für den nun kommenden schwersten Teil haben würde. Scipio und seine Männer würden inzwischen mitbekommen haben, was los war. Sixtine und er hatten sich hineingeschlichen. Hinaus würden sie sich jeden Zentimeter erkämpfen müssen.

Mit der Axt immer noch in der Hand rannte er den Weg zurück, den sie gekommen waren. Sein Ziel war der Bug des Schiffs. Wieder erstreckten sich vor ihnen leere Korridore, dieses Mal im trüben Schein der Notbeleuchtung. Es war dieses Halbdunkel, das sie rettete. Sie hatten etwa die Hälfte des Gangs zurückgelegt, als drei von Scipios Männern auftauchten und Richtung Maschinenraum liefen. Sie sahen Bond und Sixtine erst, als es zu spät war. Bond streckte zwei der Männer nieder. Doch nur einen Moment später wurden sie von anderen Männern hinter ihnen ersetzt. Der Korridor war blockiert. Es ging nicht weiter.

»Hilf mir!« Sixtine riss an einer der schweren Feuertüren, um sie zuzuziehen. Mit Bonds Hilfe gelang es ihr. Es gab kein Schloss, doch Bond steckte die Axt zwischen die Türgriffe und verriegelte sie dadurch. Scipios Männer waren auf einer

Seite. Sie waren auf der anderen. Sie hatten Zeit verschwendet und nun gab es keine andere Möglichkeit, als den gleichen Weg zurück zu nehmen, den sie gekommen waren.

Da geschah etwas Seltsames. Die *Mirabelle* begann zu kippen. Es war nur ganz leicht, doch Bond hatte bereits das Gefühl, dass seine improvisierte Bombe mehr Schaden angerichtet haben musste, als er gedacht hatte. Und ohne Elektrizität und Sicherheitsvorrichtungen gab es nichts, was das Schiff davon abhalten würde, sich mit Wasser zu füllen und zu kentern. Wie lange würde es dauern? Die *Titanic* war in zwei Stunden und vierzig Minuten untergegangen, aber damals war man zumindest in der Lage gewesen, die Schotts zwischen ihren sechzehn Abteilungen zu schließen, und die Pumpen hatten funktioniert. Dank Bond war hier weder das eine noch das andere möglich. Die *Mirabelle* könnte also viel schneller sinken. So oder so mussten Sixtine und er schnellstmöglich einen Weg aus diesem riesigen Metallsarg finden, was bedeutete, an Deck zu kommen – und zwar schnell.

Und sie mussten immer noch aufpassen. Es konnten fünfzig Männer nach ihnen suchen. Sie hatten eigentlich keine Ahnung, wohin sie mussten. Bond war erschöpft. Und sie hatten zusammen nur noch ein halbes Dutzend Kugeln.

Plötzlich gab es unter ihnen eine Explosion, viel lauter und bedrohlicher als die von Bond verursachte. Kurz darauf bebte das Schiff so heftig, dass Sixtine und Bond gegen die Wände geschleudert wurden und auf dem Boden landeten. Die Notbeleuchtung flackerte. Die Sirene verstummte. Bond war benebelt und seine Verletzungen raubten ihm den Verstand, dennoch konnte er sich denken, was passiert sein musste. Viele Tausend Liter Wasser waren in den Maschinenraum geströmt und auf die unter Hochdruck stehenden Dampfkessel getroffen, was diese zweite, viel größere Explosion verursacht hatte. Nun kippte der Gang stärker. Bond konnte ein trauriges Quietschen hören. Es war der Klang von Irwin Wolfes zwei Millionen Dollar teurem Dampfschiff, das auseinanderriss.

Bond und Sixtine kamen auf die Beine und hielten sich einen Moment in den Armen.

»Nach oben«, sagte Bond.

»Und raus«, ergänzte Sixtine.

Sonst gab es nichts mehr zu sagen. Doch sie kamen nur mühsam vorwärts. Bond taumelte weiter wie ein Betrunkener und drohte immer wieder umzukippen. Er musste sich auf Sixtine stützen. Als sie an das Ende eines Korridors gelangten und um eine Ecke bogen, bot sich ihnen ein entsetzlicher Anblick. Etwa dreißig Meter entfernt raste ein reißender Strom dunklen Wassers auf sie zu wie ein lebendiges Wesen, das sie zur Strecke bringen wollte. Es war unmöglich zu erkennen, woher er gekommen war. Ein ganzer Bereich der *Mirabelle* war dahinter verschwunden. Sie konnten sich nur umdrehen und in die Richtung zurückrennen, aus der sie gekommen waren, immer in dem Bewusstsein, dass die Flut direkt hinter ihnen sein musste und sie verschlingen würde, sollten sie auch nur kurz stehen bleiben, um zu Atem zu kommen.

Irgendwie fanden sie eine weitere Treppe und stiegen sie hinauf – doch auch sie brachte sie nicht auf ein offenes Deck. Ein weiterer Korridor, mehr Türen. Doch keine Bullaugen, kein Weg hinaus. Und nun hatte das Wasser sie fast erreicht. Es breitete sich aus, leckte an ihren Füßen und stieg unglaublich schnell. Eine weitere Abzweigung. Sie bogen um die Ecke und auch wenn ihnen jeder Instinkt riet weiterzugehen, blieben sie wie angewurzelt stehen. Es war der bizarrste Anblick, den Bond jemals gesehen hatte.

Jean-Paul Scipio.

Es war unmöglich zu sagen, wie er dort hingelangt war, doch Bond vermutete, dass er nach der ersten Explosion mit seinem Dolmetscher in den Maschinenraum gelaufen sein musste, um sich den Schaden persönlich anzusehen. Zu diesem Zeitpunkt musste bereits Meerwasser durch das zerstörte Einlassventil hineingeströmt sein. Doch dann war die zweite Explosion erfolgt und hatte vielleicht den Zugang zur Haupttreppe abgeschnitten. Der Dolmetscher und er waren gezwungen gewesen, die Leiter zu nehmen, und Scipio war stecken geblieben. Das war die einzig mögliche Erklärung.

Das war es, was Bond und Sixtine vor sich sahen. Dem großen kahlen Schädel fehlte die Perücke, die nun im Wasser trieb, das den Teppich bedeckte. Seine Schultern und ein Teil seiner Brust hatten es hindurch geschafft. Seine Hände waren unter Wasser und versuchten verzweifelt, den Rest seines Körpers zu befreien. Doch das war alles. Es sah aus wie ein Zaubertrick, der furchtbar schiefgegangen war. Der Zersägte Mann. Er konnte weder vor noch zurück. Und schon bald würde er ertrinken. Das Wasser war überall um ihn herum. Es leckte bereits an der rosa Narbe an seiner Kehle. Zentimeter um Zentimeter stieg es die Falten seines Doppelkinns hinauf. In spätestens einer Minute würde es seinen Mund und dann schließlich seine Nase bedecken. Im Grunde beobachtete er sich selbst beim Ertrinken.

Nun starrte er Bond an, sein Gesicht vor Todesangst verzerrt.

»*Aiutatemi!*«, keuchte er

»Helfen Sie mir«, übersetzte der Dolmetscher, der in einer Ecke kauerte.

Sixtine zog ihre Waffe und gab einen einzigen Schuss ab. Eins der Brillengläser des Dolmetschers zersplitterte und Blut strömte aus dem Loch, das gerade eben noch sein Auge gewesen war. Sie zielte auf Scipio und drückte ein zweites Mal den Abzug, doch die Waffe war leer.

»Lass ihn«, sagte Bond.

Sie wandten sich ab. Das Wasser erreichte Scipios Unterlippe. Er schrie sie an. Das Wasser strömte fröhlich in seinen Mund.

Die nächste Treppe brachte sie endlich zum Hauptdeck. Inzwischen hatte die *Mirabelle* starke Schlagseite und sie mussten aufpassen, nicht von Bord zu rutschen. Hinter sich sahen sie, wie Rettungsboote unbeholfen an Seilen ins Wasser gelassen wurden. Es war mitten in der Nacht, doch der Mond stand am Himmel und verlieh allem den Silbernitratschimmer eines alten Films. Bond fragte sich, was aus Irwin Wolfe geworden war. Befand sich der Millionär immer noch in seiner Kabine? War er in seinem Bett ertrunken? Oder war er vielleicht einfach über Bord gesprungen, als er das Sinken seines Schiffs und das Ende all seiner Pläne gesehen hatte? Bond war versucht, ihn zu suchen. Nach dem, was ihm angetan worden war, gab es einen Teil von ihm, der nicht einen dieser Leute am Leben lassen wollte.

Jemand brüllte etwas. Selbst in der Dunkelheit und all dem Chaos um sie herum waren Sixtine und er entdeckt worden. Schwarze, gesichtslose Schatten bewegten sich über das gekippte Deck auf sie zu. Er sah das Aufblitzen von Schüssen und schnappte sich Sixtine. Überall um sie herum prallten Kugeln ab, schlugen ins Holz oder hämmerten in die Reling, während sie einfach losliefen und sprangen. Das Meer war immer noch weit unter ihnen. Die Zeit schien stehen geblieben zu sein. Sie schwebten nebeneinander in der Luft, ein leichtes Ziel für die Leute, die auf sie schossen. Es ertönten weitere Schüsse. Dann schließlich durchbrachen ihre Füße das Wasser. Bond spürte einen frischen Schmerz aufblitzen, als die gebrochene Rippe erneut verschoben wurde. Er schrie auf und hätte fast das Bewusstsein verloren, doch das eiskalte Wasser ließ ihn wieder zu sich kommen. Es wirbelte um ihn herum und trieb ihn nach oben. Er ließ sich zurück an die Oberfläche tragen und schnappte nach Luft. Sofort begann er nach Sixtine zu suchen und sah sie ganz in der Nähe. Das Mondlicht schimmerte in ihrem Haar. Sie hatten es geschafft! Sie hatten es tatsächlich geschafft!

»Bist du okay?« Er schwamm zu ihr. Jede Bewegung tat weh, aber es war ihm inzwischen egal.

»Ja.« Ihre Stimme klang schwach. Bond nahm an, dass ihr der Sturz ins Wasser den Atem geraubt haben musste.

»Wir müssen von hier weg. Das Schiff geht unter. Wir dürfen nicht mit in die Tiefe gerissen werden.«

Zusammen schwammen sie los – zwanzig, dreißig Armzüge – und sie wussten, je tiefer sie in der Dunkelheit verschwanden, desto unsichtbarer wurden sie. Scipio war tot. Seine Männer würden um einen Platz in den Rettungsbooten kämpfen. Bestimmt suchte keiner mehr nach ihnen. Doch erst als sie in sicherem Abstand waren, drehten sie sich um und sahen die *Mirabelle*, die sich als Silhouette gegen den Nachthimmel abhob. Sie war bereits tief im Wasser versunken und lag in einem unmöglichen Winkel. In den Fenstern und Bullaugen blitzte es gelegentlich auf, doch ansonsten war sie ein großes, sterbendes Tier, das in sein Grab sank. Auf den Rettungsbooten, die das Schiff umgaben, war ebenfalls Licht zu sehen, und sie konnten hören, wie sich die Männer sinnlos anbrüllten und ihre Evakuierung organisierten. Die beiden Schlote rauchten nicht mehr. Die Dampfkessel waren unter Wasser, jedes Feuer ausgelöscht. Vielleicht war es der Commander der Royal Navy in ihm, der einen Hauch von Traurigkeit über das untergehende Schiff empfand. Die *Mirabelle* war eine Schönheit gewesen und nicht für die Art und Weise verantwortlich zu machen, wie sie benutzt worden war.

Sie waren immer noch zu nah. Bond wusste, dass alles, was sich noch um das Schiff befand, wenn es unterging, mit in die Tiefe gerissen werden würde – einschließlich der Rettungsboote, wenn sie sich nicht bald in Bewegung setzten. Und es gab noch eine weitere, dringlichere Frage. Wo waren sie? Wenn sie sich irgendwo mitten auf dem Mittelmeer befanden, war all das hier umsonst gewesen. Sie würden dennoch ertrinken.

Er sah sich um und entdeckte das Licht von Gebäuden entlang der Küste. In der Dunkelheit war nicht genau zu bestimmen, wie weit draußen sie waren, doch Bond nahm an, dass es nicht mehr als anderthalb Kilometer sein konnten. Er war in schlechter Verfassung. Jeder Atemzug fühlte sich an wie ein Dolchstoß. Das Salzwasser brannte unerträglich in der offenen Wunde an seinem Handgelenk. Es war riskant. Doch mit Sixtines Hilfe würde er es bestimmt schaffen.

Aber was war mit ihr?

Sie war dicht bei ihm, reglos und stumm. »Wir können nicht hierbleiben«, sagte er. »Es wird vielleicht ein, zwei Stunden dauern, die Küste zu erreichen, aber wenn wir es langsam angehen, ist es zu schaffen. Wir legen Pausen ein. Lassen uns von der Flut reinbringen.«

»James ...«

Sie würde ihm etwas sagen, das er nicht hören wollte. Das spürte er.

»Wenn du zu erschöpft bist, kannst du dich an mir festhalten«, beharrte er.

»Ich kann nicht mit dir kommen, James.«

Plötzlich war das Wasser eiskalt. Er legte seine Arme um Sixtine und zog sie an sich. Sie wehrte sich nicht, doch nun sah er den Schmerz in ihren Augen. Als er seine Hand aus dem Wasser nahm, war sie mit etwas Dunklem bedeckt. Es war die Farbe von Blut im Mondlicht.

»Du kannst es schaffen«, flüsterte er. Seine Stimme brach. »Du musst.«

Sie war seltsam ruhig. »Wir haben sie geschlagen«, sagte sie. »Es waren so viele und wir nur zu zweit und doch haben wir es geschafft.« Sie erschauderte. »Etwas hat mich getroffen, als wir von Bord gesprungen sind ...«

»Ich kann dich an Land bringen. Ich kann mit dir schwimmen.«

»Nein. Du musst das jetzt allein zu Ende bringen.« Sie hielten sich immer noch aneinander fest und trieben im Wasser wie Liebende. Ihre Stimme wurde schwächer. »Tut mir leid, James. Sei nicht böse auf mich.«

»Ich könnte niemals böse auf dich sein.«

Sie lächelte. »Wir waren nicht dazu bestimmt, auf ewig zusammen zu sein. Zumindest hatten wir einen Tag.«

»Sixtine ...«

»Du musst jetzt los. Du darfst nicht ...«

Sie starb.

Er sah den Moment, in dem das Leben aus ihren Augen verschwand. Doch er hielt sie weiter und weigerte sich zu akzeptieren, dass sie fort war. Hinter ihm hörte er ein ohrenbetäubendes Krachen, während unvorstellbare Kräfte das, was von der *Mirabelle* noch übrig war, erfassten und sie auseinanderbrachen. Der Bug stand jetzt fast senkrecht. Das Schiff würde nun seinen Abstieg in die Tiefe beginnen. Er wusste, dass er Sixtine mit ihm gehen lassen musste.

Er ließ sie los und sah zu, wie sie davontrieb und sanft unter der Oberfläche der tiefblauen See verschwand. Das Wasser überspülte ihr Gesicht, als würde es sie auslöschen. Ihre Haare wogten um ihren Kopf und sie wirkte friedvoll, so wunderschön im Tod, wie sie es im Leben gewesen war. Schließlich verschwand sie.

Bond gab einen Laut von sich, eine Mischung aus wütendem Aufheulen und Schluchzen. Dann drehte er sich um und begann aufs Ufer zuzuschwimmen.

TOD BEI SONNENUNTERGANG

Wie ein gigantischer Raubvogel brach die Boing 377 Stratocruiser aus dem Himmel über Los Angeles. Die Flügel waren ausgestreckt und die Räder suchten nach der drei Kilometer langen Landebahn. Die Palmen auf beiden Seiten neigten ehrerbietig ihre Köpfe, als sie vorbeiraste und in der flirrenden Hitze verschwand. Es war Mittag und die Sonne brannte erbarmungslos. Die Luft stank nach Öl und Methanol. Die Reifen bekamen Bodenkontakt. Der Pilot legte den Gegenschub ein und mit einem Aufheulen ließ sich das große Biest wieder in die Gefangenschaft manövrieren. Als es Hangar eins erreichte, versammelten sich aus allen Richtungen kleine Fahrzeuge: für das Gepäck, die Fracht, die Passagiere. Bis das Flugzeug seine Parkposition erreicht hatte, war es umzingelt. Die Achtundzwanzig-Zylinder-Motoren wurden abgeschaltet. Die vier Turbinen verlangsamten sich und blieben schließlich stehen.

Die Türen wurden geöffnet und eine Brise warmer Luft strömte herein. James Bond, der hinten auf dem Oberdeck saß, spürte sie als Erstes. In den vergangenen zwölf Stunden – dem letzten Abschnitt der Reise aus New York – hatte er schweigend in der klimatisierten Stille der Kabine gesessen. (Die Frau neben ihm hatte schnell jede Hoffnung auf eine Konversation aufgegeben.) Nun erinnerten ihn der Lärm, die Hitze und der Geruch des Flughafens daran, wo er war und was er hier wollte. Er konnte unter seinem Hemd bereits die Schweißflecken spüren. Sein Unbehagen wurde von den Bandagen um seinen Brustkorb noch verstärkt. Die gebrochene Rippe heilte bereits, doch es würde noch eine Weile dauern, bis er wieder voll einsatzfähig war.

Eine Woche war vergangen, seit er aus Südfrankreich nach London zurückgekehrt war.

M war sehr erfreut gewesen, wie die Angelegenheit verlaufen war. »Sie haben den größten Drogenhändler Europas ausgeschaltet und fünf Tonnen seines Produkts auf den Boden des Ozeans geschickt … der beste Platz dafür. Dies ist ein harter Schlag für die internationalen Syndikate und mit ein bisschen Glück wird es den Amerikanern ermöglichen, dem Problem der Heroinsucht Herr zu werden. Tatsächlich hätten sie es nach Kriegsende bereits eliminieren können, wenn sie sich nicht hätten ablenken lassen. Vielleicht verschafft ihnen das eine zweite Chance.

Außerdem haben Sie genau das erreicht, was Sie tun sollten. Scipio hat Ihnen gestanden, dass er es war, der unseren Mann umgebracht hat.«

»Ja, Sir. Das hat er ganz klar gesagt.«

»Dann bin ich sehr froh, dass er beseitigt wurde.« M wählte seine Worte sorgfältig. Gewalt und Tod waren oft Teil seines Aufgabengebiets. Doch das bedeutete nicht, dass er es hier in diesem Büro auch aussprechen musste.

»Ich würde gern wissen, was aus Wolfe geworden ist, Sir.«

»Ja. Ich befürchte, dass dieser Teil nicht so gut gelaufen ist, wie wir es uns erhofft hatten. Er hat es in eins der Rettungsboote geschafft und wurde an Land gebracht. Dann hat man ihn die Küste entlang nach Perpignan gefahren und über die Grenze nach Spanien gebracht. Er war in einem Flieger zurück in die USA, bevor jemand mit ihm sprechen konnte. Nun ist er in seinem Heim in Los Angeles wieder aufgetaucht und wir werden nicht viel deswegen tun können ... jedenfalls nicht offiziell. Er hat sich hinter teuren Anwälten verschanzt. Behauptet, nichts von Scipio, den Drogen oder Ihnen gewusst zu haben – und was die Geschehnisse an Bord der *Mirabelle* angeht, steht ihr Wort leider gegen seins. Die Polizei hat die Fabrik nahe Menton durchsucht, doch auch hier täuscht er Unwissenheit vor. Laut ihm ist Scipio allein für alles verantwortlich.«

»Also wird er nicht angeklagt?«

»Ich habe mit unseren Freunden von der CIA gesprochen, aber sie waren überraschend gleichgültig. Sie haben uns eindeutig zu verstehen gegeben, dass sie die Dinge auf ihre Art regeln wollen.«

M klang ungehalten. Wenn die *Mirabelle* New York erreicht hätte, wäre das der Beginn einer Epidemie gewesen, die das Land drastisch dezimiert hätte. Natürlich gefiel ihm nicht, dass ihm die Amerikaner die kalte Schulter zeigten, nach allem, was Bond getan hatte.

»Ich wollte Sie noch nach Joanne Brochet fragen«, fuhr M ein wenig sanfter fort. Seine grauen Augen musterten Bond genau. »Wenn ich richtig verstehe, war sie Ihnen entgegen unserem Bild von ihr äußerst hilfreich.«

»Ja, Sir. Ohne sie hätte ich es sicherlich nicht geschafft.« Während Bond sprach, presste er seinen Daumen gegen die bandagierte Wunde an seinem Handgelenk.

»Und sie ist gestorben.«

»Ja. Sie ist gestorben, weil sie mir geholfen hat, und ich hoffe, Sie werden in ihrer Akte vermerken, dass sie zwar allein agiert hat, aber niemals eine Feindin dieses Landes war. Ganz im Gegenteil. Ich habe etwas über ihre Erfahrungen während des Krieges gehört. Wir schulden ihr eine Menge.«

»Ich werde mich darum kümmern. Und dieser Junge, ihr Sohn auf den Bahamas. Mir wurde gesagt, es würden sich Verwandte um ihn kümmern, aber wir werden dafür sorgen, dass es ihm an nichts mangeln wird.«

Bond nickte zufrieden.

»Sonst noch etwas?«, fragte M.

»Ich würde gern eine Woche Urlaub nehmen, wenn das in Ordnung ist, Sir«, sagte Bond. »Der Doktor hat mich zwar wieder zusammengeflickt, doch die Rippe tut noch höllisch weh und es wird eine Weile dauern, bis ich wieder vollständig einsatzbereit bin.«

»Absolut.« M steckte sich seine Pfeife an. Er schien nach den richtigen Worten zu suchen, als hätte er etwas Schwieriges zu sagen. »Zufällig habe ich mich gefragt, ob Sie vielleicht etwas Zeit an der amerikanischen Westküste verbringen wollen. Ich habe über diesen Mann nachgedacht, Irwin Wolfe. Wir können uns natürlich nicht in CIA-Angelegenheiten einmischen, aber ich will verdammt sein, wenn ich einfach die Hände in den Schoß lege und gar nichts tue. Ich habe mich gefragt, ob Sie vielleicht noch mal mit ihm reden würden.«

Bond dachte kurz nach. »Ja, Sir. Das würde ich sehr gern.« Er machte eine Pause. »Auch wenn ich nicht glaube, dass ein geladener Revolver und ein Glas Whisky etwas wären, was Mr Wolfe in Betracht ziehen würde.«

M lächelte. »Das überrascht mich nicht. Ich fürchte, die Amerikaner haben nicht ganz unser Feingefühl, was solche Dinge angeht, aber es kann nicht schaden, ihn wissen zu lassen, dass wir noch nicht mit ihm fertig sind. Und letztendlich können ihn alle Anwälte Kaliforniens nicht vor der Gerechtigkeit bewahren.«

»Das sind eine Menge Anwälte«, murmelte Bond.

»Schauen Sie einfach, was Sie tun können. Vielleicht hilft es auch Ihnen selbst, ihm erneut gegenüberzustehen. Und Sie sollen wissen: Egal zu welchem Ergebnis ein solches Treffen führt, Sie haben meine volle Zustimmung.«

Da war es also. M gab ihm praktisch eine Blankovollmacht. Der Besuch würde inoffiziell sein. Bond konnte selbst entscheiden, welche Maßnahmen er ergriff.

»Sie haben sich wirklich gut geschlagen«, sagte M schließlich. »Sie haben meine Entscheidung, Sie in die Doppelnullabteilung zu befördern, mehr als gerechtfertigt. Genießen Sie Ihre freie Woche. Sie haben es sich verdient.«

Bevor Bond ging, führte Loelia Ponsonby noch ein Ferngespräch mit einem von Irwin Wolfes Assistenten. Auch wenn zuerst am anderen Ende der Leitung ein starker Widerwille geherrscht hatte, war schlussendlich ein Treffen ausgemacht worden, im Heim des Filmmoguls in Los Angeles, um sieben Uhr am Abend von Bonds Ankunft. Bond war überrascht, dass Wolfe eingewilligt hatte, sich mit ihm zu treffen, aber was hatte er schon zu verlieren? Er lag ohnehin im Sterben. Und man würde ihn zweifellos beschützen.

Am Flughafen präsentierte Bond den auf einen falschen Namen ausgestellten Pass. Er sammelte sein Gepäck ein und ging durch den Zoll. Ein junger, enthusiastischer Mann in einem grauen Hemd.

»Wie lange werden Sie hier sein, Sir?«
»Eine Woche.«
»Geschäftlich?«
»Ich besuche einen Freund.«
»Oh. Ein besonderer Anlass?«
»Vielleicht.«

Am Ausgang wartete ein Wagen auf Bond und er ließ sich zum La Cienega Boulevard fahren. Dort befand sich das Hotel, das er für die Tage gebucht hatte, die er tatsächlich in der Stadt zu verbringen gedachte. Das Beverly Wiltshire entsprach genau seinen Bedürfnissen: groß, komfortabel und in der Nähe der besten Geschäfte und Restaurants. Ein Ort, an dem ein reicher, allein reisender Engländer nicht auffallen würde. Außerdem hatte es einen Swimmingpool von olympischen Ausmaßen, den er zweimal täglich nutzen würde, um seinen Körper wieder in Form zu bringen.

Sobald man ihm sein Zimmer gezeigt hatte, nahm Bond eine heiße Dusche. Dann ließ er eiskaltes Wasser auf seine Schulter und seinen Rücken prasseln. Er hatte beim Zimmerservice einen Negroni – zubereitet mit Gordon's – bestellt und trank ihn im Handtuch auf seinem Balkon, während er sich von der Sonne trocknen ließ. Erfrischt wickelte er einen neuen Verband um sein Handgelenk, zog sich wieder an und wies die Rezeption an, sein Auto vorfahren zu lassen. Bevor er das Zimmer verließ, öffnete er das Geheimfach seines Koffers und nahm die .25 Beretta heraus, die er aus England mitgebracht hatte. Er lud sie, steckte sie sich in die Gesäßtasche und ging.

Der Sunset Boulevard erstreckte sich über fünfunddreißig Kilometer von Downtown Los Angeles bis zum Westpazifik, aber es gab einen bestimmten Punkt, an dem er nicht mehr weiter vorgab, eine normale Straße zu sein, und zu etwas ganz anderem wurde: dem Heim von Filmstars, Fernsehmogulen und diversen Millionären. Kurz nachdem man an der Doherty Road um die Ecke gebogen war, wurde deutlich, dass man die Welt von Billy Wilders berühmtem Film betreten hatte. Plötzlich hatte man die Geschäfte, Büros, riesigen Werbeplakate und den Verkehr hinter sich gelassen. Selbst die Häuser begannen zu verschwinden, verloren sich hinter hohen Mauern und Zedernhainen. Immer weiter wurden die Abstände zwischen den diversen Eingängen mit ihren Toren, Briefkästen und perfekt getrimmten Rasenflächen. Die Luft roch anders, ländlicher. Schon bald hatte man das Gefühl, als wäre man gar nicht mehr in Los Angeles.

Bond fuhr etwa eine halbe Stunde und folgte der mäandernden Straße in Richtung Westwood und Universität, bevor er die Adresse erreichte, die er gesucht hatte. Er sah eine hellgelbe Mauer mit einem kunstvollen Stahltor aus schmiedeeisernen Vögeln und Blumen. Der Vorgarten war bepflanzt mit immergrünem Sumach, was Bond irgendwie an die Brennnesseln erinnerte, auf die er in Menton gestoßen war. Auch diese Pflanzen waren weit von ihrem natürlichen Lebensraum entfernt. Die roten Früchte leuchteten im Licht der Abendsonne. Er hielt vor dem Tor, stieg aus und bemerkte eine auf ihn gerichtete Sicherheitskamera. Er fand eine Gegensprechanlage mit einem einzigen Knopf und drückte ihn. Nach einer langen Pause erkannte er anhand des Rauschens, dass er verbunden war.

»Ja?« Die Stimme klang weit entfernt und metallisch.

»Mein Name ist James Bond. Ich bin mit Mr Wolfe verabredet.«

»Kommen Sie rein.«

Bond hörte ein Summen und das Tor ging auf. Dahinter lag eine rot asphaltierte Einfahrt. Er ging zum Wagen zurück und fuhr hinein.

Vom Haus war keine Spur zu entdecken. Er war von einem Garten umgeben, der so extravagant war, als sei er einem viktorianischen Märchenbuch oder der Bibel entsprungen. Alles war grün und üppig. Eine dichte Masse verschiedener Blätter hielt das Licht ab, Blumen jeglicher Form und Größe brachen überreif und wohlriechend aus der Erde. Es war der Garten eines Mannes, der alles wollte, und das Geld hatte, um es sich zu kaufen. Statuen, Laternen, Hecken in Form von Pyramiden und Elefanten, Palmen, Rosenbüsche, Kakteen, Wintergärten und Gewächshäuser … Das alles war auf einer zu kleinen Fläche zusammengepfercht, sodass der Gesamteindruck eher erdrückend war. Als Bond im Rückspiegel sah, wie sich das Tor hinter ihm schloss, hatte er das Gefühl, in der Falle zu sitzen.

Er bog um eine Ecke und kam am obligatorischen Tennisplatz vorbei, dem einzigen wohldefinierten Platz in diesem ganzen Durcheinander. Er war seit einer Weile nicht mehr benutzt worden. Das Netz hing durch und Unkraut spross aus dem Sand. Vor ihm lag nun das Haus, erbaut im Stil einer spanischen Hazienda, zwei- oder dreimal größer als jedes vergleichbare Haus in Spanien. Laut seiner Akte lebte Wolfe hier allein – doch selbst als seine Frau noch gelebt hatte, mit einem Koch, einem Butler, einem Tennislehrer und einem halben Dutzend Freunden wäre es immer noch viel zu groß gewesen. Wie viele Schlafzimmer das Anwesen wohl hatte? Elf? Zwölf? Die Wände waren dick und weiß und bogen und wanden sich, als könnten sie das Innere kaum zurückhalten. Die Dächer waren quadratisch, rund, rechteckig … und alle aus spanischen Schindeln. Dieses Haus hatte absolut nichts Einladendes an sich. Es schien sich vor der Welt zu verstecken.

Bond parkte zwischen einem türkisfarbenen Buick Roadmaster – dem neuesten Modell mit zweigeteilter Windschutzscheibe – und einem schwarzen Pontiac Chieftain. Der erste Wagen gehörte wahrscheinlich Wolfe, dachte er. Aber wem gehörte der zweite? Vielleicht einem Leibwächter. Es war unwahrscheinlich, dass der Millionär eingewilligt hätte, sich allein mit ihm zu treffen. Seine Schritte knirschten auf dem Schotter, während er zur Haustür ging und an der schweren Kette einer Klingel zog. Er hörte es im Haus klingeln, doch niemand öffnete. Er drehte sich um und sah die Sonne hinter den Bäumen versinken. Es würde erst in ein paar Stunden dunkel werden.

Er klingelte ein zweites Mal. Immer noch nichts. Verärgert überlegte er, ob sich Wolfe im letzten Moment vielleicht doch gegen ein Treffen entschieden hatte. Er berührte die Tür. Sie schwang auf. Im ganzen Gebäude war es totenstill. Bond hatte keine Gärtner auf dem Gelände gesehen. Nichts regte sich. Wenn da nicht die Stimme in der Gegensprechanlage gewesen wäre, hätte er diesen Ort für verlassen gehalten.

Er betrat das Haus und landete in einer riesigen Empfangshalle mit Parkettboden, freigelegten Balken und einer Empore mit gedrehtem Handlauf. Genau wie im Garten war auch hier einfach zu viel von allem ausgestellt, zu viele antike Tische, zu viele verblasste Wandbehänge, zu viele Uhren, Topfpflanzen, Ölgemälde mit Goldrahmen. Ein gewölbter Durchgang führte in den Küchenbereich. Andere Türen aus dunklem Holz waren geschlossen. Vor ihm lud eine breite Treppe in den ersten Stock ein. Auf halbem Weg sah er eine

Banjouhr aus dem neunzehnten Jahrhundert, die mit ihrem sonoren Ticken gegen die Stille ankämpfte. Ihre übertrieben verschnörkelten Zeiger deuteten auf Viertel vor sieben. Sie ging zehn Minuten nach.

Bond hatte bereits entschieden, die Situation auszunutzen, und begann, die verschiedenen Räume zu erkunden. Er ging vom Arbeitszimmer zum Esszimmer, von der Bibliothek über den Salon zur Bar. Es gab keinen Teppichboden, sondern Parkett oder Fliesen, dennoch machten seine Schritte kein Geräusch. Es war drinnen dunkler als draußen. All die Möbel und der Schnickschnack schienen das Licht zu verschlucken. In jedem Raum entdeckte Bond Fotos in Gold- und Silberrahmen und Wolfe war auf fast allen zu sehen, manchmal mit einer Frau – höchstwahrscheinlich seiner verstorbenen Gattin Mirabelle –, manchmal mit zwei jungen Männern, bei denen es sich um seine Söhne handeln musste, aber meistens mit Berühmtheiten, Filmstars und Politikern. Hier war Wolfe in einem Smoking, dort in Badehose und dort saß er auf einem Pferd. Nur im Haus war keine Spur von Wolfe selbst zu entdecken.

Bond ging nach oben. Er zog seine Beretta und hielt sie vor sich. Er wusste instinktiv, dass hier etwas nicht stimmte, dass in diesem Gebäude etwas Ungutes geschehen war. Die Stille, unterbrochen nur vom Ticken der Banjouhr, war zu bedrückend, das Fehlen jeglicher Art von Begrüßung ein weiteres Indiz. Er rief nicht. Er hatte seine Ankunft bereits am Tor verkündet und wer immer ihm geantwortet hatte, wusste, dass er hier war.

Er erreichte den ersten Stock, wo sich ein mit Teppichboden ausgelegter Korridor erstreckte. Von der Decke hingen altmodische Kronleuchter und an jeder Seite gab es

Bogenfenster. Am Ende des Korridors stand eine Tür offen, die bestimmt ins Schlafzimmer führte. Bond ging mit dem unangenehmen Gefühl darauf zu, zu einem Statisten im Stück eines anderen geworden zu sein, in dem er gegen seinen Willen gelandet war. Vor der Tür blieb er stehen und stieß sie ein bisschen weiter auf. Von der anderen Seite drang kein Laut.

Er hatte richtig geraten – es war das Schlafzimmer. Bond betrat den großen Raum mit hohen Decken und Blick auf den Swimmingpool. Das Himmelbett war so massiv, dass es eher in ein Museum gehörte oder vielleicht auch aus einem stammte. Es hatte einen Eichenholzrahmen mit Goldornamenten und einem Baldachin aus schwerem, antikem violettem Samt. Am gepolsterten Kopfende stapelten sich Kissen und Decken. Bond fand, dass es sich um einen Albtraum von einem Bett handelte – verstärkt wurde dieser Eindruck noch durch den Mann, der darauf lag. Er hatte einen Revolver in der Hand und eine abscheuliche, blutende Wunde an der Schläfe.

Bond war zu spät. Irwin Wolfe hatte sich erschossen. Zumindest war dies das Bild, das sich ihm präsentierte. Die Augen des Toten waren offen und starrten ins Nichts. Er trug einen Pyjama und einen Morgenmantel aus Seide. Die blutgetränkte Decke um ihn herum war zerknüllt. Die Haare, die Bond bei seiner ersten Begegnung mit dem Millionär in dessen Haus in Cap Ferrat so beeindruckt hatten, standen nun wirr ab. Seine Haut war gräulich. Er sah genau so aus, wie man sich eine Leiche vorstellte.

Doch wenn sich Wolfe umgebracht hatte, wer war dann an der Gegensprechanlage gewesen?

Die Antwort auf diese Frage folgte einen Moment später, als sich eine Hand mit Schusswaffe von hinter der Tür ausstreckte und auf ihn zielte. Eine tiefe Stimme sagte: »Wir sollten daraus wirklich keine Gewohnheit machen.«

Bond hob seine Hände. Dann drehte er seinen Kopf und lächelte. »Ich hatte gehofft, dass wir uns wiederbegegnen würden. Aber ich muss zugegeben, dass Sie mich überrascht haben.«

»Ich bin derjenige, der überrascht ist, James. Was zum Teufel machen Sie hier?«

»Kann ich meine Hände runternehmen?«

»Natürlich. Schlagen Sie mich nur nicht wieder.«

Das letzte Mal hatte Bond Reade Griffith mit einem Bourbon in der Hand im Hotel Negresco in Nizza gesehen. Als der Mann aus der Ecke trat, in der er sich versteckt hatte, erkannte Bond die ordentlich geschnittenen dunklen Haare und die blauen Augen des CIA-Agenten. Er ließ die Hände sinken und steckte die Waffe in seine Jackentasche. »Ich muss wohl nicht fragen, warum Sie hier sind«, sagte er.

»Um die Verfassung der Vereinigten Staaten von Amerika gegen alle ausländischen und einheimischen Feinde zu unterstützen und zu verteidigen«, zitierte Griffith den CIA-Eid. Er grinste. »Tatsächlich hat mich Wolfe hergebeten. Ziemlich ironisch, wenn man mal darüber nachdenkt. Er hatte irgendwie die Vorstellung, dass er Schutz brauchen würde.«

»Vor mir?« Bond klang unschuldig.

»Ich kann mir nicht erklären, wie er darauf kam.«

»Und Sie haben den Auftrag bekommen, sich um ihn zu kümmern.« Bond warf einen Blick auf den Toten, der ausgebreitet auf dem Bett lag.

»Wolfe war eine Schande. Und ein Staatsfeind. Wir halten unseren Laden gern sauber. So schien es am besten.«

»Selbstmord.«

»Es war das Einfachste.« Griffith hielt inne. »Nur so aus Interesse, warum wollten Sie sich mit ihm treffen?«

»Meine Leute wollten ihn unter Druck setzen. Ich denke, das Ziel war dasselbe wie Ihres.«

»Dann schulden Sie mir einen Drink.«

»Ich schulde Ihnen mehr als das. Ich hatte gehofft, Sie wiederzusehen. Tut mir leid, dass wir uns nicht mehr gesprochen haben, bevor ich nach Nizza aufgebrochen bin.«

»Ja. Ich habe gehört, dass Sie Scipio getötet und seine gesamte Operation dichtgemacht haben. Reife Leistung.« Griffith steckte seine eigene Waffe ebenfalls weg. Bond bemerkte, dass es die gleiche Remington war, die er schon in der Rue Foncet bei sich gehabt hatte. »Also, wo sollen wir was trinken gehen? Es gibt da eine Bar in Westwood …«

»Das klingt gut.« Bond dachte kurz nach. »Aber bevor wir aufbrechen, gibt es eine Sache, die ich Sie fragen will.«

Bond holte sein Zigarettenetui aus der Tasche und nahm sich eine Zigarette mit drei goldenen Ringen. Diese besondere Mischung aus türkischem und Balkantabak war ihm von dem Mann bei Morlands empfohlen worden, dem Zigarettengeschäft in der Grosvenor Street, von dem ihm Sixtine erzählt hatte. Sie waren stärker als die, an die er gewöhnt war, doch sie waren ihm jetzt schon lieber als die Du Mauriers, die er zuvor geraucht hatte. Er warf einen Blick auf das Innere des Deckels und klappte es wieder zu.

»Sie haben von Anfang an für Scipio gearbeitet«, stellte Bond fest.

Er zündete sich die Zigarette an.

Reade Griffith runzelte die Stirn, stritt die Anschuldigung aber nicht ab. »Ganz so würde ich es nicht ausdrücken«, sagte er. »Ich habe für die CIA gearbeitet. Aber das bedeutete, mit Scipio zu kooperieren, ja. Woher wissen Sie es?«

Bond war von Anfang an gewarnt gewesen. In dem Bericht, den er in London gelesen hatte, hatte klar und deutlich gestanden, dass die CIA die korsischen Verbrechersyndikate unterstützte, damit diese ihnen gegen die Kommunisten im Hafen von Marseille halfen – selbst wenn Reade Griffith das abgestritten hatte. Aber Bond hatte eine Weile gebraucht, um dahinterzukommen.

»Als ich Sixtine das erste Mal traf, wusste sie genau, wer ich bin. Meinen Namen, meine Nummer, kürzliche Ereignisse – alles. Ich nahm an, dass sie diese Informationen von ihrem eigenen Netzwerk bekommen haben musste, und das war natürlich sehr verstörend. Doch später erzählte sie mir, dass es in Wirklichkeit Irwin Wolfe gewesen war, der sie vor mir gewarnt hatte. Also lautet die Frage, wer es Wolfe gesagt hatte.«

»Ich war es nicht.«

»Nein. Aber er hat mit Scipio zusammengearbeitet. Also muss es jemand Scipio gesagt haben, der die Informationen dann weitergegeben hat. Und diese Person können nur Sie gewesen sein. Niemand sonst wusste, dass ich in Südfrankreich bin.«

»Ich hoffe, dass wir uns über diese Sache nicht entzweien, James.«

»Keineswegs. Sie haben nur Ihre Arbeit gemacht. Das ist mir klar. Die Wahrheit ist, dass ich es hätte wissen müssen. Als wir beide zum Hafen in La Joliette gefahren sind, hat mich der Mann am Wachhäuschen nach meinem Pass gefragt, Sie aber ignoriert. Es musste einen Grund dafür gegeben haben und der lautete schlicht, dass er wusste, wer Sie sind. Er hatte

Sie schon mal gesehen.« Bond blies Rauch aus. »Wir haben in La Joliette einen Mann verloren. Ich nehme an, dass Sie dabei waren, als es passiert ist.«

»Ich hatte nichts mit seinem Tod zu tun und es tut mir leid, dass es dazu gekommen ist.« Reade Griffith schüttelte den Kopf. »Doch er hatte einen Teil dessen herausgefunden, was vor sich ging. Die Verbindung mit Ferrix Chimiques zum Beispiel ...«

»Darum hatte er die Rechnung«, sagte Bond. »Ich muss Ihnen gratulieren. Sie haben mich in dieser Hinsicht auf eine vollkommen falsche Fährte gelockt.«

»Ach ja?«

»Es war eine Rechnung über hundertzehn Liter Essigsäureanhydrid. Sie haben mir gesagt, dass das ein Hauptbestandteil von Filmmaterial wäre.«

»Ist es auch.«

»Ich weiß. Aber rein zufällig wird es auch bei der Heroinproduktion verwendet. Zu Beginn des Prozesses werden ein Teil Morphin und ein Teil Essigsäureanhydrid zusammen erhitzt. Diese Mischung ist auch als Heroinbase bekannt.« Bond hatte sich nach seiner Rückkehr nach London informiert. Er war wütend auf sich selbst gewesen, dass er das nicht schon früher getan hatte. Er hatte sich von Griffith an der Nase herumführen lassen.

»Ihr Mann war schlau, aber dennoch hat er sich geirrt«, fuhr Griffith fort. »Er kam zu dem Schluss, dass Sixtine mit Wolfe zusammenarbeiten würde. Es klang logisch. Sie war Vermittlerin und die beiden waren praktisch ein Paar. Er brauchte Informationen und dachte, dass er sie von Scipio bekommen würde. Schließlich hat er die beiden zusammen in diesem Café in Marseille gesehen. Er hat sogar Fotos gemacht. Er bildete sich ein, dass er Scipio dazu überreden könnte, ihm zu sagen, was sie vorhatte.

Ich habe ihn davor gewarnt, aber er bat mich, ein Treffen auf neutralem Boden zu arrangieren. Ich sagte, ich würde mitkommen, um sicherzugehen, dass alles mit rechten Dingen zugeht, und darum hatte er auch keine Waffe dabei. Ich organisierte also dieses Treffen in La Joliette … mit weißer Flagge und all dem Kram. Ich habe wirklich versucht zu helfen. Das Problem war nur, dass Scipio die Regeln egal waren. Als ihm klar wurde, dass Ihr Mann zu viel wusste, zog er eine Waffe und schoss ihm dreimal in die Brust. Es geschah alles so schnell, dass ich nichts tun konnte. Es ist so, wie ich Ihnen bei unserer ersten Begegnung gesagt habe: Diesen Leuten ist nicht zu trauen.«

»Scipio wusste, dass ich zu Ferrix Chimiques fahren würde. Sie haben es ihm gesagt.«

»Aber ich habe ihm auch gesagt, dass er Ihnen nichts antun darf, Kumpel. Darum war es Wasser und keine Säure, die man Ihnen ins Gesicht geschüttet hat.«

Darauf war Bond auch schon gekommen. Scipio hatte es bei ihrer zweiten Begegnung an Bord der *Mirabelle* ja praktisch zugegeben. Er hatte gesagt, dass er sich mit Bond beschäftigen wollte, ohne sich »zurückhalten« zu müssen. Dieser Ausdruck hätte Bond verraten müssen, dass ihn jemand in der Chemiefabrik beschützt hatte.

»Da ist nur eine Sache, die ich nicht verstehe«, sagte Bond. »Irwin Wolfe plante einen tödlichen Angriff auf Ihr eigenes Land. Amerikanische Gangs verkaufen in den gesamten Vereinigten Staaten pro Monat ungefähr zweihundertfünfzig Kilo Heroin. Wolfe wollte in etwa das Zwanzigfache davon liefern und zwar praktisch umsonst. War Ihnen Scipio so wichtig, dass Sie bereit waren, diese Konsequenzen hinzunehmen? Oder hatten Sie vor, die *Mirabelle* nach ihrer Ankunft zu stoppen?«

»Ich wusste nichts von der *Mirabelle*«, erklärte Griffith. »Ich wusste nicht, was in Wolfes Kopf vor sich ging. Scipio hat es mir nicht erzählt. Aber warum sollte er auch? Für ihn war es eine neue Geschäftsmöglichkeit. Ich muss sagen, dass Ihnen meine Regierung sehr dankbar ist, James. Sie haben uns eine Menge Ärger erspart. Wie ich höre, hat man Sie für eine Ehrenmedaille vorgeschlagen. Meine Stimme haben Sie sicher.«

»Das ist sehr nett von Ihnen.«

Griffith sah zu dem Toten, der die ganze Unterhaltung stumm verfolgt hatte. »Lassen Sie uns von hier verschwinden, James. Und nehmen Sie diese Zigarettenkippe mit. Wir wollen hier für Polizei und Krankenwagen doch alles schön ordentlich halten.«

Aber Bond rührte sich nicht.

»Sind Sie doch sauer auf mich?«, fragte Griffith.

»Es gibt da noch eine Sache, die ich wissen will«, sagte Bond. »Wussten Sie, dass Sixtine und ich an Bord der *Mirabelle* waren, als sie untergegangen ist?«

»Nein, wusste ich nicht. Was ist aus ihr geworden?«

»Sie ist gestorben.«

»Wie schade.«

»Ja. Das ist es.«

Bonds Hand schob sich ganz beiläufig in seine Tasche. Als er sie wieder herauszog, hielt er die Beretta. In einer einzigen flüssigen Bewegung drehte er sich herum und schoss Reade Griffith in die Stirn. Der CIA-Agent starrte ihn ungläubig an und Blut sickerte zwischen seinen Augen herunter. Dann kippte er vornüber.

Bond bewegte sich schnell. Er fing Griffith auf, zog ihn näher ans Bett und legte ihn dort ab. Er nahm die Waffe aus Irwin Wolfes Hand und stellte fest, dass es sich um eine Webley & Scott .45 handelte. Er überlegte kurz, warum gerade dieses Modell ausgewählt worden war. Aber es spielte jetzt keine Rolle mehr. Er wischte sie mit einem Taschentuch sauber und drückte sie Reade Griffith in die Hand. Die Waffe des CIA-Agenten steckte er selbst ein. Schließlich wischte er seine eigene Beretta mit dem Taschentuch sauber, platzierte sie in Irwin Wolfes Hand und schloss die Finger des Toten um den Abzug.

Als er den Raum betreten hatte, war er in einen inszenierten Selbstmord gestolpert, doch er hatte ihn nun in etwas anderes verwandelt. Man hatte Reade Griffith hergeschickt, um Irwin Wolfe zu töten. Ihm war nicht klar gewesen, dass der alte Mann ebenfalls bewaffnet gewesen war. Schlussendlich hatten sich beide gegenseitig getötet. So würde es aussehen. Natürlich würde die CIA so ihre Vermutungen haben, doch sie konnten nicht zu viele Fragen stellen, nicht ohne zuzugeben, warum Griffith überhaupt hier gewesen war. Niemand wusste etwas über Bond. Er reiste unter falschem Namen. Die CIA wusste nicht einmal, dass er sich in Amerika aufhielt.

Er rauchte die Zigarette zu Ende und drückte sie aus. Die Kippe steckte er sich in die Jackentasche, dann wischte er den Aschenbecher sauber. Er hatte nichts im Raum berührt. Er hatte keine Fingerabdrücke hinterlassen. Er sah sich ein letztes Mal um, dann verließ er das stille Haus. Die Polizei und der Krankenwagen würden irgendwann eintreffen, doch bis dahin war Bond längst fort.

Er stieg wieder ins Auto und dachte über den Mann nach, den er gerade getötet hatte. Reade Griffith hatte ihn von Anfang an belogen. Er war von seiner Verstrickung mit Scipio hoffnungslos kompromittiert und blind gegenüber den Konsequenzen gewesen. Was immer er auch gesagt hatte, er war für den Tod eines britischen Geheimagenten verantwortlich. Und mit ziemlicher Wahrscheinlichkeit war er es auch gewesen, der Scipio von Monique de Troyes erzählt hatte, der jungen Frau, die bei Ferrix Chimiques gearbeitet hatte, und hatte so auch ihren Tod verursacht.

Und seinetwegen war Sixtine gestorben.

Ein letztes Mal sah Bond sie vor sich, wie sie ihm in die Dunkelheit entglitt.

Langsam fuhr er zurück durch den überfrachteten Garten in Richtung Tor. Er wusste, dass sich seine Lizenz zum Töten nicht auf das hier erstreckte. Es würde keinen offiziellen Bericht geben. Er würde niemals wieder davon sprechen. Er hatte einen Mord begangen. Schlicht und einfach.

Vor ihm nahm ein Sensor die Bewegung des Autos wahr und das elektrische Tor schwang auf. Bond fuhr hinaus und ließ die Erinnerung daran, was er gerade getan hatte, hinter sich.

Er empfand nichts.

DANKSAGUNGEN

Ich bin Ian Fleming Publications Ltd und dem Ian Fleming Estate ungeheuer dankbar, dass man mich ein zweites Mal eingeladen hat. Als jemand, der mit James Bond aufgewachsen ist – mit den Büchern noch vor den Filmen –, ist es ein wahr gewordener Traum, über den berühmtesten Geheimagenten der Welt zu schreiben, auch wenn es eine gewaltige Herausforderung war, auch nur in die Nähe von Flemings brillantem Stil zu kommen.

Wie stets hatte ich Hilfe – zuallererst von Fleming selbst. Ein großer Teil des Kapitels »Russisches Roulette« basiert auf der Idee für eine amerikanische Fernsehserie, die letztendlich nie produziert wurde. (Eine weitere dieser Ideen, »Mord auf Rädern«, erschien in meinem ersten Bond-Roman *Trigger Mortis*.) Interessanterweise bezieht sich Fleming in seiner Sammlung von Reiseberichten, die 1963 als *Thrilling Cities* veröffentlicht wurden, ebenfalls auf die Geschichte der *Alexander Koltschak*, die seiner Aussage nach auf Tatsachen beruht. Ich befürchte, dass ich dieses Buch auch für meine Beschreibung des Casinos von Monte Carlo im gleichen Kapitel frecherweise geplündert habe. Daraus folgt, dass viele der beschriebenen Einstellungen Flemings und nicht meine sind.

Wieder muss ich Corinne Turner besonders erwähnen, eine treue Unterstützerin und Freundin bei IFE, genau wie Jonny Geller bei Curtis Brown (die Ian Fleming vertreten) und meinem eigenen Agenten Jonathan Lloyd, der mir durch Momente des Zweifels geholfen hat. Es war ein Vergnügen, mit Jonathan Cape zusammenzuarbeiten, und besonders würdigen möchte ich die Arbeit von Ana Fletcher und David Milner, die den Text beide mit Adleraugen lektoriert und mich viele Male vor mir selbst gerettet haben. Es mag für einen Autor ungewöhnlich sein, seinem Coverdesigner zu danken, doch neben dem Titel gibt es nichts Wichtigeres für den Erfolg eines James-Bond-Romans und ich denke, Kris Potter hat seine Sache hervorragend gemacht.

Ewig und ein Tag erforderte ein hohes Maß an Recherche, die das Internet nicht liefern konnte, und besonders dankbar bin ich Joe Forrest, der mir vernünftige Antworten auf unmögliche Fragen geben konnte und mich davon überzeugt hat, dass einige der riskanteren Fluchten in dieser Geschichte funktionieren könnten. Um brauchbare Kenntnisse über die *Mirabelle* zu bekommen, war ich in Southampton und besuchte die *SS Shieldhall* – das größte funktionierende Dampfschiff Großbritanniens – und ich möchte Nigel Philpott und Graham Mackenzie dafür danken, dass sie mir so viel ihrer Zeit und Expertise geschenkt haben.

Es gab viele Bücher, die mir geholfen haben. *James Bond: The Man and his World* von Henry Chancellor habe ich schon mal erwähnt. Es handelt sich um eine großartige Quelle, genau wie die Webseite »literary007.com«. Über Blackjack habe ich mich mithilfe von Edward O. Thorps *Beat the Dealer* informiert und Alfred W. McCoys *The Politics of Heroin* und Meyer & Parsinens *Webs of Smoke* lieferte mir den Hintergrund, den ich brauchte, um Scipios Aktivitäten zu beschreiben. Ein besonderer Dank geht an Andrew Lycett, der mich darauf aufmerksam machte, dass Fleming mit dem Gedanken gespielt hatte, sein Heim auf Jamaica Shame Lady zu nennen. Letztendlich entschied er sich jedoch für Goldeneye.

Letztes Jahr versteigerte ich bei einer Auktion, um das Old Vic zu unterstützen, die Möglichkeit, als Figur in diesem Buch zu erscheinen, und ich möchte besonders die außerordentliche Großzügigkeit zweier Bieter würdigen. Die Auktion gewann Reade Griffith, der unter seinem eigenen Namen ab Kapitel fünf vorkommt. Joann McPike spendete ebenfalls eine beträchtliche Summe und die Figur Joanne Brochet, Madame 16, ist von ihr inspiriert. Brochet ist das französische Wort für Pike.

Schließlich hätte ich dieses Buch auch ohne die Hilfe meiner Assistentin Alice Edmondson schreiben können – aber bestimmt nicht rechtzeitig. Das Manuskript wurde von meiner brillanten Frau Jill Green und meinen beiden Söhnen Nicholas und Cassian gelesen. Ihre Anmerkungen waren wie üblich gemein, aber von unschätzbarem Wert.

Ian Fleming hat eine große Rolle in meinem Leben gespielt. Er schrieb das erste Erwachsenenbuch, das ich geliebt habe, und die Filme haben mich in ein paar dunkleren Momenten meiner Kindheit gerettet. Ich widme dieses Buch seinem Andenken … auch wenn natürlich keine Gefahr besteht, dass er jemals vergessen werden könnte.

IAN LANCASTER FLEMING

wurde am 28. Mai 1908 in London geboren und ging vor seinem Sprachstudium in Europa auf das Eton-College. Seinen ersten Job hatte er bei der Nachrichtenagentur Reuters. Danach verdingte er sich kurzzeitig als Börsenmakler. Bei Ausbruch des Zweiten Weltkriegs wurde er zum Assistenten des Direktors der Marineaufklärung, Admiral Godfrey, ernannt und spielte eine zentrale Rolle bei britischen und alliierten Spionageoperationen.

Nach dem Krieg heuerte er bei Kemsley Newspaper als Auslandsbeauftragter für die *Sunday Times* an, die sich intensiv mit dem Kalten Krieg auseinandersetzte. Sein erster Roman *Casino Royale* wurde 1953 publiziert und stellte der Welt erstmals James Bond, Agent 007, vor. Die erste Auflage war innerhalb eines Monats ausverkauft. Nach diesem Erfolg veröffentlichte er bis zu seinem Tod jährlich einen Bond-Titel. Raymond Chandler pries ihn als »den eindringlichsten und energischsten Thriller-Autor Englands«. Der fünfte Roman, *Liebesgrüße aus Moskau*, wurde besonders gut aufgenommen und der Verkauf boomte, als Präsident Kennedy ihn als eines seiner Lieblingsbücher bezeichnete. Die Bond-Romane haben sich über hundert Millionen Mal verkauft und waren Inspiration für das immens erfolgreiche Film-Franchise, das 1962 mit *Dr. No* und Sean Connery in der Hauptrolle des 007 begann.

Die Bond-Bücher schrieb Fleming auf Jamaika, ein Land, in das er sich während des Krieges verliebt hatte und wo er sich ein Haus – »Goldeneye« genannt – baute. 1952 heiratete er Anne Rothermere. Seine Geschichte über ein magisches Auto, die er 1961 für sein einziges Kind Caspar schrieb, wurde zum vielgeliebten Buch und Film *Tschitti Tschitti Bäng Bäng*. Fleming starb am 12. August 1964 an Herzversagen.

www.ianfleming.com

Erhältlich:

JAMES BOND: TRIGGER MORTIS
von Anthony Horowiz
Print-ISBN 978-3-86425-774-2
E-Book-ISBN 978-3-86425-747-6

DIE JAMES-BOND-BIBLIOTHEK
von Ian Fleming
14 Taschenbücher im Schuber
Print-ISBN 978-3-86425-431-4
E-Book-ISBN 978-3-86425-460-4

Auch als einzelne Taschenbücher erhältlich

Weitere Informationen:
www.cross-cult.de